此书由大连大学文学院资助出版

编委会

语言服务书系·修辞研究

修辞研究

（第八辑）

主编 吴礼权 李 索 张祖立

暨南大学出版社
JINAN UNIVERSITY PRESS

中国·广州

图书在版编目（CIP）数据

修辞研究．第八辑／吴礼权，李索，张祖立主编．—广州：暨南大学出版社，2022.10
（语言服务书系．修辞研究）
ISBN 978 - 7 - 5668 - 3515 - 4

Ⅰ．①修…　Ⅱ．①吴…②李…③张…　Ⅲ．①修辞学—研究　Ⅳ．①H05

中国版本图书馆 CIP 数据核字（2022）第 179146 号

修辞研究（第八辑）
XIUCI YANJIU（DI-BA JI）
主　编：吴礼权　李　索　张祖立

出 版 人：张晋升
策划编辑：杜小陆　黄志波
责任编辑：黄志波
责任校对：苏　洁
责任印制：周一丹　郑玉婷

出版发行：暨南大学出版社（511443）
电　　话：总编室（8620）37332601
　　　　　营销部（8620）37332680　37332681　37332682　37332683
传　　真：（8620）37332660（办公室）　　37332684（营销部）
网　　址：http://www.jnupress.com
排　　版：广州良弓广告有限公司
印　　刷：佛山市浩文彩色印刷有限公司
开　　本：787mm×960mm　1/16
印　　张：12.75
字　　数：250 千
版　　次：2022 年 10 月第 1 版
印　　次：2022 年 10 月第 1 次
定　　价：49.80 元

写在前面的话

吴礼权　李　索　张祖立①

　　《修辞研究》是由中国修辞学会组织编写、暨南大学出版社出版的纯学术性连续出版物，编辑部设在大连大学文学院，出版经费亦由大连大学资助。自2016年9月第一辑出版，到今年的两辑出版后，就已经有九辑了。在中国文化传统语境中，"九"不仅是一个大数，而且是一个具有特殊含义的数字，这是众所周知的。

　　《修辞研究》作为中国修辞学会的连续出版物，开始时我们的设想是每年出版一辑，主要是遴选当年的学术会议论文予以出版，以增进学术交流，为促进中国修辞学的发展尽一份力量。2016—2018年，我们都实现了这一设想，每年出版了一辑，共出版了三辑。从2019年开始，大连大学加大了支持力度，于是《修辞研究》得以实现了每年出版两辑的目标。2020年初开始，新冠肺炎疫情肆虐中华大地与全球各地。同全国乃至全世界各行各业一样，我们的学术事业也受到了疫情的影响。但是，三年来，中国修辞学界的同仁并没有停止学术研究的步伐，中国修辞学会主办的学术年会仍然实现了每年一次的频率。只是基于疫情防控的要求，采用的都是线上（腾讯会议）的形式。

　　今年出版的第八辑和第九辑，同前七辑一样，仍然延续以往的编辑方针，基本栏目保持稳定，稿件主要从中国修辞学会会员参加当年学术年会交流的论文中遴选，同时约请一些著名学者的稿件，体现作者老中青相结合的原则。这样的安排，既是为了提高《修辞研究》作为学术集刊（中国知网）的学术品位，同时也能发挥"以老带少"，培养学术新人的作用，从而实现中国修辞学事业可持续发展的长远目标。

　　这次出版的《修辞研究》第八辑，设有8个栏目，共刊载了12篇论文、1篇评论和2则动态。"古代汉语修辞研究"栏目，有2篇论文，分别

---

　　①　作者简介：吴礼权，复旦大学文学博士，现任复旦大学中国语言文学研究所教授、博士生导师，兼任中国修辞学会会长，日本京都外国语大学客员教授，中国台湾东吴大学客座教授，湖北省政府特聘"楚天学者"讲座教授。李索，四川大学文学博士，现任大连大学文学院教授、硕士生导师，兼任中国修辞学会副会长、秘书长。张祖立，现任大连大学人文学部教授、硕士生导师，辽宁文化形象研究基地首席专家，兼任中国修辞学会副会长、全国马列文艺论著研究会理事。

是：北京大学博士生导师孙玉文教授的《例谈古代韵文押韵与内容分层的协调问题》，河北科技大学副教授罗菲博士的《概念整合视域下的孟子修辞研究》；"修辞与诗歌创作研究"栏目，有3篇论文，分别是：武汉大学博士生导师罗积勇教授的《论古代题画诗阐发画中诗意的方法》，湖南师范大学讲师谢元春博士与复旦大学博士生导师吴礼权教授的《名词铺排与古典诗歌的意境创造及审美追求》，淮北师范大学讲师蔡丰博士的《〈花间集〉比喻研究》；"修辞与认知心理研究"栏目，有2篇论文，分别是：大连外国语大学周玉琨教授与泰国学者吴炳发的《认知隐喻视角下汉、泰语"口""ปาก"词族对比研究》，盐城师范学院硕士生导师朱栋副教授的《论初唐应制诗的修辞心理》；"比较修辞研究"栏目，有2篇论文，分别是：暨南大学硕士生导师陈毅平教授的《〈西游记〉韦利英译本修辞研究》，华北水利水电大学喻珊与闫亚平副教授的《汉语与西班牙语有关"水"的隐喻对比》；"小说叙事与修辞研究"栏目，有1篇论文，是福建师范大学博士生导师祝敏青教授的《语境差：王蒙微型小说的叙事策略》；"其他研究"栏目，有2篇论文，分别是：大连理工大学讲师王嘉天博士与辽宁师范大学硕士生导师王振来教授的《待嵌构式"连……都/也"的信息表达与习得策略》，武汉大学戴红贤教授与黄振威的《技能状态理论：人工智能浪潮下认知写作学试探》；"学术评论"栏目，有1篇评论，是复旦大学博士生导师吴礼权教授的《评〈新化方言修辞研究〉》；"学术动态"栏目，有2则动态，是由暨南大学出版社发布的《吴礼权教授〈政治修辞学〉获2022年度国家出版基金资助》和《吴礼权教授〈汉语名词铺排史〉获第十九届北京大学王力语言学奖》。

　　本辑刊载的12篇论文，绝大多数是出生于20世纪60年代的中年学者的作品。这些作者目前都是中国修辞学界与语言学界的中坚力量与知名专家，他们的论文代表了目前中国修辞学研究的最高水平，显示了中国修辞学研究最前沿的动态与发展方向。但是，也有部分论文作者是出生于20世纪70年代或80年代的青年学者，甚至还有21世纪初出生的00后青年学人与其导师的合作成果。

　　众所周知，学术研究是一个不断努力推进的过程，需要一代又一代的学者不断努力、接力进行。中国修辞学会第九届、第十届、第十一届领导班子的同仁这些年来之所以在各自繁重的学术研究与教学工作之余花费大量心力推进学会工作，每年都要召开一次全国性的学术年会，还要召开专题研讨会或国际学术研讨会，其目的就是培养学术新人，使中国修辞学的研究能够薪火相传，不断往纵深推进。中国修辞学会编辑出版《修辞研究》，一方面是要及时展示前辈学者在修辞学研究领域的最新成果，使后辈学者有所了解，并在此基础上将相关研究予以推进；另一方面是要给青年学者创造成长的空间，让他们在学术研究以及跟前辈学者的交流互动中迅速成长，早日在修辞学研究领域有所成就。如此，中国修辞学的发展前景才会是光明的。2010 年 12 月，中国修辞学会第九届理事会成立时，我们就明确强调，中国修辞学会跟其他学术组织一样，是学术界的天下公器；2016 年《修辞研究》第一辑出版时，我们又明确强调，跟其他学术刊物一样，《修辞研究》也是学术界的天下公器。既然如此，我们就要用好中国修辞学会与《修辞研究》这两个天下公器，全心全意地为全国修辞学界的同仁服务，让公器发挥好其作为公器应有的作用。

2020 年，中国修辞学会迎来了成立 40 周年的光辉时刻，我们在新冠肺炎疫情肆虐的情况下，通过腾讯会议的形式召开了 2020 年度学术年会。会后，我们在大连大学的大力支持下，编辑出版了《修辞研究》第六辑与第七辑，仍然一如既往地专注于高质量修辞学研究成果的刊发，而且特别关注并着意培养修辞学研究的新锐，有力地促进了中国修辞学研究在特殊历史时期继续向纵深方向发展，使中国修辞学研究的薪火不灭。

最后，我们要对中国修辞学会秘书处所在单位大连大学表示衷心感谢！衷心感谢大连大学历届领导长期以来持续不断地支持中国修辞学会秘书处开展工作！衷心感谢大连大学对《修辞研究》各辑的编辑出版所给予的人力与资金上的大力支持！同时，我们也衷心感谢暨南大学出版社担任《修辞研究》各辑编校工作的同仁所做的认真细致的工作！我们还要衷心感谢全国学术界广大朋友长期以来对中国修辞学发展所给予的关心与支持！衷心感谢多年来一直关心并厚爱《修辞研究》的作者与读者的大力支持！

2022 年 10 月 18 日

目　录

其他研究

学术评论

学术动态

古代汉语修辞研究

例谈古代韵文押韵与内容分层的协调问题

孙玉文①

（北京大学中文系　北京　100871）

摘　要：既往对韵文押韵的作用在认识上存在缺陷，本文认为韵文押韵不但可以使作品声韵和谐，便于吟诵和记忆，具有节奏和声调美，而且在韵文的内容分层上具有重要作用，是韵文内容分层的一种形式标志。引举例证，对当今在韵文内容分层方面出现的忽视押韵因素，主观地将韵文内容层次作出不准确的划分以及对标点的错误提出批评和改进措施，旨在寻找汉语诗文内容层次理解的形式化标志，避免主观性。

关键词：韵文；韵段；形式标志；内容分层；标点符号

汉语诗文的内容安排是有层次的，所以可以将其内容分为不同的层次，一篇诗文最高一层的内容当然是它的主旨。清代蒋骥在《山带阁注楚辞》的《楚辞余论》卷下说："凡读古人书，要当知其本旨所在。"本旨由段落组成，段落由句群组成，句群由句子组成，我们对不同层次的内容都应该理解透辟，才好"知其本旨所在"。诗文内容分层属于语用的研究范围，篇章语言学或者篇章修辞学都研究大于小句的言语片段，它也应该涉及诗文的内容分层，但是研究得很不够。这门学问被引进我国之后，受西方的影响仍然很大，对汉语篇章文本自身的挖掘还不够，例如汉语诗文的内容分层在形式上有些什么标志，较少关注。

有些韵文的内容分层是有形式标志的，例如押韵、对仗、语音技巧等都是形式标志。本文只谈押韵与韵文的内容分层问题。以前人们只从语音的回环、读韵文的朗朗上口方面去思考押韵问题，这是不够的。押韵具有内容分层的作用，这是以前的人们心知肚明的，但是在理论上提炼得还不够，本文结合实践中出现的一些段落划分问题进行讨论，以期引起重视。

一

韵文的内容分层跟韵段紧密联系在一起，清代以前的学者绝不会将二者游离开，他们一定不会将同一个韵段的字划分到不同的大量中去，这只

---

①　作者简介：孙玉文，北京大学文学博士，北京大学中文系教授、博士生导师，兼任中国修辞学会副会长。

要看看六臣注《文选》等书中韵文的内容分层就可以很清楚。因此，理解古代诗歌的内容分层，不能忽视押韵的因素，否则将会导致对某些诗歌内容分层的误解，把押韵的信息抛到一边，将会导致段落划分不妥。这是一个古老的科学传统。近几十年来，人们片面强调内容分析，既缺少分析韵脚字的必要基础知识，又缺少分析韵脚字的实践，因此对押韵在内容分层中的作用重视不够，有些韵文的分段将同一个韵段的各句拆归不同段落，造成知识性错误。

我们现在举例说明仇兆鳌《杜诗详注》是如何重视韵段与内容分层的关系的。在《杜诗详注》中，遇到一首诗有几个韵段，仇兆鳌绝不会将同一个韵段的语句拆到两个段落当中。有时候，似乎有一个韵段要分属不同的意义段落，但是仇兆鳌不这样认为，他看出有些诗句表面上可以处理为同一韵段，实际上是前后衔接的不同韵段，只是两个韵段都用了同一个韵部的字罢了。

例如杜甫《茅屋为秋风所破歌》，仇兆鳌《杜诗详注》分了如下四层，他说："此章前后三段各五句，中段八句。"

八月秋高风怒号，卷我屋上三重茅。茅飞渡江洒江郊，高者挂罥长林梢，下者飘转沉塘坳。

南村群童欺我老无力，忍能对面为盗贼。公然抱茅入竹去，唇焦口燥呼不得，归来倚杖自叹息。

俄顷风定云墨色，秋天漠漠向昏黑。布衾多年冷似铁，娇儿恶卧踏里裂。床头屋漏无干处，雨脚如麻未断绝。自经丧乱少睡眠，长夜沾湿何由彻！

安得广厦千万间，大庇天下寒士俱欢颜！风雨不动安如山。呜呼！何时眼前突兀见此屋，吾庐独破受冻死亦足！

这是一首古体诗，中途换韵了，但换了几次韵，值得琢磨，仇兆鳌的理解很高明。诗中，"号、茅、郊、梢、坳"是一个韵段，将这个韵段所在语句处理为一个内容层，是正确的，仇兆鳌注："此记风狂而屋破也。"从语音看，"力、贼、得、息、色、黑"完全可以看作一个韵段，但仇兆鳌不这样处理，他结合内容和形式，将"色、黑"跟前面的"力、贼、得、息"分开，处理为两个韵段，将"力、贼、得、息"所在语句处理为一个内容层："此叹恶少凌侮之状"；又将"色、黑"处理为另一韵段，"铁、裂、绝、彻"是一个韵段，仇兆鳌将这两个韵段所在语句合并为一个内容层："此伤夜雨侵迫之苦。在第三句换韵"，也就是在"布衾多年冷似铁"那里开始换韵。"间、颜、山"是一个韵段，"屋、足"是另一个韵段，仇兆鳌将这两个韵段合并为一个内容层："末从安居推及人情，大有民胞物与之意。此亦两韵转换。"可见仇兆鳌注意到押韵在内容分层中的作用。这样的例子并没有破坏同一个韵段不能拆成两股的规则，仇兆鳌没有让其中一股与其他韵段强合为一个内容层，拆成两股。他说，这里面"力、贼、得、息、色、黑"实为两个韵段，"力、贼、得、息"是一个韵段，"色、黑"是另一个韵段。可见，他注意到，将同一个韵段主观拆开，让其中一股跨韵段，跟其他韵段组成一个内容层是不妥当的。

为了说明这样划分韵段的合理性，他将第三和第四两个段落进行类比，说第四段跟第三段一样，是"此亦两韵转换"。这样一类比，自然让人颐然心畅。

我们再来看李贺的《雁门太守行》：

黑云压城城欲摧，甲光向日金鳞开。
角声满天秋色里，塞上燕脂凝夜紫。
半卷红旗临易水，霜重鼓寒声不起。
报君黄金台上意，提携玉龙为君死。

表面上看，这首诗"摧、开"相押，"里、紫、水、起、意、死"相押，是两个韵段，"意"不一定押韵。可是大家分析这首诗的内容层，都认为"黑云压城城欲摧，甲光向日金鳞开。角声满天秋色里，塞上燕脂凝夜紫"是一层，写日落时的景色；"半卷红旗临易水，霜重鼓寒声不起。报君黄金台上意，提携玉龙为君死"是一层，写驰援部队的活动。似乎押韵和内容分层不一致。其实可以这样分析："角声满天秋色里，塞上燕脂凝夜紫"跟后面的诗句是两个不同韵段。所以，这种情况也不是例外。

《雁门太守行》是乐府诗，押韵比较自由，有一韵到底的，也有中途换韵的。例如南朝梁褚翔《雁门太守行》："三月杨花合，四月麦秋初。幽州寒食罢，郑国采桑疏。便闻雁门戍，结束事戎车。去岁无霜雪，今年有闰余。月如弦上弩，星类水中鱼。戎车攻日逐，燕骑荡康居。大宛归善马，小月送降书。寄语闺中妾，勿怨寒床虚。"这是一韵到底，"初、疏、车、余、鱼、居、书、虚"相押。唐代张祜《雁门太守行》："城头月没霜如水，趦趄蹋沙人似鬼。灯前拭泪试香裘，长引一声残漏子。驼囊泻酒酒一杯，前头嗅血心不回。寄语年少妻莫哀，鱼金虎竹天上来，雁门山边骨成灰。"前四句一韵，"水、鬼、子"相押；后六句一韵，"杯、回、哀、来、灰"相押。唐代庄南杰《雁门太守行》："旌旗闪闪摇天末，长笛横吹虏尘阔。跨下嘶风白练狞，腰间切玉青蛇活。击革拟金燧牛尾，犬羊兵败如山死。九泉寂寞葬秋虫，湿云荒草啼秋思。"刚好是前四句一韵，"末、阔、活"相押；后四句一韵，"尾、死、思"相押。所以，李贺的《雁门太守行》完全可以处理为三到四个韵段，它也不是押韵跟内容层不一致的例证。

我们很难碰到押韵跟内容分层不一致的例子，前人对韵文的内容分层的实践活动昭示了押韵跟内容分层的关系。

二

如上所说，前人在划分诗歌的段落时注意到了押韵跟内容分层的相合性，没有将同一个韵段主观拆开，分别放在两个段落之中。这种错误清代以前的学者不会犯。今人不管是否自觉意识到押韵跟内容分层的相合关系，一般来说，内容分层的结果绝大多数都跟韵段一致，这是可取的。

但是，由于没有自觉地注意到这种相合关系，因此内容分层时将同一韵段的字主观拆开，造成有的段落中本该押韵的字，在本段中本该入韵的字没有相同的韵脚字。这是忽视押韵在内容分层中的作用，必然会引起内容分层的不当。今天一些整理韵文的学者在分段时严重忽视韵脚字的因素，有时凭一己之见对内容进行分层，结果弄得韵脚字支离破碎，内容分层也不合理。这是因为有些从事文学研究的学者严重轻视音韵学的修养，对押韵在内容分层中的作用不敏感，将内容分层的这种有利条件轻易放去了，乃至出现不应有的错误。

对于《楚辞》相关骚体韵文，由于古代已经有相当好的研究成果可资借鉴，因此当今的分段一般是注意到韵段和内容层的协调，但是也偶有不确之处。例如《楚辞·天问》的其中两段，有人是这样分段的：

日安不到？烛龙何照？羲和之未扬，若华何光？何所冬暖？何所夏寒？焉有石林？何兽能言？焉有虬龙，负熊以游？雄虺九首，鯈忽焉在？何所不死？长人何守？靡蓱九衢，枲华安居？灵蛇吞象，厥大何如？黑水玄趾，三危安在？延年不死，寿何所止？鲮鱼何所？魖堆焉处？

羿焉彃日？乌焉解羽？禹之力献功，降省下土四方。焉得彼嵞山女，而通之于台桑？闵妃匹合，厥身是继。胡维嗜不同味，而快鼌饱？启代益作后，卒然离蠥。何启惟忧，而能拘是达？皆归射鞠，而无害厥躬。何后益作革，而禹播降？启棘宾商，《九辨》《九歌》。何勤子屠母，而死分竟地？帝降夷羿，革孽夏民。胡射夫河伯，而妻彼雒嫔？冯珧利决，封豨是射。何献蒸肉之膏，而后帝不若？浞娶纯狐，眩妻爰谋。何羿之射革，而交吞揆之？阻穷西征，岩何越焉？化为黄熊，巫何活焉？咸播秬黍，莆藿是营。何由并投，而鲧疾修盈？白蜺婴茀，胡为此堂？安得夫良药，不能固臧？天式从横，阳离爰死。大鸟何鸣，夫焉丧厥体？蓱号起雨，何以兴之？撰体协胁，鹿何膺之？鳌戴山抃，何以安之？释舟陵行，何之迁之？惟浇在户，何求于嫂？何少康逐犬，而颠陨厥首？女歧缝裳，而馆同爰止。何颠易厥首，而亲以逢殆？汤谋易旅，何以厚之？覆舟斟寻，何道取之？桀伐蒙山，何所得焉？妹嬉何肆，汤何殛焉？

这里分段不妥当，随意性很强。按照王力先生《楚辞韵读》，"到、照"是宵部；"扬、光"是阳部；"暖、寒、言"是元部；"焉有虬龙"当作"焉有龙虬"（《山带阁注楚辞》就是这样处理的），"负、虬、游"是幽部；"首、在、守"是幽之合韵；"衢、居、如"是鱼部；"趾、在、止"是之部；"所、处、羽"是鱼部；"方、桑"是阳部；"阂妃匹合，厥身是继。胡维嗜不同味，而快鼋饱"押不上韵，《楚辞韵读》以为"无韵"，这里应该有讹文，可能原文应作"阂妃匹合，厥身是继。胡维快鼋饱，而嗜不同味"，"继、味"是质物合韵；"蠚、达"是月部；"躬、降"是冬部；"歌、地"是歌部；"民、嫔"是真部；"射、若"是铎部；"谋、之"是之部；"越、活"是月部；"营、盈"是耕部；"堂、臧"是阳部；"死、体"是脂部；"兴、膺"是蒸部；"安、迁"是元部；"嫂、首"是幽部；"止、殆"是之部；"厚、取"是侯部；"得、殛"是职部。

按这种分段，"鲮鱼何所？鬿堆焉处"问题不大，能找出韵脚字"所、处"，但是分段的不妥在于后面的"羿焉弹日？乌焉解羽"，"弹、羽"不能押韵，"羽"不能跟后面相邻的字押韵，因此押韵没有着落。从内容分层看，"鲮鱼何所？鬿堆焉处？羿焉弹日？乌焉解羽"可以归为一个内容层，是追问这些怪鱼、怪鸟以及太阳生存的环境在哪里，太阳中有乌鸦，所以后面马上说"乌焉解羽"。前面"黑水玄趾，三危安在？延年不死，寿何所止"是追问人生存的环境在哪里，后面"禹之力献功，降省下土四方。焉得彼嵞山女，而通之于台桑"是追问大禹敷土治水时的事。因此，"鲮鱼何所？鬿堆焉处？羿焉弹日？乌焉解羽"不但在押韵上是一个韵段，而且在内容上完全可以归为一个内容层，不应该拆开。

《九章·怀沙》的开头，有一个整理本是这样分段的：

滔滔孟夏兮，草木莽莽。伤怀永哀兮，汩徂南土。眴兮杳杳，孔静幽默。郁结纡轸兮，离愍而长鞠。抚情效志兮，冤屈而自抑。
刓方以为圜兮，常度未替。易初本迪兮，君子所鄙。章画志墨兮，前图未改。内厚质正兮，大人所盛。巧倕不斫兮，孰察其拨正？

《九章·怀沙》是四句一韵。据《楚辞韵读》，这里"莽、土"是鱼部，"默、鞠"是觉职合韵，"抑、替"是质部，"鄙、改"是之部，"盛、正"是耕部。可是这个分段将"抚情效志兮，冤屈而自抑。刓方以为圜兮，常度未替"拆成两段，以致"抚情效志兮，冤屈而自抑"和"刓方以为圜兮，常度未替"在本段之内都无法押韵，不妥当。

从内容分层看，据《楚辞章句》，《九章·怀沙》的主旨："此章言己所以多忧者，以君信谗而自圣，眩于名实，昧于施报。己虽忠直，无所赴诉，故反复其词，以泄忧思也。"其中，"滔滔孟夏兮，草木莽莽。伤怀永哀兮，汩徂南土"写屈原在孟夏之时被迫离开国都，被流放到江南僻远之处，十分忧伤。"眴兮杳杳，孔静幽默。郁结纡轸兮，离愍而长鞠"写屈原所在的流放处一片荒凉，他长期贫病交加，担心自己被埋没于此。"抚情效志兮，冤屈而自抑。刓方以为圜兮，常度未替"写屈原反复思量自己行为没有过失，竭力抑制不平静的心情，虽然遭受谗言被放逐，但他没有改变自己的正道。"易初本迪兮，君子所鄙。章画志墨兮，前图未改"进一步从君子的为人、匠人揉木成材的角度申述不改变正道的理由。"内厚质正兮，大人所盛。巧倕不斫兮，孰察其拨正"，屈原从大人质性敦厚、心志正直、行为避免过失的角度表明自己要做大人一样高尚的人，又以尧时巧匠倕为喻，表明自己被弃置于荒野，担心不能为国尽力，不能使人们了解自己的贤能。因此，"抚情效志兮，冤屈而自抑。刓方以为圜兮，常度未替"没有分属两段的充分理由，这样的分段是不准确的。

《九章·远游》也有多处分段值得商榷：

悲时俗之迫阨兮，愿轻举而远游。质菲薄而无因兮，焉托乘而上浮？遭沈浊而污秽兮，独郁结其谁语！夜耿耿而不寐兮，魂茕茕而至曙。惟天地之无穷兮，哀人生之长勤。往者余弗及兮，来者吾不闻。步徙倚而遥思兮，怊惝恍而乖怀。意荒忽而流荡兮，心愁凄而增悲。神倏忽而不反兮，形枯槁而独留。内惟省以操端兮，求正气之所由。漠虚静以恬愉兮，澹无为而自得。

闻赤松之清尘兮，愿承风乎遗则。贵真人之休德兮，美往世之登仙。与化去而不见兮，名声著而日延。奇傅说之托辰星兮，羡韩众之得一。形穆穆以浸远兮，离人群而遁逸。因气变而遂曾举兮，忽神奔而鬼怪。时仿佛以遥见兮，精皎皎以往来。绝氛埃而淑尤兮，终不反其故都。免众患而不惧兮，世莫知其所如。

这里的分段是不准确的。《九章·远游》多四句一韵。据《楚辞韵读》，这里"游、浮"是幽部，"语、曙"是鱼部，"勤、闻"是文部，"怀、悲"是微部，"留、游"是幽部，"得、则"是职部，"仙、延"是元部，"一、逸"是质部，"怪、来"是之部，"都、如"是鱼部。可是这个分段将"漠虚静以恬愉兮，澹无为而自得。闻赤松之清尘兮，愿承风乎遗则"拆成两段，以致"漠虚静以恬愉兮，澹无为而自得"和"闻赤松之清尘兮，愿承风乎遗则"在本段之内都无法押韵，不妥当。

《九章·远游》还有几段，有人是这样分段的：

闻至贵而遂徂兮，忽乎吾将行。仍羽人于丹丘兮，留不死之旧乡。朝濯发于汤谷兮，夕晞余身兮九阳。吸飞泉之微液兮，怀琬琰之华英。玉色颀以脕颜兮，精醇粹而始壮。质销铄以汋约兮，神要眇以淫放。嘉南州之炎德兮，丽桂树之冬荣。山萧条而无兽兮，野寂漠其无人。载营魄而登霞兮，掩浮云而上征。命天阍其开关兮，排阊阖而望予。召丰隆使先导兮，问太微之所居。集重阳入帝宫兮，造旬始而观清都。

朝发轫于太仪兮，夕始临乎于微闾。屯余车之万乘兮，纷容与而并驰。驾八龙之婉婉兮，载云旗之逶蛇。建雄虹之采旄兮，五色杂而炫耀。服偃蹇以低昂兮，骖连蜷以骄骜。骑胶葛以杂乱兮，斑漫衍而方行。撰余辔而正策兮，吾将过乎句芒。历太皓以右转兮，前飞廉以启路。阳杲杲其未光兮，凌天地以径度。风伯为余先驱兮，氛埃辟而清凉。凤皇翼其承旂兮，遇蓐收乎西皇。揽慧星以为旌兮，举斗柄以为麾。叛陆离其上下兮，游惊雾之流波。时暧曃其晄莽兮，召玄武而奔属。后文昌使掌行兮，选署众神以并毂。路曼曼其修远兮，徐弭节而高厉。左雨师使径侍兮，右雷公以为卫。欲度世以忘归兮，意恣睢以担挢。内欣欣而自美兮，聊愉娱以自乐。涉青云以汜滥游兮，忽临睨夫旧乡。仆夫怀余心悲兮，边马顾而不行。思旧故以想像兮，长太息而掩涕。泛容与而遐举兮，聊抑志而自弭。指炎神而直驰兮，吾将往乎南疑。

览方外之荒忽兮，沛罔象而自浮。祝融戒而还衡兮，腾告鸾鸟迎宓妃。张《咸池》奏《承云》兮，二女御《九韶》歌。使湘灵鼓瑟兮，令海若舞冯夷。玄螭虫象并出进兮，形蟉虬而逶蛇。雌蜺便娟以增挠兮，鸾鸟轩翥而翔飞。音乐博衍无终极兮，焉乃逝以徘徊。舒并节以驰骛兮，逴绝垠乎寒门。轶迅风于清源兮，从颛顼乎增冰。历玄冥以邪径兮，乘间维以反顾。召黔嬴而见之兮，为余先乎平路。经营四荒兮，周流六漠。上至列缺兮，降望大壑。下峥嵘而无地兮，上寥廓而无天。视倏忽而无见兮，听惝恍而无闻。超无为以至清兮，与泰初而为邻。

这里的分段有两处不妥。先看第一处。这里"行、乡"和"阳、英""壮、放"是三个不同的韵段，都是阳部字；"荣、人、征"是耕真合韵；"予、居"和"都、间"是两个韵段，都是鱼部。

这种分段将"集重阳入帝宫兮，造旬始而观清都。朝发轫于太仪兮，夕始临乎于微闾"拆开，"集重阳入帝宫兮，造旬始而观清都"好办一些，可以看作跟上面"命天阍其开关兮，排阊阖而望予。召丰隆使先导兮，问太微之所居"一起押韵，但是"朝发轫于太仪兮，夕始临乎于微闾"两句的押韵没有着落，"仪、闾"读音相差太远，不能押韵，"闾"跟后面"驰、蛇"的读音也是相差甚远。

从内容分层看，"集重阳入帝宫兮，造旬始而观清都。朝发轫于太仪兮，夕始临乎于微闾"写屈原想象进入天帝之宫直到离开天庭到达东方的玉山医巫闾，内容上完全可以作为一层，没有必要拆开。

再看第二处不妥。"驰、蛇"是歌部；"耀、鹜"是药宵合韵，此时"耀"应该已经变为宵部去声；"行、芒"是阳部；"路、度"是铎部，此时应该都变成了鱼部去声；"凉、皇"是阳部；"麾、波"是歌部；"属、毂"是屋部；"厉、卫"是月部；"挢、乐"是宵药合韵；"乡、行"是阳部；"涕、弭"是脂支合韵；"疑、浮"是之幽合韵；"妃、歌"是微歌合韵；"夷、蛇"是脂歌合韵；"飞、徊"是微部；"门、冰"是文蒸合韵，读音有隔，王显《屈赋的篇目和屈赋中可疑的文句》以为"轶迅风于清源兮，从颛顼乎增冰"当作"从颛顼乎增冰兮，轶迅风于清源"，"门、源"是文元合韵，可为一说；"顾、路"是鱼铎合韵，此时"路"当变为鱼部去声；"漠、壑"是铎部；"天、闻、邻"是真文合韵。

这种分段将"指炎神而直驰兮，吾将往乎南疑。览方外之荒忽兮，沛罔瀁而自浮"拆开，造成"指炎神而直驰兮，吾将往乎南疑"跟上面同一段的字无法一起押韵，"览方外之荒忽兮，沛罔瀁而自浮"两句的押韵没有着落，跟所在段落的相邻字无法押韵，显然不妥当。

从内容分层看，"指炎神而直驰兮，吾将往乎南疑。览方外之荒忽兮，沛罔瀁而自浮"写屈原想象将要到达南方向炎帝咨询，内容上完全可以作为一层，没有必要拆开。

《大招》开头两段是这样分段的：

青春受谢，白日昭只。春气奋发，万物遽只。冥凌浃行，魂无逃只。魂魄归来！无远遥只。魂乎归来！无东无西，无南无北只。东有大海，溺水浟浟只。螭龙并流，上下悠悠只。雾雨淫淫，白皓胶只。魂乎无东！汤谷寂寥只。魂乎无南！南有炎火千里，蝮蛇蜒只。山林险隘，虎豹蜿只。

鳎鳙短狐，王虺骞只。魂乎无南！蜮伤躬只。魂乎无西！西方流沙，漭洋洋只。豕首纵目，被发鬤只。长爪踞牙，诶笑狂只。魂乎无西！多害伤只。魂乎无北！北有寒山，趠龙赩只。代水不可涉，深不可测只。天白颢颢，寒凝凝只。魂乎无往！盈北极只。魂魄归来！闲以静只。

自恣荆楚，安以定只。逞志究欲，心意安只。穷身永乐，年寿延只。魂乎归来！乐不可言只。五谷六仞，设菰粱只。鼎臑盈望，和致芳只。内鸧鸽鹄，味豺羹只。魂乎归来！恣所尝只。鲜蠵甘鸡，和楚酪只。醢豚苦狗，脍苴蒪只。吴酸蒿蒌，不沾薄只。魂兮归来！恣所择只。炙鸹烝凫，煔鹑敶只。煎鰿臛雀，遽爽存只。魂乎归来！丽以先只。四酎并孰，不涩嗌只。清馨冻饮，不歠役只。吴醴白蘖，和楚沥只。魂乎归来！不遽惕只。

这里的分段不妥当。其中"昭、遶、逃、遥"是宵鱼合韵，"遶"可能是某个宵部字的讹字；"魂兮归来！无东无西，无南无北只"无韵，可能有脱文讹字；"浟、悠、胶、寥"是幽部；"蜒、蜿、骞、躬"是真元冬合韵，"躬"字，清代江有诰《楚辞韵读》以为是"身"之讹；"洋、鬤、狂、伤"是阳部；"赩、测、凝、极"是职部，"凝"，王力《楚辞韵读》处理为职部，有道理；"静、定"是耕部；"安、延、言"是元部；"梁、芳、羹、尝"是阳部；"酪、蒪、薄、择"是铎部；"敶、存、先"是真文合韵；"嗌、役、沥、惕"是锡部。

这种分段将"魂魄归来！闲以静只。自恣荆楚，安以定只"拆开，造成"魂魄归来！闲以静只"跟上面同一段的字无法一起押韵，"自恣荆楚，安以定只"两句的押韵没有着落，跟所在段落的相邻字无法押韵，显然不妥当。

从内容分层看，"魂魄归来！闲以静只。自恣荆楚，安以定只"呼唤魂魄快归荆楚，回到自身，荆楚能使魂魄安定适意，远离祸害，内容上完全可以作为一层，没有必要拆开。《山带阁注楚辞》就不会出现这种内容分层上的割裂的毛病，它将"魂魄归来！闲以静只。自恣荆楚，安以定只。逞志究欲，心意安只。穷身永乐，年寿延只。魂乎归来！乐不可言只"归为一个比较大的层次，"魂魄归来！闲以静只。自恣荆楚，安以定只"没有犯割裂的毛病。

三

将韵文的押韵跟内容分层割裂开，片面进行内容分层，这种不妥当的内容分层也走进了高中语文课本，这是非常令人担忧的事，相当于给青少年学生传授了错误的知识，亟待改正。例如普通高中语文课本选了唐代白居易的《琵琶行》，开头是这样分段的：

> 浔阳江头夜送客，枫叶荻花秋瑟瑟。主人下马客在船，举酒欲饮无管弦。醉不成欢惨将别，别时茫茫江浸月。
>
> 忽闻水上琵琶声，主人忘归客不发。寻声暗问弹者谁，琵琶声停欲语迟。移船相近邀相见，添酒回灯重开宴。千呼万唤始出来，犹抱琵琶半遮面。转轴拨弦三两声，未成曲调先有情。弦弦掩抑声声思，似诉平生不得志。低眉信手续续弹，说尽心中无限事。轻拢慢捻抹复挑，初为《霓裳》后《六幺》。大弦嘈嘈如急雨，小弦切切如私语。嘈嘈切切错杂弹，大珠小珠落玉盘。间关莺语花底滑，幽咽泉流冰下难。冰泉冷涩弦凝绝，凝绝不通声暂歇。别有幽愁暗恨生，此时无声胜有声。银瓶乍破水浆迸，铁骑突出刀枪鸣。曲终收拨当心画，四弦一声如裂帛。东船西舫悄无言，唯见江心秋月白。

这里"瑟瑟"当为"索索"之讹，"客、索"一个韵段，"船、弦"一个韵段，"别、月、发"一个韵段，编者将"忽闻水上琵琶声，主人忘归客不发"跟"醉不成欢惨将别，别时茫茫江浸月"拆开，造成"发"不能跟第二段的任何一句押韵，而且白居易明明以"醉不成欢惨将别，别时茫茫江浸月。忽闻水上琵琶声，主人忘归客不发"作为一个内容层，是写送客时酒醉由无乐到传来琵琶声，带来惊喜。"忽闻水上琵琶声，主人忘归客不发"本来属上属下皆可，但据押韵是属上。选编者忽视了押韵的因素，将它属下，这就很不妥当了（此文将"间关"的"间"注成去声，也不当）。

再如《孔雀东南飞》是长篇叙事诗，可能是古代汉族最长的叙事诗，由于年代久远，不可避免地存在一些传抄的讹误，因此也就存在释读的问题。这里不谈释读问题，只说其中一处押韵和分段的问题。普通高中教科书选了这首《孔雀东南飞》，开头是这样分段的：

> 孔雀东南飞，五里一徘徊。
>
> "十三能织素，十四学裁衣，十五弹箜篌，十六诵诗书。十七为君妇，心中常苦悲。君既为府吏，守节情不移，贱妾留空房，相见常日稀。鸡鸣入机织，夜夜不得息。三日断五匹，大人故嫌迟。非为织作迟，君家妇难为！妾不堪驱使，徒留无所施，便可白公姥，及时相遣归。"

乍看起来，第一段"飞、徊"相押，都是微部，分为一段，没有什么不可以。可是第二段开头"十三能织素，十四学裁衣"，"素"跟"衣"不可能押韵，"衣"跟后面的"书"也押不上韵。从"十五"云云以后，押韵情况是："篌、书"是侯鱼合韵，"悲、移（先秦'移'为歌部，汉代变为支部）、稀"是微支合韵，"织、息"是职部，"迟、为、施（先秦'为、施'为歌部，汉代变为支部）、归"是脂支微合韵。通过韵脚字一分析，就可以发现，"十三能织素，十四学裁衣"在第二段里面孤零零的，不能跟邻近的韵脚字互相押韵。

就内容表达来说，"孔雀东南飞，五里一徘徊"两句属于起兴，古代诗歌起兴的手法从未单独作为一个段落而存在，它总是跟后面的一些内容组成一个段落，这是一个老传统，可是课本却违反了这个传统，将"孔雀东南飞，五里一徘徊"单独作为一个段落。是不是传统的处理意见错了呢？教科书编者没有给出任何理由。

将"孔雀东南飞，五里一徘徊"单独作为一个段落，不但不合古人对于起兴的安排，而且将同一个韵段的字硬生生拆开，造成"十三能织素，十四学裁衣"在第二段中跟哪个字押韵没有着落。

普通高中教科书的这种分段不但没有任何可靠的根据，而且不符合既往的段落划分。北京大学中国文学史教研室选注的《两汉文学史参考资料》、郭锡良主持编写的《古代汉语》（上下册）都收了这首诗，题为"焦仲卿妻"，它们都是将"孔雀东南飞，五里一徘徊"跟后面的"十三能织素……及时相遣归"合在一起，作为第一段。我相信普通高中教科书的编者在编写《孔雀东南飞》时应该参考了这两种选本，但是我不知道编者采取这种与众不同的分段的理由何在。在我看来，这种分段是很不妥当的。

四

另外，互相押韵的字，中间可以打句号，也可以不打；但是不押韵的和互相押韵的句子在一起时，不押韵的字一定不能轻易打句号。这方面也有一些失误的例子，应该重视。我们也在这里附带说一下。

例如西晋陆机《文赋》，其中一段，有人这样打句号和逗号：

体有万殊，物无一量，纷纭挥霍，形难为状。辞程才以效伎，意司契而为匠，在有无而僶俛，当浅深而不让。虽离方而遯员，期穷形而尽相。故夫夸目者尚奢，惬心者贵当，言穷者无隘，论达者唯旷。诗缘情而绮靡。赋体物而浏亮。碑披文以相质。诔缠绵而凄怆。铭博约而温润。箴顿挫而清壮。颂优游以彬蔚。论精微而朗畅。奏平彻以闲雅。说炜晔而谲诳。虽区分之在兹，亦禁邪而制放。要辞达而理举，故无取乎冗长。

这一段是论文辞的体式。其中，"量、状、匠、让、相、当、旷、亮、怆、壮、畅、诳、放、长"都是押去声。标点者没有在"量、匠、当"后面加句号，这也是可以的，最好是后面打句号。但是没有押韵的句末字"靡、质、润、蔚、雅"后面反而加句号，跟"量、匠、当"加逗号一比较，就可以看出内容的层次结构没反映出来。

另一段，有人这样打句号和逗号：

若夫丰约之裁，俯仰之形，因宜适变，曲有微情。或言拙而喻巧。或理朴而辞轻。或袭故而弥新。或沿浊而更清。或览之而必察。或研之而后精。譬犹舞者赴节以投袂，歌者应弦而遣声。是盖轮扁所不得言，故亦非华说之所能精。

这一段讲个人构思不同，表现手法可以有别。其中"形、情、轻、清、精、声、精"都是押平声。标点者没有在"形"后面加句号，这是对的。但是没有押韵的句末字"巧、新、察"后面反而加句号，这不妥当，内容的层次结构没反映出来。

参考文献

1. 北京大学中国文学史教研室. 两汉文学史参考资料［M］. 北京：中华书局，1962.

2. 郭绍虞，王文生. 中国历代文论选：一卷本［M］. 上海：上海古籍出版社，1979.

3. 郭锡良. 古代汉语：上下册［M］. 北京：商务印书馆，1999.

4. 郭锡良. 汉字古音表稿［M］. 雷瑭洵，校订. 北京：中华书局，2020.

5. 洪兴祖. 楚辞补注［M］. 白化文，点校. 北京：中华书局，1983.

6. 江有诰. 音学十书［M］. 北京：中华书局，1993.

7. 蒋骥. 山带阁注楚辞［M］. 上海：上海古籍出版社，1958.

8. 孙玉文. 宋玉《九辩》的语音技巧［C］//娄育，李超，储小旵. 汉语史新视阈. 厦门：厦门大学出版社，2019.

9. 王力. 楚辞韵读［C］//王力全集：第十二卷. 北京：中华书局，2014.

10. 王显. 屈赋的篇目和屈赋中可疑的文句［C］//《古汉语研究》编辑部. 古汉语研究：第一辑. 北京：中华书局，1996.

On the Coordination of Rhyme and Content Stratification in Classical Verse

Sun Yuwen

(*Department of Chinese, Peking University, Beijing,* 100871)

Abstract: There are defects in the understanding of the function of rhyme in the past. This paper demonstrates that rhyme can not only make the works' sound and rhythm harmonious, easy to recite and remember, and has the beauty of rhythm and tone, but also plays an important role in the content stratification of rhyme, which is a formal symbol of rhyme content stratification. Citing examples, this paper criticizes some neglected rhyming factors in rhyme content stratification, the inaccurate division and the error of punctuation subjectively made in rhyme content levels. This paper also puts forward improvement measures and tries to find the formal symbol of the hierarchical understanding of Chinese poetry content, avoiding subjectivity.

Key words: verse, rhythm segment, formal symbol, content stratification, punctuation

概念整合视域下的孟子修辞研究

罗 菲①

（河北科技大学国际处/国际教育学院 石家庄 050011）

摘 要：在"知言养气"思想的指导下，孟子有着清醒的修辞自觉。为推行仁政思想，孟子发展了孔子的"正名"思想，有意识地对历史传统与现实事件作出合于自己理念的分类、融合，进而实现概念的重新阐释。经他整合后的尧、舜历史突出了"天与"思想，对日常生活中两难事件的概念整合则体现了进退裕如的圣人风范。本文从概念整合的角度，结合例证，剖析了孟子的修辞策略，并探讨了孟子修辞思想的哲学基础。

关键词：孟子；修辞；概念整合

孟子是孔子之后儒家思想的主要代表人物，他的思想主要见于《孟子》一书。孟子私淑孔子，多方面继承并发展了孔子的思想。《孟子》一书翔实记录了孟子劝说梁惠王、齐宣王等施行仁政的思想，记载了他对弟子公孙丑、万章等的教导，还生动再现了他与当时农家代表人物许行等的辩难等，眼界开阔，内容丰富。正如孔子自许"吾道一以贯之"②，孟子亦是如此。正因为孟子心中有定规，以辅佐诸侯行王道、仁政为旨归，以民心所向为判断标准，以"集义"为方法温养自身"浩然之气"，故能"知言"，辩才无碍，舌灿莲花。

孟子之所以雄辩滔滔，与他自觉的修辞观密切相关，孟子强调"知言养气""以意逆志""尽信书不如无书"③，这表明他非常重视语言，讲究修辞。他的修辞思想很丰富，值得后人深入探讨。限于篇幅，我们准备从概念整合的角度深入剖析孟子的修辞策略，看他如何在固有知识的基础上，打破常规，解放思想，重新阐释历史，灵活应对现实。

一、正名与概念整合

人是有语言的动物，说明人对世界的把握不仅是实体的，更是概念

---

① 作者简介：罗菲，文学、医学双博士，河北科技大学国际教育学院副教授，主要研究方向为修辞学、中医医史文献。

② 杨伯峻. 论语译注 ［M］. 北京：中华书局，1958：41.

③ 杨伯峻. 孟子译注 ［M］. 简体字本. 北京：中华书局，2008：46 - 47，166，255. 另，本文中所引《孟子》原文，皆出于此书，不再一一注明页码。

的。无论是个体自身的经历，还是社会的运转、事件与经验的描述，都离不开语言的参与。人们运用了什么词语、句式以及运用语言的方式，其实就暗示了一种态度、判断和评价。韦弗即提出修辞表达了其使用者的终极价值观和世界观，通过分析一个人习用的论证类型，能够有效解读该人的性格与意图。① 这种观念在中国古人中早就存在。《左传·襄公二十四年》中鲁国人叔孙豹认为"死而不朽"的办法有三种，即最上立德，其次立功，最下立言。② 也就是说，立言是个体留存世间，长不朽的三种方式之一。孔子结束周游列国之行，返回鲁国后，整理《春秋》，一字一句都要斟酌，以"一字寓褒贬"③，旨在惩恶以劝善。不仅如此，孔子还认为，若他治理国家，首先要正名，因为名不正则言不顺，言不顺则民无所措其手足。④ 我们认为，正名主要包括两点：一为厘定名称，指出名称的内涵与外延，便于人们把握；二为名实相称，便于指称与评价。不可否认，正名是一个美好的愿望，名实相称的社会是简单而易于治理的。但是拘泥于以正名来施政还是过于迂阔，因为社会始终在发展，新事物层出不穷，旧事物或改变或消失，也必因应社会而变化，难以划一而不变。正因为语言随社会的发展而演变，它才能恰切地反映社会的变化，跟随社会的发展及人们思想的进步，实现语言的交际价值。当然，适当的正名也是必要的，可以划定事物的界限，明确价值判断的标准，让人们的言行有所依循。

正名，从现代语言学的角度来看，其实也是一种概念整合的方式。概念整合理论最早是由美国学者 Gilles Fauconnier 和 Mark Turner 创立的。这一理论基于格式塔心理学，认为语言的表达与理解涉及一系列心理空间的连续层级构型，通过不同输入空间（输入空间Ⅰ和输入空间Ⅱ）与类属空间的多元整合，形成融合空间，也即整合后的话语。⑤ 我们认为，概念整合理论其实是一种以类相从的思维方式，通过对不同话语的类属判定与整合，对表达者来说，是运用语言重新定义原有事物或关系；对理解者来说，是突破认知局限，跟随表达者的话语形成对事物或关系的新知。

---

① FAUCONNIER G. Mappings in thought and language [M]. 杨波，导读. 北京：世界图书出版公司，2010：169.

② 左丘明. 左传 [M]. 蒋冀骋，标点. 长沙：岳麓书社，1988：226.

③ 杜预. 春秋左传集解序 [M] //靳义增. 中国文化经典阅读教程. 武汉：华中科技大学出版社，2018：81.

④ 杨伯峻. 论语译注 [M]. 北京：中华书局，1958：140-141.

⑤ 沈家煊. 概念整合与浮现意义 [J]. 修辞学习，2006（5）：1-4.

二、"天与自我民与"的修辞思想

对于天下与国君之间的关系，孟子没有囿于传统观念，而是在整合了孔子"仁"的思想基础上，提出了自己的观点。孟子认为"民为贵，社稷次之，君为轻"（《孟子·尽心章句下》）。因此，国君得天下与否，重点在民心上。孟子对君民关系的整合与阐释主要体现在他对历史与现实的重新解读上。在历史层面，孟子对尧舜禅让、汤放桀、武王伐纣等历史故事，从当时人认为的"篡位""弑君"故事中剥离出来，置于《太誓》的"天视自我民视，天听自我民听"的类属意义空间，①重新整合为得民心者得天下的仁政思想。哲学家徐复观亦持此观点，他指出"孟子坚持政治应以人民为出发点、为归结点，所以他明白确定政权的移转应由人民来决定"②。在《孟子·万章章句上》中，万章问孟子，尧把天下让给舜了，有这样的事吗？孟子回答没有，理由是"天子不能以天下与人"。接下来，孟子详细阐述了尧、舜禅让是顺应天意之事。天意是通过"行与事示之而已"，具体来说，就是民意向背，即"天视自我民视，天听自我民听"。舜、禹、启三人得天下，是因为"天下诸侯朝觐，百姓讴歌"，孟子认为他们得天下是民心所向，而民心向背就是天意的示现。当被齐宣王质问汤放桀，武王伐纣之事为臣弑君时，孟子同样利用民心向背理论作了合理阐释："贼仁者谓之贼，贼义者谓之残，残贼之人谓之一夫，闻诛一夫纣矣，未闻弑君也。"意思是说，纣与桀的所作所为背仁弃义，只可称之为一夫，不配为君。因此，汤放桀，武王伐纣顺乎天而应乎民，是"天与"汤、武王的表现，不可以认为是弑君。

同理，面对同时代的人物，孟子一样援引得民心者得天下的"天与"思想来阐述自己的观点。例如燕王子哙让国于燕相子之，孟子认为不合理，国家不可以当作个人私产私相授受。所以，当沈同询问孟子"燕可伐与"时，孟子爽快回答可以。当然，基于"天与之"的思想，孟子认为燕虽然可以被讨伐，但并不是谁都可以讨伐的，"为天吏，则可以伐之"。"为天吏"的意思，是指讨伐燕国之人应当做到以燕民的接受与不接受作为考量标准，即"取之而燕民悦，则取之"，"取之而燕民不悦，则勿取"。燕民的悦与不悦，就是孟子所说的天意在民意上的显现。

除了上述对历史与现实评价上的概念整合外，在日常事务方面，孟子

---

① 杨伯峻. 孟子译注［M］. 简体字本. 北京：中华书局，2008：169.
② 徐复观. 中国思想史论集［M］. 上海：上海书店出版社，2004：112.

也贯穿了"天与自我民与"的思想，即得民心者得其位。孟子针对齐宣王如何选拔判断人才的询问，提出取决于民心的论断。他说："左右皆曰贤，未可也；诸大夫皆曰贤，未可也；国人皆曰贤，然后察之；见贤焉，然后用之；左右皆曰不可，勿听；诸大夫皆曰不可，勿听；国人皆曰不可，然后察之；见不可焉，然后去之。左右皆曰可杀，勿听；诸大夫皆曰可杀，勿听；国人皆曰可杀，然后察之；见可杀焉，然后杀之。故曰，国人杀之也。如此，然后可以为民父母。"意谓"用人、去人、杀人之权，不应当由人君来决定，而应当由人民来决定。人民的好恶，决定政治的具体内容"。①

用图尔明的论证布局三要素来对照，孟子"天与自我民与"的修辞哲学则可以表述为：理由（大前提）：天与自我民与；依据（小前提）：群臣、民众有疑往决于舜、禹、启，讴歌舜、禹、启；主张：舜、禹、启理应得天子位。

换句话说，上面的依据即是 Fauconnier Gilles 概念整合理论中的输入空间Ⅰ和Ⅱ，理由是类属空间，主张则是融合空间。经由类属空间的介入，输入空间的内容被赋予新的内涵，生成融合空间的全新表达，即对事件突破过去认知局限的修辞性认知。

三、"集义所生"的进退从容

孟子继孔子之后，强调儒家道统，提出尧、舜、禹、汤、文王、武王、周公、孔子，之后就到自己的儒家道统谱系。他对自己的言行有着超乎寻常的自信，在《孟子·公孙丑章句下》中宣称："如欲平治天下，当今之世，舍我其谁也？"当然，他的这种自信与自许不只是空言，而是植根于他"集义所生"的"浩然之气"上，根源于他"天将降大任于是人"的自我磨砺上。

在谈到如何养"浩然之气"时，孟子提到要知言。知言的内涵是"诐辞知其所蔽，淫辞知其所陷，邪辞知其所离，遁辞知其所穷"。能知言，则能察人心。在听说梁惠王舍牛而用羊来衅钟之事时，一般人都认为梁惠王是以大易小，是吝啬，孟子则从中看到了梁惠王的"不忍人之心"。孟子认为这"不忍人之心"就是人性本善的明证，是王道的萌芽，若推而扩充之，仁爱万民，则会称王天下。听了孟子的这番谈话，梁惠王深受感动，道"夫子言之，于我心有戚戚焉"，并请求孟子"辅吾志，明以教

---

① 徐复观. 中国思想史论集［M］. 上海：上海书店出版社，2004：113.

我"。由此可见，孟子对于输入空间中的梁惠王舍牛用羊衅钟，类比于"君子远庖厨"及"人乍见孺子将入于井"的人性本善事例，经过整合后，生成了融合空间中的修辞表达，"是心足以王矣"。

孟子出言做事无不基于自身浩然之气，故进退裕如，不被世俗非此即彼的二元论所约束，表现在修辞上，则是理据充足。例如《孟子·公孙丑章句下》中陈臻请教孔子：

> 前日于齐，王馈兼金一百而不受；于宋，馈七十镒而受；于薛，馈五十镒而受。前日之不受是，则今日之受非也；今日之受是，则前日之不受非也。夫子必居一于此矣。

作为孟子的弟子，陈臻却未曾完全把握到孟子一切以"仁义"为判断标准的思想，还纠缠于外在财物的受与不受上。陈臻的逻辑是，既然都是国君的赠予，那么只可能有两种对待方式，或者接受或者不接受，不应当有的接受有的不接受，那样就是自相矛盾了吗？但是，孟子的回答把这几次馈赠之事置于义与不义的考察点上，反对"无处而馈之"，认为没有正当用途而接受馈赠，"是货之也"。"货之"，杨伯峻解释为"动词，贿赂"[1]。孟子认为："焉有君子而可以货取乎？"所以孟子回答陈臻，在这三个国家时，他对待馈赠的态度都是恰当的，是合乎义的。当在宋国与薛国时，或要远行或要备患，而国君以此理由相赠，则是合乎义的，故当然接受；在齐国时，因为无所用财货，那么自然不接受馈赠，因为君子不可以"货取"。

孟子始终以仁义为旨归，他不硁硁然谨守"言出必诺"的世俗规矩，因为他知道世事是变化的，条件变了，先前的一些言行就需要因应变化的世界而加以修正。《孟子·离娄章句下》中，孟子说："大人者，言不必信，行不必果，惟义所在。"说的就是这个意思。这一思想最早由孔子发明，孔子认为"言必信，行必果"是小人之行。孟子继承并践行了这一理论。《孟子·公孙丑章句下》中记载孟子因齐王托疾召见自己，认为齐王无礼，就回复齐王使者说自己也病了，不能朝见。但是第二天就故意出门拜访东郭氏，其意是告诉齐王我没病，不过因为"大有为之君，必有所不召之臣"，所以齐王你不能召见我。可见，孟子进退之间，自有自己的风骨，不因人因事而改变自己的操守。他曾宣称：

---

[1] 杨伯峻. 孟子译注 [M]. 简体字本. 北京：中华书局，2008：70.

我无官守，我无言责也，则吾进退岂不绰绰然有余裕哉？

以仁义考量世间事，以仁义说诸侯，所以能从纷纭世象中抓住那一点合乎仁义的萌芽，及时扩而充之，改变世俗之人的狭义理解，印证于古圣先贤的行为，整合为合乎仁义的王道概念。这就是孟子。他事事时时不忘把握机会，以求王道大倡。于是就有了齐宣王的"寡人好勇""寡人好色""寡人好货""寡人好乐"等质疑，而孟子把齐宣王的询问纳入了《诗经》中记载的文王之勇、大王好色、公刘好货、今之乐犹古之乐的语境，通过寻找类似点，并扩而充之，由一人之勇、一人之乐引而申之，使其与百姓同之。最后得出结论：能与百姓同之，使百姓财货足，有家室，安居乐业，则必然称王于天下。

四、跳出世俗价值牢笼的独立人格

孟子提出大丈夫的标准是"富贵不能淫，贫贱不能移，威武不能屈"，意谓大丈夫必然有所坚守，任他富贵、贫贱、威武、权势等都难以改变。对于孟子来说，他的坚守就是仁义，他要导天下以仁，所有妨碍仁义的力量，他必抗争。而世俗之人，常常以权势或权威的价值判断代替自己的判断，在世俗的权势面前弯下自己的腰，低下自己的头。孟子的德行与操守，即使生当乱世，即使面对威压，也一样坚挺。而威压倒更反衬了孟子的德行高洁，圣人有所为有所不为，于他身上昭昭可见。面对齐王假托疾病召见他的不义行为，孟子慷慨陈词：

天下有达尊三：爵一，齿一，德一。朝廷莫如爵，乡党莫如齿，辅世长民莫如德。恶得有其一以慢其二哉？故将大有为之君，必有所不召之臣；欲有谋焉，则就之。

孟子认为齐王只不过是有爵位而已，自己有德且年高，理应受到齐王拜访与请托，而不是被随随便便、毫无诚意地召见，尤其是伪称疾病的召见，更是缺乏尊重之意，所以孟子拒绝得理直气壮。针对那些要求他去朝见齐王的人如公孙丑、孟仲子、景子等，孟子坦荡反驳，并提出"天下达尊有三"的理论。对于景子指责他不敬齐王的说法，孟子大义凛然道："我非尧、舜之道不敢以陈于王前，故齐人莫如我敬王也。"这里对"敬"的理解，孟子是异于常人的。他运用概念整合的方式，重新阐释了"敬"。孟子认为敬不是口头的言语，也不是表面恭顺的行为，而是由内心流露出来的真正为对方考虑、为对方谋划的仁义。正是出于这样的考虑，他才能理直气壮地坚守自己的选择，坚持士人的底线。

孟子的这种思想在战国时代及其前世并非特例，而是真正有操守的士人的共识。这种以帝王师自居的士是中国传统文化的亮色，是其后专制时代所缺乏的真正的士的精神。类似的例子如《战国策·齐宣王见颜斶》中的颜斶，他具有类似孟子的精神，不畏惧强权，对齐宣王及其臣属一再要求他上前晋见的命令置之不顾，反而再三要求齐王主动向自己靠近。颜斶认为齐王主动走上前见自己是齐王礼贤下士的表现，会劝导天下士子归心，这要比自己主动趋前拜见齐王被人指责迫于权势更好。① 可见，颜斶与孟子一样有独立的精神，以帝王师自居，而且是从内心真正为齐王的声名与国家发展去筹划，并非仅仅为了一己之私而故作姿态。

五、结语

孟子继承了孔子的正名思想，运用概念整合的方式，重新阐释历史与现实，提出了"天与之""天听自我民听，天视自我民视"的民本思想。在此思想指导下，真实的孟子是洒脱的，他不认为世间事非此即彼，他人赠银只有受与不受两途；孟子是机变灵活的，承认规矩但又重视权变，所以面对落水的嫂子他要"手援"；孟子又是固执的，他主张"言不必信，行不必果"，唯义所在，他坚持独立于诸侯王的师者姿态，进退"绰绰然而有余裕"。

综上所述，孟子的修辞思想有着深刻的哲学意蕴，值得全面发掘。孟子自称"予岂好辩哉！予不得已也"。所以，他从不以好辩要求自己，他全力贯注于自身修养，"我善养吾浩然之气"，毅然以孔子之后的救世贤人自居，力图辅佐诸侯王，实现王业。在孟子的坚持下，这一宏伟抱负留给世人的是一份丰厚的哲学、思想、语言修辞的遗产，也树立了道德标杆，让我们看到乱世中圣人的操守与坚持。

参考文献

1. 刘向. 战国策笺证：上册［M］. 范祥雍，笺证；范邦瑾，协校. 上海：上海古籍出版社，2006.

2. 索尼娅·K. 福斯，凯伦·A. 福斯，罗伯特·特拉普. 当代西方修辞学之管窥［M］. 30 周年纪念版. 李克，译. 上海：上海交通大学出版社，2021.

---

① 刘向. 战国策笺证：上册［M］. 范祥雍，笺证；范邦瑾，协校. 上海：上海古籍出版社，2006：639–641.

3. 徐复观. 中国思想史论集 ［M］. 上海：上海书店出版社，2004.

4. 杨伯峻. 经子浅谈 ［M］. 北京：中华书局，2016.

5. 杨伯峻. 论语译注 ［M］. 北京：中华书局，1958.

6. 杨伯峻. 孟子译注 ［M］. 简体字本. 北京：中华书局，2008.

7. 朱熹. 孟子集注 ［M］. 济南：齐鲁书社，1992.

8. 左丘明. 左传 ［M］. 蒋冀骋，标点. 长沙：岳麓书社，1988.

9. FAUCONNIER G. Mappings in thought and language ［M］. 杨波，导读. 北京：世界图书出版公司，2010.

Research on Mencius' Rhetoric from the Perspective of Conceptual Integration

Luo Fei

(*International Office/College of International Education,
Hebei University of Science and Technology, Shijiazhuang*, 050011)

Abstract：Under the guidance of the thought of "mastering language and nourishing Qi", Mencius had a sober rhetorical consciousness. In order to promote the thought of benevolent, Mencius developed Confucius' thought of "rectification of names", and consciously classified and merged historical traditions and real events in line with his own ideas, thereby realizing the reinterpretation of old and ordinary concepts. The history of Yao and Shun after his integration highlights the thought of "being empowered by Heaven", and the conceptual integration of the dilemma in daily life reflects the sage style of stepping forward and backward. The article analyzes Mencius' rhetorical strategies from the perspective of conceptual integration, and discusses the philosophical basis of Mencius' rhetorical thought.

Key words：Mencius, rhetoric, conceptual integration

修辞与诗歌创作研究

论古代题画诗阐发画中诗意的方法

罗积勇①

（武汉大学文学院　武汉　430072）

摘　要：本文通过对唐代到清代大量题画诗的分析，总结出了古代题画诗阐发画中诗意的八种方法，其中比较重要的有：比喻，比拟，内在勾连，内外勾连，在时间轴上展开想象。

关键词：题画诗；写作方法；联想；时间轴

从唐代题画诗开始，诗人便开始以自觉的审美意识评赏绘画作品，咏赞的内容也不再满足于物象的呈现与排布，而是涉及画中之美趣和画外之联想，开始揭示画作之诗意、补足画作之诗意，甚至赋予画作以诗意。

通过分析唐代以来的名家题画诗作，我们发现古代题画诗阐发画中诗意的方法至少有如下八种：

一、叙述、夸赞绘画技艺

据《五代名画补遗》载，当时邺都青莲寺沙门大愚曾乞画于荆浩，后浩画山水图以贻大愚，并作诗答之曰："恣意纵横扫，峰峦次第成。笔尖寒树瘦，墨淡野云轻。岩石喷泉窄，山根到水平。禅房时一展，兼称苦空情。"这是在叙述作画过程并描绘该画的特色。

在题画诗中阐发画理，并以此赞许画者，这也是唐代题画诗惯用的手法。如唐代方干《观项信水墨》："险峭虽从笔下成，精能皆自意中生。"强调的是艺术创造的能动性。宋代题画诗中的意已有了写意的意思。如宋代苏轼等人也在题画诗中多次论及"意"。清代恽寿平《石谷临九龙山人〈枯槎竹石〉》："心忘方入妙，意到不求工。点拂横斜处，天机在此中。"从中不难发现唐宋题画诗论的影响。

有些题画诗夸赞所咏画作能乱真或能勾起自己的回忆。如唐代杜甫《丹青引赠曹将军霸》："斯须九重真龙出，一洗凡马万古空。玉花却在御榻上，榻上庭前屹相向。"诗人直接将画中之物写成真的，以显其气韵生

---

①　作者简介：罗积勇，文学博士，武汉大学文学院教授，兼任中国修辞学会副会长、湖北省诗词学会副会长、湖北省楹联学会副会长。

动，栩栩如生。宋代王禹偁《仲咸借予海鱼图观罢有诗因和》："何当一一穷真伪，须把千寻铁网捞。"这是认假作真。

夸其能勾起自己相关记忆的，如唐代徐安贞《题襄阳图》："画得襄阳郡，依然见昔游。岘山思驻马，汉水忆回舟。"再如宋代王安石《纯甫出释惠崇画要予作诗》："往时所历今在眼，沙平水澹西江浦。"

二、用比喻来写画中景或画中人

如宋代苏轼《题王晋卿画后》："丑石半蹲山下虎，长松倒卧水中龙。试君眼力看多少，数到云峰第几重。"元代赵孟頫《题秋山行旅图》："老树叶似雨，浮岚翠欲流。西风驴背客，吟断野桥秋。"笔者加了下划线的例句都是恰切的比喻。

复杂一点的，如元代张昱《剪花士女》："咫尺芳丛艳色深，蜂情蝶思两难禁。看来莫用闲惆怅，剪下春风一寸心。"花开在春天，和煦的春风吹开花朵以致意人间，故诗人说仕女剪下的是春风的"一寸心"，这是借喻，意思是花好像是春风的一片心意。

三、使用宇宙人情化的写作手法

审美移情，也就是将自己的情感投射到观察对象上。或称之为宇宙人情化；或以"童心"二字当之。所使用的修辞手法常常是比拟中的拟人。

如宋代赵孟坚（号彝斋）一首配《水仙图》的诗曰："步袜无尘澹净妆，翩翩翠袖恼诗肠。水仙只咽三清露，金玉肌肤骨节芗。"在这首七绝的第一、二句中，作者参考曹植的《洛神赋》，写出了凌波仙子超凡脱俗的形态。第三、四句中，作者更是倾倒于仙子通过饮甘露、餐流霞而修炼出的超凡脱俗的馨香。

又如元代赵孟頫《题李仲宾野竹图（并序）》："偃蹇高人意，萧疏旷士风。无心上霄汉，混迹向蒿蓬。"序曰："吾友李仲宾为此君写真，冥搜极讨，盖欲尽得竹之情状，二百年来以画竹称者皆未必能用意精深如仲宾也。此野竹图尤诡怪奇崛，穷竹之变，枝叶繁而不乱，可谓毫发无遗恨矣。然观其所题语则若悲。此竹之托根不得其地，故有屈抑盘薜之叹。夫羲尊青黄，木之灾也；拥肿拳曲，乃不夭于斧斤。由是观之，安知其非福耶？因赋小诗，以寄意云。"由序可见，赵诗实际上也是以竹拟人。

宋代郑思肖的《画菊》（又名《寒菊》）："花开不并百花丛，独立疏篱趣未穷。宁可枝头抱香死，何曾吹落北风中。"这首诗也采用拟人手法，以寒菊象征隐逸幽栖、独立不群的人格特征。

四、代画中人或物说出其情感意绪

如果是为人物画或以表现人物为主的画作配诗词，可采用此种方法。如《五代诗话》载，张文懿家有《春江钓叟图》，上有李后主《渔父》词二首，其一曰："浪花有意千重雪，桃花无言一队春。一壶酒，一竿鳞，世上如侬有几人？"后面三句显然就是作者采用第一人称以画中渔父的口吻所说的话，充分表现了渔父自得其乐的惬意。

有时，作者以第一人称的身份说出当事人的心里话。如宋代晁说之《题明皇打球图》："阊阖千门万户开，三郎沉醉打球回。九龄已老韩休死，无复明朝谏疏来。"张九龄和韩休都做过唐玄宗的宰辅，素以敢言直谏著称。据史书记载，张、韩两人除在大政方针上提过不少意见外，对玄宗在游猎等生活上的铺张也未尝放过。因而玄宗小有过错，就马上问左右，说此事韩休知不知道。话刚说完，韩休的谏疏已经递上来了。在张、韩二人罢相老死后，便彻底地没人敢阻止唐明皇的耽于享乐、蹴鞠走马了。作者在题画诗中道出了李隆基的那点心思。

在题画诗中，像晁说之《题明皇打球图》这样根据人物的真实情形来代言的有一些，但更多的是作者借画中人物之口，附带寄寓自己的情感意绪，如明代张以宁在其《题海陵石仲铭所藏渊明归隐图》一诗中写道："一壶从杖藜，独视天壤阔。风吹黄金花，南山在我闼。萧条蓬门秋，稚子候明发。岂知英雄人，有志不得豁。高咏《荆轲》篇，竦然动毛发。"

又如元代萨都剌《飞鸣宿食雁图》："年去年来年复年，帛书曾达茂陵前。影连蓟北月横塞，声断江南霜满天。雨暗芦花愁夜渚，露香菰米下秋田。平生千里与万里，尘世网罗空自悬。"很明显，尾联表面上虽是代高飞的大雁说的话，但这更应看作者希望摆脱尘世罗网羁绊的心里话。

五、发现或建立"点景"间的关联

在一个画作中，有许多散在的物或人，我们把它称作"点景"，古人配诗时，往往致力于发现或建立"点景"间的关联，使之变为一个有机整体。苏轼有一首《惠崇春江晚景》，这首诗是为他的好友惠崇和尚所画的《春江晚景》而题的。头两句是"竹外桃花三两枝，春江水暖鸭先知"，通过这两句，我们已经可以大致知道当年惠崇和尚所画的究竟是怎样的一个场景了，但是诗歌告诉我们的，却又绝对不只是这些东西，还有画面所展现不出的，也通过诗歌补充了，在这首诗里就是一个"暖"字，竹外桃花

发，朦胧春暖，土暖水亦暖，而在水面栖息的鸭子一定知水之暖。这样一个"暖"字便将散在的"点景"都联系起来了，写活了，写生动了。关于建立"点景"间的关联，有以下方法：

1. 观察画面，发现实际的或可能的联系

两个"点景"会因为自然环境、自然地理而存在或可能存在某种关联。如唐代岑参《奉送李太保兼御史大夫充渭北节度使》："诏出未央宫，登坛近总戎。上公周太保，副相汉司空。弓抱关西月，旗翻渭北风。弟兄皆许国，天地荷成功。"这首诗的颈联很有意思，先看出句，弓和月亮都是画中实际存在的，由于处在关西这个环境中，二者便都带上了"冷"的色调，于是作者便通过暗喻的方式将它们联系起来；再看对句，凛冽的风吹动军旗，这也是当时能观察到的，但是作者用"渭北"来限定这个风，画面的特殊性就凸显了，一下子就将人们拉回到边关的肃杀氛围之中。

两个"点景"还会因为人文背景、人文地理而存在或可能存在某种关联。如唐代杜甫《严公厅宴同咏蜀道画图》："日临公馆静，画满地图雄。剑阁星桥北，松州雪岭东。华夷山不断，吴蜀水相通。兴与烟霞会，清樽幸不空。"此诗颈联中的"华夷""吴蜀"属于人文地理。

2. 有时是以"天真"去建立这种关联

我们这里举元代邓文原《周曾秋塘图卷》："惨澹枯荷折苇间，芙蓉秋水转埼湾。鸣鸿飞度江南北，却羡溪禽满意闲。"在原图中，天上的"鸿"和水中的"溪禽"原本是散在的"点景"，现通过指出"鸿"羡慕"溪禽"享有的那份安闲，从而使整个画面活泼了起来，变成了一个有机的整体。

又如明代周天球自题《吴楚一望图》："孤峰矗矗当青天，吴楚临高一望连。万里江流衣带水，夕阳时送出巴船。"再如明代李日华《题画芦花渔笛》："白云丹枫落照边，千峰云霭一江烟。渔郎短笛无腔调，吹起芦花雪满船。"按实际情形，夕阳无意送船，渔笛也不曾吹花，但在诗人的移情和想象中，这种联系不但建立了起来，而且建立得很美。

3. 有时是用别解方式去建立联系

如宋代苏轼《李思训画长江绝岛图》："山苍苍，江茫茫，大孤小孤江中央。崖崩路绝猿鸟去，惟有乔木攙天长。客舟何处来，棹歌中流声抑扬。沙平风软望不到，孤山久与船低昂。峨峨两烟鬟，晓镜开新妆。舟中贾客莫漫狂，小孤前年嫁彭郎。"原本是大孤山、小孤山和澎浪岛，当地人误呼大姑、小姑和彭郎，苏轼将错就错展开想象。

六、联想此时此刻画面外的相关事物

古代诗人透过画面已有的人姿、物态，可以联想此时此刻画面外的相关事物，精择以入诗。

1. 将画面未曾直现或无法直现的东西通过想象进行补充

如唐代白居易《画竹歌》："举头忽看不似画，低耳静听疑有声。"唐代齐己《观李琼处士画海涛》："令人错认钱塘城，罗刹石底奔雷霆。"这是对画面未曾直现或无法直现之物通过想象进行补充。

入画之中而出画之外，补出画面之外的事物或情境，如清代恽格自题《远眺》："暮云千里乱吴峰，落叶微闻远寺钟。目尽长江秋草外，美人何处采芙蓉？"又如元代张圭《展子虔游春图卷》："东风一样翠红新，绿水青山又可人，料得春山更深处，仙源初不限红尘。"

2. 将相伴随的事物找出来

将画面内外贯通联系起来，如宋代苏轼《惠崇春江晚景》二首其一："竹外桃花三两枝，春江水暖鸭先知。蒌蒿满地芦芽短，正是河豚欲上时。""河豚欲上"这一幕不见于画面，但画面中有蒌蒿，而蒌蒿能用来炖煮河豚。

宋代张耒《明道杂志》记载："余时守丹阳及宣城，见土人户食之（笔者按，指河豚）。其烹煮亦无法，但用蒌蒿、荻笋、菘菜三物，云最相宜，用菘以渗其膏耳，而未尝见死者。"意思是用上面三种东西作为佐料，就可以解河豚的毒了。苏轼作为我们公认的美食家，由蒌蒿、芦芽想到河豚就非常合理了。

3. 结合历史背景来议论

如清代谭嗣同《宋徽宗画鹰》二篇其一："落日平原拍手呼，画中神俊世非无。当年狐兔纵横甚，只少台臣似郅都。"众所周知，宋徽宗在书画方面是一把好手，号称风流天子。但是，他纵容蔡京等一干奸臣控制朝政，搜括天下，使得宋代原有的台谏制度完全失去正常的功能，就好比"鹰"仅仅成为玩物，而不能起到肃清狐兔的作用。谭嗣同在这里能联系当时的历史背景而产生联想，发表议论，充分显示了他作为高明的政治家的眼光。

七、在时间轴上展开想象

画作只是一个空间的定格，所以配诗时要展开想象，在时间轴上进行补充。想象此前发生或可能发生了什么，设想日后将会发生的事。古代题画诗人深明此理。

1. 补充说明作画的缘由

如明代沈周自题《山水图》："秋来好在溪楼上，笔墨牢牢意自闲。老眼看书全是雾，模糊只写雨中山。"这首诗为自己为何喜欢画烟雨蒙蒙的山水找到了一个似是而非的理由，很有趣。

2. 想象造成画中事物如此状态的原因

表达方式也可采用"抖包袱"的办法，如唐代张谓《早梅》："一树寒梅白玉条，迥临村路傍溪桥。不知近水花先发，疑是经冬雪未销。"这首诗围绕梅花为何开得如此之早寻找原因，运用了误会法。

其实，诗歌不是科学论文，有时设想一个别出心裁的所谓原因，会显得更蕴藉。如明代李东阳《画蝶》："度竹穿花处处心，暖风晴浪影浮沉。亦知春去无多日，犹在花丛与竹阴。"为画中蝶儿为何不飞走设想了一个天真的理由。

又如明代徐渭《扇中双蝶》："春至百花繁，名园蛱蝶翻。美人将扇扑，拓得一双痕。"将美人所持团扇上的双蝶想象为其扑蝶时拓印上去的，使读者了解到古代仕女的日常生活。

3. 想象此后将会发生什么或希望发生什么

如齐白石《不倒翁》："乌纱白扇俨然官，不倒原来泥半团。将汝忽然来打破，通身何处有心肝。"齐白石通过这种方式阐明了一个哲理：人世官场的那些不倒翁，实际上大多是没有心肝的异化人。

题画诗中也可以写出希望发生但做不到、心有遗憾的事情。

元祐三年（1088），苏东坡为王定国所藏王晋卿《烟江叠嶂图》题诗一首。王晋卿，名诜，太原人，他是宋英宗的女婿，蜀国公主的驸马，宋代大画家。这幅画现藏于上海博物馆。王定国即王巩，苏东坡的朋友，因"乌台诗案"受到牵连。王晋卿也同样被卷入"乌台诗案"而被贬均州。苏东坡在诗中写道："江上愁心千叠山，浮空积翠如云烟。山耶云耶远莫知，烟空云散山依然。但见两崖苍苍暗绝谷，中有百道飞来泉。萦林络石隐复见，下赴谷口为奔川。川平山开林麓断，小桥野店依山前。行人稍度乔木外，渔舟一叶江吞天。使君何从得此本，点缀毫末分清妍。<u>不知人间何处有此境，径欲往买二顷田</u>。君不见武昌樊口幽绝处，东坡先生留五年。春风摇江天漠漠，暮云卷雨山娟娟。丹枫翻鸦伴水宿，长松落雪惊醉眠。桃花流水在人世，武陵岂必皆神仙。江山清空我尘土，虽有去路寻无缘。还君此画三叹息，<u>山中故人应有招我归来篇</u>。"苏东坡的题画诗中，山林、云烟、飞泉、小桥、野店、渔舟构成了一个世外桃源。他不知道何处有此仙境，想买田归隐。苏东坡心中的世外桃源又在哪里？苏东坡被贬黄州后，曾在那里住了多年，黄州的岁月，是他在文学艺术上丰收的岁月。在黄州，他脱离了官场上的争斗，获得了艺术上的丰收。苏东坡爱慕陶渊明笔下武陵人的生活，希望在桃花源中找到一方净土，意在归隐山中。所以，此诗中有两处提到了未来的希望（即笔者加了下划线的两处）。

又如元代赵孟頫《题杨司农宅刘伯熙画山水图》："移得山川胜，坐来烟雾空。窗中列远岫，堂上见青枫。岩树参差绿，林花掩冉红。鸟飞天路迥，人去野桥通。村晚留迟日，楼高纳快风。琴尊会仙侣，几杖从儿僮。疑听孙登啸，将无顾恺同？微茫看不足，潇洒兴难穷。碧瓦开莲宇，丹楼耸竹宫。乱泉鸣石上，孤屿出江中。藉甚丹青誉，益知书画功。烦渠添钓艇，着我一渔翁。"这首题画诗是为巨幅画所题咏，故用容量大的排律来表现。其中"烦渠添钓艇，着我一渔翁"，即作者希望在未来发生的事情，一方面表达了由这幅画所引起的愿景向往，另一方面也夸赞了这幅画的传神逼真。

八、借题发挥

借题发挥开出议论的手法，在杜甫题画诗中就已被运用，苏轼将其继承并发扬光大。在这类题画诗中，有时为了更直接地抒情言志，往往并不着意于或并不急于再现画的景象，如其《戏书李伯时画御马好头赤》："山西战马饥无肉，夜嚼长秸如嚼竹。蹄间三丈是徐行，不信天山有坑谷。岂如厩马好头赤，立仗归来卧斜日。莫教优孟卜葬地，厚衣薪楀入铜历。"诗的上半部完全抛开题目中的御马转写战马，下半部才把御马作为对照。相比于嚼长秸、跨天坑的战马，御马好头赤却只偶尔用来充当皇家的仪仗，整日养尊处优。这样一处理，题目中的御马好头赤便成了作者要正面讴歌的不愿养尊闲置待死马厩的战马的反衬。显然，诗人是以马的遭遇喻人，并以二马自喻，含蓄地抒写他在外任各地州官时虽辛苦奔波却能为国为民建功立业，如今虽为京官身居高位却无所作为。

再如其《陈季常所蓄朱陈村嫁娶图》二首。其一："何年顾陆丹青手，画作朱陈嫁娶图。闻道一村惟两姓，不将门户买崔卢。"其二："我是朱陈旧使君，劝耕曾入杏花村。而今风物那堪画，县吏催钱夜打门。"作者原注："朱陈村在徐州萧县。"苏轼曾在徐州当过地方官。我们看到，第一首情调轻松舒缓，第二首风格沉郁苍劲，两相对照，可以看出苏轼的爱民情怀。其忧国忧民之心也随着两首诗中对现实与理想差距的刻画充分体现了出来。

清代的郑燮也善于在题画诗中借题发挥，借机表现自己的惦念和情怀，如其《潍县署中画竹呈年伯包大中丞括》："衙斋卧听萧萧竹，疑是民间疾苦声。些小吾曹州县吏，一枝一叶总关情。"

通过上面的举例和分析，不难看出，古代题画诗阐发画中诗意的方法虽然多种多样，但可将其写作要诀归纳为：发挥想象，寻找关联，扩大空间，展开时间。总之，好的题画诗能揭示常人在画中感受不到或感受不深的美趣或哲理。

参考文献

1. 陈邦彦. 御定历代题画诗类［M］. 四库全书文渊阁本. 台北：台湾商务印书馆，1986.

2. 孔寿山. 唐朝题画诗注［M］. 成都：四川美术出版社，1988.

3. 李栖. 两宋题画诗论［M］. 台北：学生书局，1994.

On the Writing Way of Ancient Tihuashi

Luo Jiyong

(*School of Literature*, *Wuhan University*, *Wuhan*, 430072)

Abstract：The artical sum up eight kinds of writing way of ancient Tihuashi by a host of examples from the Tang Dynasty to Qing Dynasty. The important ways include metaphor, comparison, inside link, outside link and imagine on the time axis.

Key words：Tihuashi, the write way, connect in the mind, time axis

名词铺排与古典诗歌的意境创造及审美追求[①]

谢元春[1]　吴礼权[2][②]

（1. 湖南师范大学国际汉语文化学院　长沙　410081；

2. 复旦大学中国语言文学研究所　上海　200433）

摘　要：名词铺排是汉语中一种具有悠久历史的语言现象，也是一种有意味的修辞现象。其最突出的特点是摒弃动词及一切虚词，只以名词或名词短语连续铺排，构句成文的表现形式虽然突破了汉语语法的规约，但适应了中国古典诗歌创作在字句篇章上的既定格局要求，以最少的文字表达了最丰富的内涵，既有效地制造了画面效果，创造了意境，又极大地拓展了接受者的联想与想象空间，从而有力地提升了诗歌的审美价值。作为一种修辞现象，名词铺排最早出现于先秦时代的《诗经》之中，之后在历代诗歌作品中都有出现，而且结构模式不断创新，对诗歌意境的创造发挥了重要作用，彰显了诗人们鲜明的审美追求。

关键词：名词铺排；修辞现象；古典诗歌；意境创造；审美追求

众所周知，汉语是世界上历史最为悠久的语言之一。从理论上说，汉语的历史有多久，汉语修辞实践的历史就有多久。事实上，相较于世界其他语言，汉语表达中修辞手法的丰富性是非常突出的。有些修辞现象更是其他语言中所不可能出现的，因为它们跟汉语的特点有着密切的关系。如出现于先秦时代《诗经》中的名词铺排修辞现象，就是汉语表达中所特有的。

作为一种修辞现象，名词铺排虽然是先秦诗人的创造，但不仅仅出现于《诗经》之中，而是广泛存在于中国历代诗歌作品中。中国古典诗歌创作的历史非常悠久，仅以现存最早的《诗经》起算，也有两千多年的历史。在这两千多年的古典诗歌创作中，无数诗人都在名词铺排修辞文本的建构上有所努力，使汉语名词铺排在结构模式上不断推陈出新，对中国古典诗歌意境的创造发挥了重要作用，彰显了诗人们鲜明的审美追求。

---

① 本文为上海高校高峰高原学科建设基金资助项目"汉语名词铺排史"的阶段性成果。

② 作者简介：谢元春，博士，湖南师范大学国际汉语文化学院讲师。吴礼权，博士，复旦大学中国语言文学研究所教授、博士生导师，日本京都外国语大学客员教授，中国台湾东吴大学客座教授，湖北省政府特聘"楚天学者"讲座教授，中国修辞学会会长。

一、名词铺排及其形态类别

名词铺排①，是一种"以一个名词或名词短语单独构句，或是以两个或两个以上的名词或名词短语（包括名词短语组合）联合构句，以此写景叙事的语言现象"②。这种语言现象只出现于汉语与日语中③，其他语言中很难见到。

作为一种特殊的语言现象，名词铺排"表面上看是语法现象，实质上是修辞现象，而且是古已有之的修辞现象"④。在中国当代修辞学界，有学者将之视为汉语的一种修辞方式，并给了它一个术语，名曰"列锦"⑤。

作为一种修辞现象，名词铺排之所以会在汉语表达中出现，乃是"表达者有意突破语法规约，意欲在表情达意的同时展露其某种审美倾向的一种修辞努力"⑥。以名词铺排形式构句成文的言语作品，称为"名词铺排文本"⑦。值得指出的是，能够称为"名词铺排文本"的言语作品，必须同时满足三个基本条件：一是构句中不出现任何一个动词；二是每个句子都是名词性质的，但可以是单个名词或名词短语独立构句，也可以是两个或两个以上的名词或名词短语联合构句；三是每个句子在语法上都不与其前后句发生结构上的纠葛，即既不作其前句的谓语、宾语或补语，也不作其后句的主语、定语或状语。⑧

从汉语修辞实践的历史来看，"汉语的名词铺排在结构形式上相当复杂，结构类型非常多。但是，从构成名词铺排的单位大小来看，其结构类型只有三种：一是单句式，二是对句式，三是多句式"⑨。

单句式名词铺排，就现存汉语文献考察，最早出现于汉赋之中。如：

（1）于是乎崇山矗矗，岿岑崔巍，<u>深林巨木</u>，靳岩参嵯，九嵕巀嶭。

① 吴礼权. 名词铺排与唐诗创作［C］//蜕变与开新：古典文学国际学术研讨会论文集. 台北：东吴大学，2011：125.

② 吴礼权. 汉语名词铺排史［M］. 广州：暨南大学出版社，2019：3.

③ 吴礼权. 日汉对比视角下日本文学作品中的名词铺排［J］. 北华大学学报（社会科学版），2019（6）.

④ 吴礼权. 汉语名词铺排史［M］. 广州：暨南大学出版社，2019：2.

⑤ 谭永祥. 汉语修辞美学［M］. 北京：北京语言学院出版社，1992：224.

⑥ 吴礼权. 汉语名词铺排史［M］. 广州：暨南大学出版社，2019：3.

⑦ 吴礼权. 汉语名词铺排史［M］. 广州：暨南大学出版社，2019：3.

⑧ 吴礼权. 汉语名词铺排史［M］. 广州：暨南大学出版社，2019：3.

⑨ 吴礼权. 列锦辞格的基本类型［J］. 平顶山学院学报，2013（6）：115－116.

南山峨峨，岩陁甗崎，摧崣崛崎。（汉·司马相如《上林赋》）

例（1）的"深林巨木"一句，就是一个典型的单句式名词铺排文本，属于"NP＋NP"式结构形态。之所以说"深林巨木"是名词铺排文本，是因为从上下文语境看，"深林巨木"之前的二句："崇山矗矗，龙嵷崔巍"，各是一个主谓句，在语法结构上都是完整的，无论是在句法结构上还是在语义上，都不需要依赖前后句而能独立成句。如果我们对这二句进行句法分析，其中的脉络是非常清晰的。前句的"崇山"是一个偏正结构的名词短语（NP），后句的"龙嵷"是一个联绵词，是指"山"的概念，属于名词性质，它们各自充当其所在句子的主语。前句的"矗矗"（指山直立高耸貌），后句的"崔巍"（指山高峻貌），都是形容词，各自充当其所在句子的谓语。而在"深林巨木"之后的二句："崭岩参嵯，九嵕巉辥"，也各是一个语法结构完整的主谓句。其中，前句的"崭岩"与后句的"九嵕"均为山名，都是名词性质，充当各自所在句子的主语；前句的"参嵯"（同"参差"，指山高低不一貌），后句的"巉辥"（指山高峻貌），都是形容词，充当各自所在句子的谓语。由此可见，"深林巨木"是一个独立的言语单位，在句法上是独立的。从语义上分析，"深林巨木"的前后各句都是写山的，而唯独"深林巨木"是写树木的。因此，从语义表达的角度看，将"深林巨木"一句从全文中抽掉，也是没有什么影响的。因为"深林巨木"一句跟前后其他句子没有逻辑和内容上的关涉，在表义上不是非有不可。由上述句法与语义的分析，我们可以清楚地见出，"深林巨木"一句跟句法无涉，属于一种修辞现象，即本文我们所说的名词铺排。这一名词铺排文本的建构，"由于是独立于其他句子之间，犹如今日我们看电影时所见正常叙事中突然插入的一个特写镜头，因此，不仅画面感特别强，而且别有一种'万绿丛中一点红'的效果，对于提升赋的审美情趣是大有助益的"[①]，对魏晋南北朝赋在名词铺排文本建构的审美倾向也产生了重要影响。[②]

单句式名词铺排结构模式由汉代赋家创造出来之后，历代诗、词、曲乃至小说等文学作品中都有相同结构模式的名词铺排文本建构。如：

（2）红粉青娥映楚云，桃花马上石榴裙。罗敷独向东方去，谩学他家作使君。（唐·杜审言《戏赠赵使君美人》）

---

① 吴礼权. 名词铺排与汉赋创作［J］. 阅江学刊，2018（4）：18.

② 吴礼权. 名词铺排与魏晋南北朝赋的创作［J］. 江苏师范大学学报（哲学社会科学版），2018（3）：49.

（3）蓬窗醉梦惊箫鼓，回首青楼在何处。柳岸风轻吹残暑。菊开青蕊，叶飞红树，<u>江上潇潇雨</u>。（宋·谢逸《青玉案》）

（4）系吟船，西湖日日醉花边。倚门不见佳人面，梦断神仙。清明拜扫天，莺声倦，<u>细雨闲庭院</u>。花飞旧粉，苔长新钱。（元·张可久《双调·燕引雏·西湖春晚》）

（5）俄见一门洞开，生降车而入。<u>彩槛雕楹</u>，华木珍果，列植于庭下；几案茵褥，帘帏肴膳，陈设于庭上。生心甚自悦。（唐·李公佐《南柯太守传》）

例（2）的"桃花马上石榴裙"是唐诗之例，例（3）的"江上潇潇雨"是宋词之例，例（4）的"细雨闲庭院"是元曲之例，例（5）的"彩槛雕楹"是唐代小说之例，都是典型的单句式名词铺排文本。因为从句法上分析，它们的结构分别是"（桃花马上）石榴裙"（属七言成句的"NP"式）、"（江上）（潇潇）雨"（属五言成句的"NP"式）、"（细）雨＋（闲）庭院"（属五言成句的"NP＋NP"式）、"（彩）槛＋（雕）楹"（属四言成句的"NP＋NP"式）；从语境与语义上看，它们都是独立表义的言语单位。例（2）"桃花马上石榴裙"的前句"红粉青娥映楚云"与后句"罗敷独向东方去"都各有动词，是句法结构完整的主谓句。例（3）"江上潇潇雨"居于全词之尾，后无他句，其前二句"菊开青蕊，叶飞红树"各有动词。例（4）"细雨闲庭院"的前句"清明拜扫天，莺声倦"和后句"花飞旧粉，苔长新钱"均各有动词。例（5）"彩槛雕楹"的前句"生降车而入"是一个完整的主谓句，有谓语动词（"降""入"），有主语（"生"），有宾语（"车"）；其后句"华木珍果，列植于庭下"也是主谓句，主语是"华木珍果"，谓语动词是"列植"。可见，例（2）的"桃花马上石榴裙"，例（3）的"江上潇潇雨"，例（4）的"细雨闲庭院"，例（5）的"彩槛雕楹"，都是独立表义的言语单位，是典型的单句式名词铺排文本。它们出现于诗、词、曲等韵文作品中，就像是现代电影叙事中突然插入的一个特写镜头，既有调整诗歌（词、曲是诗的变体形态）语言节奏的作用，又有拓展诗歌意境、增添诗歌画面形象的效果。而出现于小说中，则别具"一种电影'蒙太奇'的特写效果"①。如例（5）的"彩槛雕楹"，以一个独立的名词句形式置于"生降车而入"与"华木珍果，列植于庭下"两个主谓句之间，其所具有的电影"蒙太奇"特写效果就特别明显，从审美的角度看，它使小说所要描写的"'大槐安国'宫

---

① 吴礼权. 唐代小说列锦文本创造及其审美倾向［J］. 平顶山学院学报，2016（4）：57.

殿华丽的景象扑面而来，让读者一下子就深入小说主人公淳于棼的内心世界，体会到他'降车而入'时肃然起敬的第一感觉。以此为基础，小说再写'华木珍果，列植于庭下；几案茵褥，帘帏肴膳，陈设于庭上'的景象，就显得水到渠成。因此，从这个意义上看，这句纯粹写景的名词铺排还有一种心理铺垫和文意层递的作用"①。可见，"小说中适当运用名词铺排，对于审美效果的提升是相当明显的"②。

对句式名词铺排，就现存最早的汉语文学史料来看，"首先出现于《诗经》之中"③。如：

（6）喓喓草虫，趯趯阜螽。未见君子，忧心忡忡。亦既见止，亦既觏止，我心则降。（《诗经·国风·草虫》）

（7）秩秩斯干，幽幽南山。如竹苞矣，如松茂矣。兄及弟矣，式相好矣，无相犹矣。（《诗经·小雅·斯干》）

例（6）的"喓喓草虫，趯趯阜螽"，例（7）的"秩秩斯干，幽幽南山"，都是典型的对句式名词铺排文本。因为从句法上分析，它们的结构分别是"（喓喓）草虫，（趯趯）阜螽""（秩秩）斯干，（幽幽）南山"，均属以叠字领起的且以四言成句的"NP，NP"式结构形态；从语境与语义上看，它们都是独立表义的言语单位。例（6）的"喓喓草虫，趯趯阜螽"，因为"居全诗之首，由于前面没有其他句子，因此它们不可能充当其前面句子的谓语。而它们之后的句子'未见君子，忧心忡忡'，是两个并列的主谓谓语句，主语（诗中所写的'女子'）都被省略。前句'未见君子'，有动词（'见'）、有宾语（'君子'）；后句'忧心忡忡'，是一个主谓结构的谓语，'忧心'是主语，'忡忡'则是形容词当谓语"④。可见，"喓喓草虫，趯趯阜螽"是一个独立表义的言语单位。例（7）的"秩秩斯干，幽幽南山"，也是居全诗之首，由于前面没有别的句子，因此不可能成为其他句子的谓语或其他语法成分。而它们的后二句"如竹苞矣，如松茂矣"，从修辞上看是两个比喻句，从句法上看是两个省略了主语的主谓句。可见，"秩秩斯干，幽幽南山"跟例（6）一样，也是一个独立表义的言语单位。作为独立表义的言语单位，这两个对句式名词铺排文本由于"采用了两个名词短语句的并列铺排，遂使本来是叙事形态的文本添加了

---

① 吴礼权. 唐代小说列锦文本创造及其审美倾向［J］. 平顶山学院学报，2016（4）：57.

② 吴礼权. 汉语名词铺排史［M］. 广州：暨南大学出版社，2019：182.

③ 吴礼权. 汉语名词铺排史［M］. 广州：暨南大学出版社，2019：28.

④ 吴礼权. 汉语名词铺排史［M］. 广州：暨南大学出版社，2019：29.

一种画面构图的审美效果"①，"两个名词短语句就像两幅画"②，加上皆以叠字领起，冠于全诗之首，这就给人以一种强烈的视听觉双重冲击，"先声夺人的效果非常明显，读之让人有一种味之无穷、诗画合一的审美享受"③。

对句式名词铺排结构模式由先秦诗人创出之后，历代诗、赋、词、曲乃至小说等文学作品中都有相同结构模式的名词铺排文本建构。如：

（8）青青河畔草，郁郁园中柳。盈盈楼上女，皎皎当窗牖。（汉·无名氏《古诗十九首·青青河畔草》）

（9）忘忧之馆，垂条之木。枝逶迟而含紫，叶蓁蓁而吐绿。出入风云，去来羽族。既上下而好音，亦黄衣而绛足。（汉·枚乘《柳赋》）

（10）碧云天，黄叶地，秋声连波，波上寒烟翠。（宋·范仲淹《苏幕遮》）

（11）柳堤，竹溪，日影筛金翠。（元·张养浩《中吕·朝天曲·退隐》）

（12）西天有国名欢喜，有王欢喜王。王之夫人，名有于（相）者。夫人容仪窈窕，玉貌轻盈，如春日之天桃，类秋池之荷叶；盈盈素质，灼灼娇姿；实可漫漫，偏称王心。（唐寺院俗讲小说《欢喜国王缘》）

例（8）的"青青河畔草，郁郁园中柳"是汉诗之例，例（9）的"忘忧之馆，垂条之木"是汉赋之例，例（10）的"碧云天，黄叶地"是宋词之例，例（11）的"柳堤，竹溪"是元曲之例，例（12）的"盈盈素质，灼灼娇姿"是唐代小说之例，都是典型的对句式名词铺排文本。因为从句法上分析，它们的结构分别是"（青青）（河畔）草，（郁郁）（园中）柳"（属五言成句的"NP，NP"式）、"（忘忧）（之）馆，（垂条）（之）木"（属四言成句的"NP，NP"式）、"（碧云）天，（黄叶）地"（属三言成句的"NP，NP"式）、"（柳）堤，（竹）溪"（属二言成句的"NP，NP"式）、"（盈盈）（素）质，（灼灼）（娇）姿"（属四言成句的"NP，NP"式）；从语境与语义上看，它们都是独立表义的言语单位。例（8）的"青青河畔草，郁郁园中柳"，例（9）的"忘忧之馆，垂条之木"，例（10）的"碧云天，黄叶地"，例（11）的"柳堤，竹溪"，皆居于各篇之首，不可能成为其他句子的主语或定语、状语，跟其后的句子也不发生结构上的纠葛。例（8）的"青青河畔草，郁郁园中柳"，其后的

① 吴礼权. 汉语名词铺排史［M］. 广州：暨南大学出版社，2019：29.
② 吴礼权. 汉语名词铺排史［M］. 广州：暨南大学出版社，2019：29.
③ 吴礼权. 汉语名词铺排史［M］. 广州：暨南大学出版社，2019：29.

"盈盈楼上女，皎皎当窗牖"是一个独立的主谓句，"盈盈楼上女"是主语，"皎皎当窗牖"是谓语。例（9）的"忘忧之馆，垂条之木"，其后的"枝逶迟而含紫，叶萋萋而吐绿"是两个并列的主谓结构句，各有其主语。前句主语是"枝"，后句主语是"叶"。例（10）的"碧云天，黄叶地"，其后的"秋声连波，波上寒烟翠"，也是两个并列的主谓结构句，各有其主语。前句主语是"秋声"，后句主语是"波上"。例（11）的"柳堤，竹溪"，其后的"日影筛金翠"是一个主谓宾齐全的主谓句。例（12）的"盈盈素质，灼灼娇姿"，虽然不居于全篇之首，而是居于全文之中，但与其前后的语句都无结构上的纠葛。其前二句"如春日之夭桃，类秋池之荷叶"，从修辞上看是两个比喻句，从语法上看是两个主谓句，主语"夫人"省略。其后的"实可漫漫，偏称王心"，则是一个主谓句。其中，"实可漫漫"是主语，"偏称王心"是谓语。作为独立表义的言语单位，这些名词铺排文本，无论是居于篇首，还是居于篇中，在阅读接受上都有一种现代电影叙事中的"蒙太奇"特写镜头效果，既有效地增加了叙写文字的画面感，又有力地拓展了作品的意境，对于提升作品的审美价值无疑发挥了重要作用。

多句式名词铺排，根据我们的考察，最早出现于汉赋中。如：

(13) 客曰："犓牛之腴，菜以笋蒲。肥狗之和，冒以山肤。楚苗之食，安胡之饭，抟之不解，一啜而散。于是使伊尹煎熬，易牙调和，熊蹯之臑，芍药之酱，薄耆之炙，鲜鲤之鲙，秋黄之苏，白露之茹。兰英之酒，酌以涤口。山梁之餐，豢豹之胎。小饭大歠，如汤沃雪。此亦天下之至美也，太子能强起尝之乎？"太子曰："仆病，未能也。"（汉·枚乘《七发》）

例（13）的"熊蹯之臑，芍药之酱，薄耆之炙，鲜鲤之鲙，秋黄之苏，白露之茹"，从句法上分析，其结构是"（熊蹯）（之）臑，（芍药）（之）酱，（薄耆）（之）炙，（鲜鲤）（之）鲙，（秋黄）（之）苏，（白露）（之）茹"，属四言成句的"NP，NP，NP，NP，NP，NP"式结构形态；从语境与语义上看，"它之前的'使伊尹煎熬，易牙调和'二句，各有动词，是省略了主语的主谓谓语句（递系结构）。其后的'兰英之酒，酌以涤口'是一个完整的句子，'兰英之酒'是主语，'酌以涤口'是谓语"[1]。可见，"熊蹯之臑，芍药之酱，薄耆之炙，鲜鲤之鲙，秋黄之苏，

---

[1] 吴礼权.名词铺排与汉赋创作［J］.阅江学刊，2018（4）：15-16.

白露之茹"是一个独立表义的言语单位，属于典型的多句式名词铺排文本。"这种名词铺排文本出现于赋中，既凸显了表达者所要表达的主旨（强调菜肴的丰盛又珍贵），又别具一种渲染壮势的效果，读之让人有一种浩浩汤汤的痛快感。"①

多句式名词铺排结构模式由汉赋创出后，历代诗、词、曲乃至小说等文学作品中都有相同结构模式的名词铺排文本建构。如：

（14）潇潇山城雨，撼撼书馆风。喔喔邻屋鸡，迢迢远坊钟。遐思在古人，展转魂梦通。抱拙俗所弃，岁晚将谁同。赋成不轻卖，金尽当忍穷。（元·刘诜《春寒闲居》五首其二）

（15）连云衰草，连天晚照，连山红叶。西风正摇落，更前溪呜咽。（宋·朱敦儒《十二时》）

（16）一点芳心怨王孙，十年不寄平安信。绿水滨，碧草春，红杏村。（元·张可久《南吕·四块玉·春愁》）

（17）于时，日落西渊，月临东渚。五嫂曰："向来调谑，无处不佳；时既曛黄，且还房室。庶张郎共娘子安置。"十娘曰："人生相见，且论杯酒，房中小小，何暇匆匆！"遂引少府向十娘卧处：屏风十二扇，画障五三张，两头安彩幔，四角垂香囊；槟榔豆蔻子，苏合绿沉香，织文安枕席，乱彩叠衣箱。相随入房里，纵横照罗绮，莲花起镜台，翡翠生金履。（唐·张鷟《游仙窟》）

例（14）的"潇潇山城雨，撼撼书馆风。喔喔邻屋鸡，迢迢远坊钟"是元诗之例，例（15）的"连云衰草，连天晚照，连山红叶"是宋词之例，例（16）的"绿水滨，碧草春，红杏村"是元曲之例，例（17）的"槟榔豆蔻子，苏合绿沉香，织文安枕席，乱彩叠衣箱"是唐小说之例，都是多句式名词铺排文本。因为从句法上分析，它们的结构分别是"（潇潇）（山城）雨，（撼撼）（书馆）风。（喔喔）（邻屋）鸡，（迢迢）（远坊）钟"（属五言成句的"NP，NP，NP，NP"式）、"（连云）（衰）草，（连天）（晚）照，（连山）（红）叶"（属四言成句的"NP，NP，NP"式）、"（绿水）滨，（碧草）春，（红杏）村"（属三言成句的"NP，NP，NP"式）、"（槟榔）（豆蔻）子，（苏合）（绿沉）香，（织文）（安枕）席，（乱彩）（叠衣）箱"（属五言成句的"NP，NP，NP，NP"式）；从语境与语义上看，它们都是独立表义的言语单位。例（14）的"潇潇山城

---

① 吴礼权. 名词铺排与汉赋创作［J］. 阅江学刊，2018（4）：16.

雨，摵摵书馆风。喔喔邻屋鸡，迢迢远坊钟"，例（15）的"连云衰草，连天晚照，连山红叶"，都是居于诗词的篇首，且跟其后的句子没有句法结构上的纠葛。例（14）的"遐思在古人"，例（15）的"西风正摇落"，都是各有其动词的主谓句。例（16）的"绿水滨，碧草春，红杏村"，居于全曲末尾，且其前句"十年不寄平安信"是一个正常的主谓句。例（17）的"槟榔豆蔻子，苏合绿沉香，织文安枕席，乱彩叠衣箱"，虽居于篇中，但其前句"四角垂香囊"，其后句"相随入房里"，都是各有动词的主谓句。作为独立的言语单位，上述四例这些名词铺排文本的建构，无论是出现于作品的篇首，还是篇尾或篇中，都在事实上有力地拓展了作品叙事写景的意境，使作品的文字表达增添了画面感，提升了作品的审美价值。

二、名词铺排在中国古典诗歌创作中的发展脉络

名词铺排作为一种修辞现象，在汉语中有着悠久的历史。从上述分析中，我们可以清楚地见出，名词铺排文本的建构在中国古典文学的各种文学作品创作中都有丰富的实践。只是相对来说，它跟诗歌（包括诗的变体形态词、曲）的关系最为密切。上文我们已经说过，就现存的汉语文学史料来看，以《诗经》中建构的"喓喓草虫，趯趯阜螽"（《诗经·国风·草虫》）、"秩秩斯干，幽幽南山"（《诗经·小雅·斯干》）两个名词铺排文本为最早。[①]

不过，需要特别指出的是，"《诗经》中诸如'喓喓草虫，趯趯阜螽''秩秩斯干，幽幽南山'之类的名词铺排文本，虽然从审美与接受的视角看极具意境之美，但这种意境之美恐非诗人主观上有意识的修辞努力，而是纯粹出乎天籁，是诗人的妙笔偶成。诗句先以'喓喓'之声领起，由声及物，引出'草虫'（即蝗虫，蝈蝈）；再以'趯趯'（跳跃之状）之形象领起，由远及近，引出'阜螽'（蚱蜢）。创意造言没有刻意为之的痕迹，完全是诗人不经意间的妙语天成。因为按照人的思维习惯，总是先听到一种声音，然后再循声去寻找发出声音的物体；总是先远远看到某物活动的朦胧形象，再逼近细看活动的主体（人或动物）"[②]。

虽然先秦诗人开启了中国古典诗歌名词铺排修辞实践的先声，其"在进行名词铺排文本建构时尚未具有明确的审美意识，但客观上这样的文本

---

① 吴礼权.《诗经》列锦修辞实践对中国人审美观的深刻影响［J］. 淮北师范大学学报（哲学社会科学版），2020（3）：7.

② 吴礼权. 名词铺排与汉赋创作［J］. 阅江学刊，2018（4）：13–14.

却极具鲜明的画面感，有力地提升了诗歌的意境；同时，文本每句开头皆以叠字领起，还有一种'双玉相叩'的韵律之美"①。

正因为如此，汉代诗人从中受到了启发，由此热烈地追捧起《诗经》所创造的以叠字领起的"NP，NP"式名词铺排结构模式，创造了许多类似的名词铺排文本。如：

（18）<u>青青河畔草，郁郁园中柳</u>。盈盈楼上女，皎皎当窗牖。（汉·无名氏《古诗十九首·青青河畔草》）

（19）<u>迢迢牵牛星，皎皎河汉女</u>。纤纤擢素手，札札弄机杼。（汉·无名氏《古诗十九首·迢迢牵牛星》）

（20）<u>青青陵上柏，磊磊涧中石</u>。人生天地间，忽如远行客。（汉·无名氏《古诗十九首·青青陵上柏》）

（21）<u>岩岩山上亭，皎皎云间星</u>。远望使心思，游子恋所生。（汉乐府古辞《长歌行》）

例（18）至例（21）的开头二句，都是典型的名词铺排文本。它们跟《诗经》所建构的名词铺排文本"喓喓草虫，趯趯阜螽""秩秩斯干，幽幽南山"一样，也是以叠字领起的"NP，NP"式结构模式。若说有什么区别，"差异只在句式上，一是四言成句式，一是五言成句式，句法结构没有改变"②。这些名词铺排，"如果说它们是无意而为之，恐怕很难。相反，说它们是模仿《诗经》'喓喓草虫，趯趯阜螽'的名词铺排结构形式，则有相当充足的理由。如'青青河畔草，郁郁园中柳'，也可以变换成'河畔草青青，园中柳郁郁'，表意上没有什么变化，但在审美效果上则有相当大的差异。前者因为是名词铺排文本，接受上就有一种电影镜头式的特写画面感，给人以更多的想象空间，审美价值明显很高。后者则仅是一种简单的描写，类似于陈述事实的性质，提供给读者的是'春天到了，草绿柳郁'这样一个信息，审美价值就打了折扣"③。

其实，汉代诗人不仅模仿《诗经》"喓喓草虫，趯趯阜螽""秩秩斯干，幽幽南山"的结构模式进行名词铺排文本的建构，还有创新。如：

（22）胡姬年十五，春日独当垆。<u>长裾连理带，广袖合欢襦</u>。头上蓝田玉，耳后大秦珠。（汉·辛延年《羽林郎》）

---

① 吴礼权. 名词铺排与汉赋创作［J］. 阅江学刊，2018（4）：14.
② 吴礼权. 汉语名词铺排史［M］. 广州：暨南大学出版社，2019：30.
③ 吴礼权. 先秦两汉诗赋列锦结构模式及其审美特点［J］. 宜春学院学报，2014（4）：87.

　　例（22）的"长裾连理带，广袖合欢襦"，从句法结构上分析，是"（长裾）（连理）带，（广袖）（合欢）襦"，属五言成句的"NP，NP"式；从语境与语义上看，"长裾连理带，广袖合欢襦"的前句"胡姬年十五，春日独当垆"是两个主谓结构的描写句，第一句写胡姬的年龄，第二句写胡姬的行为（主语"胡姬"承前省略）。它的后句"头上蓝田玉，耳后大秦珠"，也是两个主谓结构的描写句（"头上""耳后"分别是主语，"蓝田玉""大秦珠"分别是谓语），是写头上装饰特征的，跟"长裾连理带，广袖合欢襦"所写服饰特征不在一个逻辑层次。可见，"长裾连理带，广袖合欢襦"是一个独立表义的言语单位，属于五言成句的"NP，NP"式名词铺排文本。但是，它不再以叠字领起，跟《诗经》创造的以叠字领起的四言成句的"NP，NP"式名词铺排结构模式有了本质区别，明显是一种创新。

　　汉代之后，中国古典诗歌创作中不断有名词铺排结构模式的创新。根据我们系统而全面的调查分析，发现魏晋南北朝时期的创新模式有三种，分别是：①四言成句的"NP，NP"（非叠字领起）与"NP，NP"（叠字领起）联合式，如"大飨既周，德馨惟梫。殊方知礼，声教日富。<u>陆离簪笏，徘徊舞袖。楚楚儒衣，莘莘国胄</u>"（南朝梁·鲍几《释奠应诏为王瞰作》七章其六），其中末四句的结构是"（陆离）簪笏，（徘徊）舞袖。（楚楚）儒衣，（莘莘）国胄"，即属此模式的名词铺排文本。前二句不以叠字领起，跟《诗经》不同；后二句以叠字领起，跟《诗经》相同。但两种结构模式加合起来，则是一种《诗经》与汉诗都未见的新模式。②七言成句的"NP，NP"式，如"<u>青田松上一黄鹤，相思树下两鸳鸯</u>。无事交渠更相失，不及从来莫作双"（北周·庾信《代人伤往》二首其一），其中开头二句的结构是"（青田松上）（一）黄鹤，（相思树下）（两）鸳鸯"，即属此模式的名词铺排文本，跟汉诗以五言成句的情形不同。③五言成句的"NP（叠字领起），NP（非叠字领起）"式，如"<u>盘盘山巅石，飘飘涧底蓬</u>。我本太山人，何为客淮东"（三国魏·曹植《盘石篇》），其中开头二句的结构是"（盘盘）（山巅）石，（飘飘）（涧底）蓬"，即属此模式的名词铺排文本。跟汉诗前后二句都以叠字领起不同，它是前句以叠字领起，后句则以非叠字领起，这明显也是结构模式的创新。

　　时至唐代，随着诗歌创作的高度繁荣，诗歌中名词铺排结构模式的创新也出现了前所未有的局面。仅初唐诗创作中就有八种新模式创出①，分别是：①五言成句的"NP＋NP，NP＋NP"式，如"寒野霜氛白，平原烧

---

①　吴礼权. 汉语名词铺排史［M］. 广州：暨南大学出版社，2019：92－96.

火红。<u>雕戈夏服箭，羽骑绿沉弓</u>。怖兽潜幽壑，惊禽散翠空"（李世民《出猎》），其中第三、四句的结构是"（雕）戈+（夏服）箭，（羽）骑+（绿沉）弓"，即属此模式的名词铺排文本。②七言成句的"NP+NP，NP+NP"式，如"彩仗蜺旌绕香阁，下辇登高望河洛。东城宫阙拟昭回，南陌沟塍殊绮错。<u>林下天香七宝台，山中春酒万年杯</u>。微风一起祥花落，仙乐初鸣瑞鸟来"（宋之问《龙门应制》），其中第五、六两句的结构是"（林下）（天）香+（七宝）台，（山中）（春）酒+（万年）杯"，即属此模式的名词铺排文本。③五言成句的"N+N+NP，N+N+NP"式，如"缔欢三十载，通家数百年。潘杨称代穆，秦晋忝姻连。<u>风云洛阳道，花月茂陵田</u>。相悲共相乐，交骑复交筵"（卢照邻《哭明堂裴主簿》），其中第五、六两句的结构是"风+云+（洛阳）道，花+月+（茂陵）田"，即属此模式的名词铺排文本。④五言成句的"NP+NP+N，NP+NP+N"式，如"倾盖金兰合，忘筌玉叶开。<u>繁花明日柳，疏蕊落风梅</u>。将期重交态，时慰不然灰"（骆宾王《游兖部逢孔君自卫来欣然相遇若旧》），其中第三、四句的结构是"（繁）花+（明）日+柳，（疏）蕊+（落）风+梅"，即属此模式的名词铺排文本。⑤三言成句的"NP，NP，NP，NP"式，如"<u>石榴酒，葡萄浆。兰桂芳，茱萸香</u>。愿君驻金鞍，暂此共年芳。愿君解罗襦，一醉同匡床"（乔知之《倡女行》），其中第一至四句的结构是"（石榴）酒，（葡萄）浆。（兰桂）芳，（茱萸）香"，即属此模式的名词铺排文本。⑥七言成句的"NP"式，如"红粉青娥映楚云，<u>桃花马上石榴裙</u>。罗敷独向东方去，谩学他家作使君"（杜审言《戏赠赵使君美人》），其中第二句的结构是"（桃花马上）（石榴）裙"，即属此模式的名词铺排文本。⑦五言成句的"NP+NP"式，如"<u>孤舟汴河水</u>，去国情无已。晚泊投楚乡，明月清淮里。汴河东泻路穷兹，洛阳西顾日增悲"（宋之问《初宿淮口》），其中第一句的结构是"（孤）舟+（汴河）水"，即属此模式的名词铺排文本。⑧七言成句的"NP+NP"式，如"<u>青田白鹤丹山凤</u>，婺女姮娥两相送。谁家绝世绮帐前，艳粉芳脂映宝钿。窈窕玉堂褰翠幕，参差绣户悬珠箔。绝世三五爱红妆，冶袖长裾兰麝香"（张柬之《东飞伯劳歌》），其中第一句的结构是"（青田）（白）鹤+（丹山）凤"，即属此模式的名词铺排文本。

盛唐至晚唐，诗歌创作中新创的名词铺排结构模式虽然不及初唐那样突出，但都有数量不等的新结构模式出现。根据我们的全面调查与分析，发现盛唐诗人（特别是杜甫①）的诗中名词铺排文本的建构虽然非常普遍，

---

① 吴礼权，谢元春. 杜甫诗歌与名词铺排 ［J］. 平顶山学院学报，2013（3）：108.

但有创新的结构模式只有一种，即五言成句的"NP，NP＋NP"式，如"荒村建子月，独树老夫家（自注：上元二年建子月壬午朔，上受朝贺如正旦仪，以其月为岁首）。雾里江船渡，风前径竹斜。寒鱼依密藻，宿雁聚圆沙。蜀酒禁愁得，无钱何处赊"（杜甫《草堂即事》），其中第一、二句的结构是"（荒）村（建子）月，（独）树＋（老夫）家"，即属此模式的名词铺排文本。中唐诗名词铺排结构模式的创新则有四种①，分别是：①五言成句的"NP"（叠字领起）式，如"黄黄芜菁花，桃李事已退。狂风簸枯榆，狼藉九衢内。春序一如此，汝颜安足赖"（韩愈《感春》三首其二），其中第一句的结构是"（黄黄）（芜菁）花"，即属此模式的名词铺排文本。②七言成句的"NP＋NP"（叠字领起）式，如"款款春风澹澹云，柳枝低作翠栊裙。梅含鸡舌兼红气，江弄琼花散绿纹"（元稹《早春寻李校书》），其第一句的结构是"（款款）（春）风＋（澹澹）云"，即属此模式的名词铺排文本。③七言成句的"NP＋NP"式，如"山上青松陌上尘，云泥岂合得相亲。举世尽嫌良马瘦，唯君不弃卧龙贫"（戎昱《上湖南崔中丞》），其中第一句的结构是"（山上）（青）松＋（陌上）尘"，即属此模式的名词铺排文本。④五言成句的"NP＋NP，NP"式，如"芦荻湘江水，萧萧万里秋。鹤高看迥野，蝉远入中流。访友多成滞，携家不厌游。惠连仍有作，知得从兄酬"（司空曙《送魏季羔游长沙觐兄》），其中第一、二句的结构是"芦荻＋（湘江）水，（萧萧）（万里）秋"，即属此模式的名词铺排文本。晚唐诗在名词铺排结构模式上的创新有三种②，分别是：①七言成句的"NP＋N＋N＋NP，NP＋N＋N＋NP"式，如"六朝文物草连空，天淡云闲今古同。鸟去鸟来山色里，人歌人哭水声中。深秋帘幕千家雨，落日楼台一笛风。惆怅无因见范蠡，参差烟树五湖东"（杜牧《题宣州开元寺水阁阁下宛溪夹溪居人》），其中第五、六句的结构是"（深）秋＋帘＋幕＋（千家）雨，（落）日＋楼＋台＋（一笛）风"，即属此模式的名词铺排文本。②五言成句的"NP"式，如"秋草樊川路，斜阳覆盎门。猎逢韩嫣骑，树识馆陶园。带雨经荷沼，盘烟下竹村。如今归不得，自戴望天盆"（杜牧《忆游朱坡四韵》），其中第一句的结构是"（秋草）（樊川）路"，即属此模式的名词铺排文本。③七言成句的"N＋N＋NP"（叠字领起）式，如"云母空窗晓烟薄，香昏龙气凝晖阁。霏霏雾雨杏花天，帘外春威著罗幕"（温庭筠《阳春曲》），其中第三句的结构是"（霏霏）雾＋雨＋（杏花）天"，即属此模式的名词铺排文本。

---

① 吴礼权. 汉语名词铺排史［M］. 广州：暨南大学出版社，2019：127－130.
② 吴礼权. 汉语名词铺排史［M］. 广州：暨南大学出版社，2019：146－147.

五代虽然时间不长，但是在诗歌创作中新创出来的名词铺排结构模式并不少。根据我们的全面调查与分析，发现有五种之多①，分别是：①五言成句的"NP（非叠字领起），NP（叠字领起）"式，如"重叠太古色，蒙蒙花雨时。好峰行恐尽，流水语相随。黑壤生红黍，黄猿领白儿。因思石桥月，曾与故人期"（贯休《春山行》），其中第一、二句的结构是"（重叠）（太古）色，（蒙蒙）（花雨）时"，即属此模式的名词铺排文本。②五言成句的"NP，N＋N＋NP"式，如"古观云溪上，孤怀永夜中。梧桐四更雨，山水一庭风。诗得如何句，仙游最胜宫"（黄滔《寄李校书游简寂观》），其中第三、四句的结构是"（梧桐）（四更）雨，山＋水＋（一庭）风"，即属此模式的名词铺排文本。③五言成句的"N＋N＋N＋N＋N，N＋N＋NP"式，如"歌舞送飞球，金觥碧玉筹。管弦桃李月，帘幕凤凰楼。一笑千场醉，浮生任白头"（徐铉《抛球乐辞》二首其一），其中第三、四句的结构是"管＋弦＋桃＋李＋月，帘＋幕＋（凤凰）楼"，即属此模式的名词铺排文本。④三言成句的"NP，NP，NP"式，如"越溪女，越江莲，齐菡萏，双婵娟。嬉游向何处，采摘且同船。浩唱发容与，清波生漪涟。时逢岛屿泊，几共鸳鸯眠"（齐己《采莲曲》），其中前三句的结构是"（越溪）女，（越江）莲，（齐）菡萏"，即属此模式的名词铺排文本。⑤五言成句的"N＋N＋NP"式，如"爱甚真成癖，尝多合得仙。亭台虚静处，风月艳阳天。自可临泉石，何妨杂管弦"（徐铉《和门下殷侍郎新茶二十韵》），其中第四句的结构是"风＋月＋（艳阳）天"，即属此模式的名词铺排文本。

宋诗是继唐诗之后中国诗歌的又一高峰，其在名词铺排结构模式上的创新也有不少进展。根据我们的调查与分析，发现属于宋代诗人的创新模式有四种②，分别是：①六言成句的"NP＋NP，NP＋NP"（叠字领起）式，如"淡淡晓山横雾，茫茫远水平沙。安得绿蓑青笠，往来泛宅浮家"（尤袤《题米元晖潇湘图》二首其二），其中第一、二句的结构是"（淡淡）（晓）山＋（横）雾，（茫茫）（远）水＋（平）沙"，即属此模式的名词铺排文本。②七言成句的"NP＋NP，NP＋NP＋NP"式，如"愁到浓时酒自斟，挑灯看剑泪痕深。黄金台愧少知己，碧玉调将空好音。万叶秋风孤馆梦，一灯夜雨故乡心。庭前昨夜梧桐语，劲气萧萧入短襟"（汪元量《秋日酬王昭仪》），其中第五、六句的结构是"（万叶）（秋）风＋（孤馆）梦，（一）灯＋（夜）雨＋（故乡）心"，即属此模式的名词铺排文本。

---

① 吴礼权. 汉语名词铺排史［M］. 广州：暨南大学出版社，2019：159－161.
② 吴礼权. 名词铺排与宋诗创作［J］. 宜春学院学报，2019（1）：79.

③六言成句的"NP"式，如"柳叶鸣蜩绿暗，荷花落日红酣。<u>三十六陂</u><u>春水</u>，白头想见江南"（王安石《题西太一宫壁》二首其一），其中第三句的结构是"（三十六陂）（春）水"，即属此模式的名词铺排文本。④七言成句的"NP＋NP＋N＋NP"式，如"自把孤樽擘蟹斟，<u>荻花洲渚月平</u><u>林</u>。一江秋色无人管，柔橹风前语夜深"（萧立之《第四桥》），其中第二句的结构是"（荻）花＋洲渚＋月＋（平）林"，即属此模式的名词铺排文本。

与宋王朝并存的金王朝，其诗歌创作虽然在数量规模上不及宋诗，但在名词铺排结构模式的创新上却表现得非常突出。根据我们的全面调查与分析，发现新创的结构模式有十五种之多①，分别是：①四言成句的"NP，NP＋NP"式，如"希夷自然，三光灵秀。<u>阆苑仙花，胜春花柳</u>。运转南辰，慧观北斗"（刘处玄《述怀》十一首其八），其中的"阆苑仙花，胜春花柳"二句即是。②六言成句的"NP，NP"式，如"<u>茉莉花心晓露，</u><u>蔷薇萼底温风</u>。洗念六根尘外，忘情一炷烟中"（高宪《焚香六言》四首其一），其中"茉莉花心晓露，蔷薇萼底温风"二句即是。③七言成句的"NP，NP"（叠字领起）式，如"鞭催瘦塞蹋晴沙，路入青林一径斜。翠巘倚空千万叠，黄茅映竹两三家。<u>嘲嘲唏唏山禽语，白白红红野草花</u>。却喜太平还有象，丛祠春赛响琵琶"（李庭《渭水道中》），其中"嘲嘲唏唏山禽语，白白红红野草花"二句即是。④七言成句的"NP（叠字领起），NP（非叠字领起）"式，如"印破玄玄得纵收，须眉毫末尽天游。忘怀物外求鸡犬，恒服从人唤马牛。有质挥斥无犯鼻，无情堕甑不回头。<u>寥寥月</u><u>白风清夜，江海飘飘一叶舟</u>"（姬志真《独行》），其中"寥寥月白风清夜，江海飘飘一叶舟"二句即是。⑤四言成句的"NP＋NP，NP"式，如"去除憎爱，常行平等。弗恋世华，闲步松径。<u>绿水青山，洞天仙景</u>。本来面目，炼磨如镜"（刘处玄《述怀》十一首其六），其中"绿水青山，洞天仙景"二句即是。⑥五言成句的"NP＋NP，N＋N＋NP"式，如"树霭连山郭，林烟接塞垣。断崖悬屋势，涨水没沙痕。<u>烽火云间成，牛羊岭</u><u>外村</u>。太平闲檄手，文字付清樽"（赵秉文《塞上》四首其四），其中"烽火云间成，牛羊岭外村"二句即是。⑦六言成句的"NP＋NP，NP＋NP"式，如"<u>冷落襟风杯月，崎岖马足车尘</u>。林下何曾一见，直教羡杀闲人"（雷仲泽《蒲城马上偶得》二首其一），其中"冷落襟风杯月，崎岖马足车尘"二句即是。⑧七言成句的"NP（叠字领起），NP＋NP＋NP

---

① 吴礼权. 金代诗歌对名词铺排的继承与创新［J］. 河北师范大学学报（哲学社会科学版），2019（3）：114.

（非叠字领起）"式，如"胧胧雾色冷黄昏，缺月疏篱水外村。人在天涯花在手，一枝香雪寄销魂"（李仲略《嗅梅图》），其中"胧胧雾色冷黄昏，缺月疏篱水外村"二句即是。⑨五言成句的"NP，NP，NP，NP"式，如"遭乱重相见，宽心不用悲。江山佳丽地，人物太平时。白蚁千家酒，黄花九日诗。鹿门不可隐，吾道欲安之"（房暤《和杨叔能之字韵》），其中"江山佳丽地，人物太平时。白蚁千家酒，黄花九日诗"四句即是。⑩四言成句的"NP"（叠字领起）式，如"老峰蘸云，壁立挽秀。林阴洒雨，苍苍玉斗。虚明满镜，夜气成昼"（李经《失题》），其中"苍苍玉斗"一句即是。⑪七言成句的"NP"（叠字领起）式，如"飕飕林响四山风，雪后人家闭户中。应被火炉头上说，水边清杀两诗翁"（元好问《赵士表山林暮雪图为高良卿赋》二首其一），其中"飕飕林响四山风"一句即是。⑫四言成句的"NP＋NP"式，如"老峰蘸云，壁立挽秀。林阴洒雨，苍苍玉斗。虚明满镜，夜气成昼"（李经《失题》），其中"老峰蘸云"一句即是。⑬六言成句的"NP＋NP"式，如"寻常行处酒债，每日江头醉归。薄暮斜风细雨，长安一片花飞"（李俊民《老杜醉归图》二首其一），其中"薄暮斜风细雨"一句即是。⑭七言成句的"NP＋NP＋N"式，如"弱丧家园已不知，忘羊路上转增迷。早回收拾云霞饵，一棹清风明月溪"（姬志真《钓归》二首其二），其中"一棹清风明月溪"一句即是。⑮七言成句的"N＋N＋N＋N＋NP"式，如"功成何许觅菟裘，天地云溪一钓舟。梦破烦襟濯明月，诗成醉耳枕寒流。西风归兴随黄鹄，皎日盟言信白鸥。政恐苍生未忘在，草堂才得画中游"（杨云翼《侯右丞云溪》），其中"天地云溪一钓舟"一句即是。

众所周知，"元代是通俗文学最为发达的时代之一，也是文学的活力最为突出的时代之一。除了元曲、元杂剧有令人耳目一新的局面外，在传统诗歌创作方面也有自己的特色。即如诗歌中的名词铺排文本建构来说，就与前代大有不同"①。根据调查与分析，我们发现元代诗歌在名词铺排结构模式上的创新竟达二十四种之多，② 分别是：①七言成句的"NP，NP"（叠字领起）式，如"千山万山紫翠芒，巍阁突起山中央。煜煜金身兜率佛，棱棱铁面扶风王。烟云浮动貔虎气，日月飞绕狻猊光。回望交州渺何处？孤鸢趷趷南海黄"（陈孚《马王阁》），其中"煜煜金身兜率佛，棱棱铁面扶风王"二句即是。②七言成句的"NP，NP＋NP"式，如"长城小姬如小怜，红丝新上琵琶弦。可人座上三株树，美酒沙头双玉船。小洞桃

① 吴礼权. 汉语名词铺排史［M］. 广州：暨南大学出版社，2019：330.

② 吴礼权. 名词铺排与元诗创作［C］//张福贵. 华夏文化论坛：第二十一辑. 长春：吉林大学出版社，2019：51.

花落香屑，大堤杨柳扫晴烟。明朝纱帽青藜杖，更访东林十八仙"（杨维桢《又湖州作》四首其三），其中"可人座上三株树，美酒沙头双玉船"二句即是。③七言成句的"NP，NP＋NP＋NP"式，如"大药霜髭竟不玄，白鱼无计满千仙。<u>别离岁月落花雨，歌舞楼台芳草烟</u>。世事荣枯分一日，人生感慨萃中年。刘郎恨满玄都观，重到题诗共几篇"（郭钰《简罗伯英》），其中"别离岁月落花雨，歌舞楼台芳草烟"二句即是。④五言成句的"NP＋NP，NP＋NP＋N"式，如"清游及新霁，缓步得嘉宾。<u>古木寒泉寺，鸣鸠乳燕春</u>。山行六七里，舟受两三人。总是曾经处，何须更问津"（郭麟孙《与龚子敬同赋》），其中"古木寒泉寺，鸣鸠乳燕春"二句即是。⑤六言成句的"NP＋NP，NP＋NP＋NP"式，如"<u>杨柳轻寒水驿，楝花小雨官桥</u>。回首人间往事，孤灯挑尽春宵"（刘诜《春日偶赋》二首其二），其中"杨柳轻寒水驿，楝花小雨官桥"二句即是。⑥五言成句的"N＋N＋NP，NP＋NP"式，如"之子梁园彦，才华迥不群。<u>书灯双鬓雪，野饭一犁云</u>。久病怜为客，多愁忍送君。钟山吾旧隐，不用勒移文"（周权《赠别》），其中"书灯双鬓雪，野饭一犁云"二句即是。⑦六言成句的"NP＋NP＋NP，NP＋NP"式，如"<u>木叶西风古道，稻花北垅新田</u>。流水美人何处，夕阳荒草连天"（陈普《野步》十首其十），其中"木叶西风古道，稻花北垄新田"二句即是。⑧六言成句的"NP＋NP＋NP，NP＋NP＋NP"式，如"远岫层层何处，矮房簇簇谁家？<u>烟树夕阳归鸟，清溪古渡横槎</u>"（张宪《题画》），其中"烟树夕阳归鸟，清溪古渡横槎"二句即是。⑨五言成句的"N＋N＋NP＋N，N＋N＋NP＋N"式，如"试数乱离年，伤情更惘然。<u>牛羊荒草树，天地老风烟</u>。白骨苍苔外，山花野水边。幽禽未栖宿，来往自翩翩"（何中《春郊》二首其一），其中"牛羊荒草树，天地老风烟"二句即是。⑩七言成句的"NP＋NP＋NP，NP＋NP"式，如"幡竿东峙彭家寨，鹿角曾绕刘家村。彭家旗纛落草莽，刘家衣冠遗子孙。百年风土又一变，丛林化壑池成堑。<u>山亭杨柳驿马坊，官道豫章北商店</u>。哲人令族困屠沽，疃夫互郎高门闾"（刘诜《饮南山故居》），其中"山亭杨柳驿马坊，官道豫章北商店"二句即是。⑪五言成句的"NP，NP，NP，NP"（叠字领起）式，如"<u>巍巍百尺台，荡荡昌平原。隆隆镇天府，奕奕环星垣</u>。居庸亘北纪，陕区敛全燕。苍龙左蟠拿，白虎右踞蹲"（周伯琦《龙虎台》），其中"巍巍百尺台，荡荡昌平原。隆隆镇天府，奕奕环星垣"四句即是。⑫七言成句的"NP，NP，NP，NP"式，如"十年京国擅才华，宰相频招载后车。<u>太液苍凉黄鹄羽，玄都烂漫碧桃花。三清风露仙人馆，万里风烟野老家</u>。拂拭旧题如隔世，华星明汉望归槎"（虞集《送胡士恭》），其中"太液苍凉黄鹄羽，玄都烂漫碧桃花。三

清风露仙人馆，万里风烟野老家"四句即是。⑬五言成句的"NP，NP，
NP＋NP，NP＋NP"式，如"湖外三天竺，溪边九里松。禅心秋寺月，诗
思晚林钟。齐己名无敌，支郎说有宗。京华同惜别，泽国几时逢"（柯九
思《送泽天泉上人》），其中"湖外三天竺，溪边九里松。禅心秋寺月，诗
思晚林钟"四句即是。⑭五言成句的"NP＋NP，NP＋NP，NP＋NP，
NP＋NP"式，如"白马吴中寺，袈裟建业船。黄花季秋月，锦树大江烟。
洗钵胡僧饭，驮经汉帝年。何时虎丘石，共论永明禅"（吴克恭《送龙翔
俊用章住吴白马寺》），其中"白马吴中寺，袈裟建业船。黄花季秋月，锦
树大江烟"四句即是。⑮六言成句的"NP，NP，NP＋NP，NP＋NP"式，
如"黄犊眼中荒草，鹭鸶立处枯荷。宦海风涛舟楫，故山烟雨松萝"（陈
普《野步》十首其三），全四句即是。⑯六言成句的"NP＋NP，NP＋NP，
NP，NP"式，如"午背斜阳远村，沤边独树闲门。有莘野中耒耜，浣花
溪上盘飧"（许恕《题耕乐子卷》），全四句即是。⑰七言成句的"NP（叠
字领起），NP（叠字领起），NP＋NP，NP＋NP"式，如"东华厌逐软红
尘，一见潘郎兴味真。落落孤松霄壑志，昂昂野鹤水云身。关山客梦三更
月，驿路梅花十里春。谁唱渭城朝雨曲，坐中愁绝未归人"（周权《送友
东归》），其中"落落孤松霄壑志，昂昂野鹤水云身。关山客梦三更月，驿
路梅花十里春"四句即是。⑱六言成句的"NP，NP＋NP＋NP，NP＋NP
＋NP，NP＋NP＋NP"式，如"几处渔樵石路，数家鸡犬柴门。灶屋残烟
杳霭，溪流淡月黄昏"（陈普《野步》十首其九），全四句即是。⑲七言
成句的"NP＋NP＋NP，NP＋NP＋NP，NP＋NP＋NP，NP＋NP＋NP"式，
如"轻车繁吹尚纷纭，衮衮香浮紫陌尘。杜宇青山三月暮，桃花流水一溪
云。东风旗旆亭中酒，小雨阑干柳外人。何许数声牛背笛，天涯芳草正斜
曛"（周权《晚春》），其中"杜宇青山三月暮，桃花流水一溪云。东风旗
旆亭中酒，小雨阑干柳外人"四句即是。⑳五言成句的"NP＋NP＋N"
式，如"虚室寒侵骨，疏梅月影床。三更孤雁泪，悲怨不成行"（萧国宝
《冬夜》），其中"疏梅月影床"一句即是。㉑六言成句的"NP＋NP＋NP"
式，如"流水数株残柳，西风两岸芦花。荒草客愁远道，夕阳牛带归鸦"
（陈普《野步》十首其七），其中"荒草客愁远道"一句即是。㉒七言成
句的"N＋N＋NP"式，如"百花憔悴东风寒，六花烂熳开正繁。……酒
酣舞剑情难歇，指点银瓶莫教竭。醉中犹自忆当时，鹅鸭城边一池月"
（叶颙《春雪》），其中"鹅鸭城边一池月"一句即是。㉓七言成句的
"NP＋NP＋NP＋N"式，如"巷南亭馆春风树，魏紫姚黄取次开。……竟
须高宴烦燕女，左手持花右酒杯"（李瓒《牡丹一章奉寄玉山公子》），其
中"巷南亭馆春风树"一句即是。㉔七言成句的"N＋N＋NP＋NP＋N"

式，如"主家池馆西龙塘，龙塘华国参差芳。秋轮轧露春云热，<u>水风杨柳</u>
<u>芙蓉月</u>。星桥高挂东西虹，宫花小队烟花红……草池梦落西堂客，吟诗一
夜东方白"（杨维桢《题柳风芙月亭诗卷》），其中"水风杨柳芙蓉月"一
句即是。

中国古典诗歌发展到明清时代，名词铺排结构模式的创新空间已经很
小了（诗歌篇幅有限制，字句多少有限制，结构上的变化也有限制，因此
越到后来，结构创新的可能性就越小）。但是，明清诗歌创作中仍有名词
铺排的结构模式创新。不过，相对来说，明代由于诗歌创作的复古主义倾
向比较严重，因此诗歌创作中名词铺排文本的建构在结构模式上创新很
少，[①] 沿袭前代旧有结构模式的很普遍。清代诗歌创作虽也受复古主义思
潮的影响，但诗歌创作中名词铺排文本的建构在结构模式上的创新还是比
较突出的。[②] 根据我们的调查与分析，明清诗人新创的名词铺排结构模式
共有五种，其中四种是清人的创造，只有一种是明人的创造。这五种新的
结构模式分别是：①六言成句的"NP，NP"（叠字领起）式，如"<u>惨惨堂</u>
<u>前紫荆，飞飞原上脊令</u>。桓山之鸟，欲去而哀鸣。苦哉远征人，陟山望亲
还望兄，嗟嗟行役万古情"（清·周永铨《义卒行》），其中开头的"惨惨
堂前紫荆，飞飞原上脊令"二句即是。②四言成句的"NP + NP，NP +
NP"式，如"大江曲，山树秋。天寒日暮，野鸟啁啾，中流激荡风浏
浏。……江上何所有？<u>芙蓉北渚，葭菼中洲</u>。江中何所有？鲸鱼鼓浪，天
吴嬉游"（清·方朝《大江吟》），其中"芙蓉北渚，葭菼中洲"二句即
是。③七言成句的"NP + NP，NP + NP"（叠字领起）式，如"短长亭畔
暗销魂，无复丝丝映绿门。千缕冷风余倦态，满梢清露尚啼痕。<u>萧萧去马</u>
<u>斜阳路，点点归鸦落叶村</u>。独立寒潭倍惆怅，婆娑生意不堪论"（清·汪
绎《秋柳次韵》），其中"萧萧去马斜阳路，点点归鸦落叶村"二句即是。
④七言成句的"NP + NP + NP，NP"式，如"<u>朔风边月蓟门秋，画角呜呜</u>
<u>百尺楼</u>。自著戎衣频上策，三年不起别家愁"（明·黄克晦《后出塞送陈
季立防秋》），其中"朔风边月蓟门秋，画角呜呜百尺楼"二句即是。⑤七
言成句的"N + N + NP + NP，N + N + NP + NP"式，如"峡口回波绕塞流，
黄河利独擅边州。千屯得水成膏壤，两坝分渠据上游。<u>鸡犬人家红稻岸，</u>
<u>鱼盐贾舶白蘋洲</u>。那知泽国堤防急，百万金钱掷浪头"（清·黄庭《宁夏
渡河》），其中"鸡犬人家红稻岸，鱼盐贾舶白蘋洲"二句即是。

通过以上梳理，我们可以清楚地看出，名词铺排作为一种修辞现象，

① 吴礼权. 名词铺排与明代诗歌创作［J］. 北华大学学报（社会科学版），2018（6）：1.
② 吴礼权. 名词铺排与清诗创作［J］. 长江学术，2018（1）：109.

不仅跟中国古典诗歌有着密切的关系，而且一直伴随着中国古典诗歌发展的每个历史阶段，其在结构模式上也随着历代诗歌的发展而不断有所创新。

三、名词铺排与中国古典诗歌的意境创造及审美追求

名词铺排是汉语中一种非常独特的语言现象，从本质上说，它是适应中国古典诗歌创作要求而产生的一种修辞现象。如果中国古典诗歌没有字句篇幅的限制，就不会有名词铺排现象的出现。名词铺排现象的出现，虽然打破了汉语表达的语法规约，但事实上产生了特殊的表达效果，特别是对拓展诗歌的意境发挥了非常重要的作用，由此启发了中国历代诗人，使其由原本只是个别诗人无意识的修辞行为变成了广大诗人一种自觉的审美追求。如前文我们说到的《诗经》中"喓喓草虫，趯趯阜螽"（《诗经·国风·草虫》）、"秩秩斯干，幽幽南山"（《诗经·小雅·斯干》）两个名词铺排文本的建构，最初只是先秦诗人触目所及的写景，是无意识的修辞创造，"虽然有一种类似现代电影'蒙太奇'手法的画面审美效果，但这种效果乃是妙趣天成，不是人工雕凿出来的美"①，属于妙笔偶成的天籁之音，但是这种"妙趣天成的审美效果却成了后代诗人们所热烈追求的境界"②。因此，这种以对句形式呈现且以叠字领起的名词铺排文本建构，从汉乐府开始的中国古典诗歌创作中就逐渐多了起来，而且结构形式不断创新（如上所述），伴随了中国古典诗歌创作的所有历史时期，甚至在中国现代诗的创作中仍然时见其矫健的身姿。③ 其实，不仅是中国历代诗人对名词铺排的审美魅力有深刻的认识，其他各体文学的创作者如赋家、词人、元曲作家甚至小说家、散文家都是非常热衷于在其创作中建构名词铺排文本，由此促成了汉语名词铺排结构模式的不断创新与发展。如汉赋创造了八种结构模式④，魏晋南北朝赋创造了五种结构模式⑤，唐词创造了九

① 吴礼权. 先秦两汉诗赋列锦结构模式及其审美特点 [J]. 宜春学院学报，2014（4）：87.

② 吴礼权. 先秦两汉诗赋列锦结构模式及其审美特点 [J]. 宜春学院学报，2014（4）：87.

③ 吴礼权. 现代诗歌中的"列锦"及其审美追求 [J]. 辽宁师范大学学报（社会科学版），2017（6）：104.

④ 吴礼权. 名词铺排与汉赋创作 [J]. 阆江学刊，2018（4）：15–18.

⑤ 吴礼权. 名词铺排与魏晋南北朝赋的创作 [J]. 江苏师范大学学报（哲学社会科学版），2018（3）：51–53.

种结构模式①，五代十国词创造了十五种结构模式②，宋词在唐五代词的基础上将名词铺排结构模式的创新推到了一个新的高峰，其创新的模式在唐五代词的基础上又增加了十九种之多③。金元词在名词铺排结构模式的创新方面非常突出，其中，金词有五种，元词则有十八种之多④。明清词在名词铺排结构模式上的创新也有新进展，共计有十七种新模式创出⑤。元曲由于句式体制跟诗词都有差异⑥，在名词铺排结构模式的创新方面表现得更为突出，共计有四十六种（其中单句式五种，对句式十六种，多句式二十五种）之多⑦。有些元曲作家如张可久，似乎特别钟情于名词铺排文本建构⑧，且在结构模式的创新上锐意进取⑨。小说中的名词铺排文本建构，早在唐人小说中就有了，而且结构模式创新非常突出。到了现代小说中，由于受西方电影美学的影响，结构模式的创新更是丰富多彩⑩。散文在中国古代基本见不到有名词铺排文本建构，但到了现代，因"受其他文体的交互影响以及西方文学创作审美意识的影响"⑪，名词铺排文本建构日渐增多，并且结构模式上的创新也较多。不仅如此，甚至现代的诗文标题上也有名词铺排文本建构，结构模式上的创新也很突出⑫。

渊源于中国古典诗歌的名词铺排现象，之所以逐渐渗透蔓延到中国其他各体文学作品创作之中，成为众体文学创作者竞相运用的修辞手段，实际上是跟名词铺排这种独特的句法形式所具有的审美效果分不开的。前文我们说过，从表现形态看，名词铺排可以分为单句呈现式、对句呈现式和多句呈现式三种。但是，从审美接受看，名词铺排不论是以哪种表现形态

---

① 吴礼权. 名词铺排与唐词创作 [J]. 楚雄师范学院学报，2019（1）：97 - 99.

② 吴礼权. 五代十国词的创作与名词铺排文本建构 [J]. 楚雄师范学院学报，2020（2）：80 - 84.

③ 吴礼权. 宋词"列锦"结构模式的继承与发展 [C] //复旦大学汉语言文学学科《语言研究集刊》编委会. 语言研究集刊：第十二辑. 上海：上海辞书出版社，2014：288 - 301.

④ 吴礼权. 汉语名词铺排史 [M]. 广州：暨南大学出版社，2019：360 - 376.

⑤ 吴礼权. 名词铺排文本建构与明清词的创作 [J]. 楚雄师范学院学报，2019（5）：113 - 116.

⑥ 吴礼权. 元曲与列锦的关系 [J]. 河北师范大学学报（哲学社会科学版），2017（3）：23 - 30.

⑦ 吴礼权. 汉语名词铺排史 [M]. 广州：暨南大学出版社，2019：382 - 402.

⑧ 吴礼权. 张可久与元曲列锦文本建构（上）[J]. 平顶山学院学报，2017（4）：72.

⑨ 吴礼权. 张可久与元曲列锦文本建构（下）[J]. 平顶山学院学报，2017（5）：66.

⑩ 谢元春，吴礼权. 现代小说中的列锦修辞文本建构与审美追求 [J]. 长江学术，2015（3）：85.

⑪ 吴礼权，谢元春. 现代散文中的列锦及其审美追求 [J]. 长江学术，2016（3）：113.

⑫ 吴礼权，谢元春. 标题与对联中的"列锦"结构形式考察 [C] //张福贵. 华夏文化论坛：第十五辑. 长春：吉林文史出版社，2016：186 - 196.

呈现，都有营造画面、拓展意境的效果。因为以名词或名词短语独立构句，虽然打破了汉语表达在构句上的语法规约，但在事实上造就了一种框架式构图的画面接受效果。一个名词句（单句式名词铺排）就像现代电影叙事中的一个特定镜头，两个或两个以上的名词句（对句式与多句式名词铺排）并列铺排，则像电影叙事中几个特写镜头的连续推出，鲜明的画面感不仅会对接受者产生强烈的视觉冲击，强化其接受印象，还会引发接受者的联想与想象，拓展作品的意境，提升作品的审美价值。

名词铺排现象之所以在先秦时代的《诗经》中首先出现，并在中国历代古典诗歌创作中赓续不绝，主要有两个原因：一是跟诗歌字句篇幅的客观制约有关。众所周知，中国古典诗歌，不论是古风还是格律诗，字句多少与篇幅长短都是有限制的。这样，诗人有时就需要在充分表意与字句篇幅限制之间寻求平衡，在字句伸缩方面下一番功夫。由此，便有了迫于客观要求的非自觉的名词铺排文本建构。二是跟诗人审美追求的主观努力有关。因为自从《诗经》名词铺排实践所展露的创意造言智慧被汉代诗人所认知，其所建构的妙语天成的名词铺排文本在审美上的独特魅力被汉代诗人所追捧，中国古典诗歌的创作从此就跟名词铺排结下了不解之缘。经过中国古代无数诗人的创意造言努力，名词铺排在篇章结构与句法结构两方面都有很多创新，由此在拓展诗歌意境、提升诗歌审美价值方面发挥了重要作用。如：

（23）峨峨高山首，悠悠万里道。君去日已远，郁结令人老。人生一世间，忽若暮春草。时不可再得，何为自愁恼。每诵昔鸿恩，贱躯焉足保？（三国魏·徐干《室思诗》六章其二）

例（23）是组诗的第二首，开头二句从语法上看，其结构是"（峨峨）（高山）首，（悠悠）（万里）道"，属五言成句的"NP，NP"式；从语义与语境上看，这二句居于全诗之首，其后二句"君去日已远，郁结令人老"各是一个主谓结构的正常句（前句主语是"君"，后句主语是"郁结"），语义与结构都是自足的。可见，它是一个独立表义的言语单位，属于名词铺排的性质；从审美接受上看，"峨峨高山首，悠悠万里道"，前句写峨峨高山，后句写悠悠长道，各以名词短语构句，因此在接受上就有一种框架式构图的鲜明画面感，就像现代电影叙事中首先推出的两个特写镜头，不仅具有一种先声夺人的视觉冲击效果，有利于强化接受印象，而且易于引人联想与想象，使其经由山之峨峨、道之悠悠的形象便能意会到诗歌所要表达的主题，在"不著一字"中将诗歌所要表达的"离别日久，道阻且长"的夫妻相思之苦淋漓尽致地展露出来，在第一时间就能深切感动所有接受者。另外，两个名词句各以叠字"峨峨""悠悠"领起，不仅凸显了山之巍峨、道之悠长的视觉形象，为随后各句直抒胸臆的情感表达作了铺垫（第三句"君去日已远"，是说夫妻离别的时间已久；第四句"郁结令人老"，是说夫妻不得见的情感苦痛。之所以离别久、不得见，就是因为有"峨峨高山首，悠悠万里道"的阻隔），还造就了一种"双玉相叩"的听觉美感，从而大大拓展了诗歌的意境，提升了诗歌的审美价值。如果诗歌没有开头"峨峨高山首，悠悠万里道"这两句，而只有随后的八句，不仅诗歌所要表达的夫妻离别相思之苦的逻辑基础不复存在，表义抒情显得突兀，而且诗歌的意境也无由拓展，诗歌在视觉与听觉上鲜明的画面感与音乐性更无由呈现。可见，"峨峨高山首，悠悠万里道"作为一个对句式的名词铺排文本，其在全诗篇首呈现不是诗人的写景闲笔，而是有着鲜明而清晰的审美追求。

从中国古典诗歌创作的实践来看，如果名词铺排在诗歌篇首呈现，在审美上会有一种造景呈象、定格画面的作用，有利于拓展诗歌意境，强化语义印象，造就一种先声夺人的视觉与听觉上的冲击效果。而名词铺排在诗歌篇中呈现，不仅有静止画面的审美效果，有利于拓展诗歌意境，还能有效调节诗歌的语言节奏，使诗歌在文字表达上更具灵动性。如：

（24）风猎红旗入寿春，满城歌舞向朱轮。<u>八公山下清淮水，千骑尘中白面人</u>。桂岭雨余多鹤迹，茗园晴望似龙鳞。圣朝方用敢言者，次第应须旧谏臣。（唐·刘禹锡《寄杨八寿州》）

例（24）第三、四两句从语法上看，其结构是"（八公山下）（清）（淮）水，（千骑尘中）（白面）人"，属七言成句的"NP，NP"式；从语义与语境上看，"八公山下清淮水，千骑尘中白面人"二句虽居诗中，却跟其前后其他语句没有语法结构与语义上的纠葛（其前二句"风猎红旗入寿春，满城歌舞向朱轮"各有动词"入""向"，其后二句"桂岭雨余多鹤迹，茗园晴望似龙鳞"各是一个主谓句），是一个独立表义的言语单位，属于名词铺排的性质；从审美接受上看，"八公山下清淮水，千骑尘中白面人"二句均以名词短语独立构句、彼此对峙，就像两个框架式构图的特写镜头连续推出。它们出现于诗歌篇中，不仅像现代电影叙事中突破插入的两幅静止画，画面效果特别明显，有力地拓展了诗歌的意境，还因其与众不同的句法结构打破了全诗常规句法叙写模式的沉闷，有效地调节了诗歌的语言节奏，使中规中矩的赠人诗在文字表达上多了几分灵动感，由此使诗歌的审美价值得到了有力的提升。可见，名词铺排出现于诗歌篇中也体现了诗人鲜明的审美追求。

除了居于诗歌篇首与篇中两种情况外，名词铺排居于诗歌篇尾的情况在中国古典诗歌中也很常见。如：

（25）虚堂人静不闻更，独坐书床对夜灯。门外不知春雪霁，<u>半峰残月一溪冰</u>。（宋·周弼《夜深》）

例（25）最后一句从语法上看，其结构是"（半峰）（残）月＋（一溪）冰"，属七言成句的"NP＋NP"式；从语义与语境上看，"半峰残月一溪冰"居于全诗末尾，且跟其前句"门外不知春雪霁"无语法结构与语义上的纠葛（"门外不知春雪霁"是一个结构完整的主谓句，有自己的谓语动词），因此明显是一个独立表义的言语单位，属于名词铺排的性质；从审美接受上看，由于"半峰残月一溪冰"是以名词短语加合的形式独立构句，因此就有一种框架式构图的画面效果，类似于现代电影叙事结束时推出的一个特写镜头，不仅画面感鲜明，而且别具一种"曲终人不见，江上数峰青"的意境，令人回味无穷，遐思不尽。

除了上述三种情况，中国古典诗歌中的名词铺排还有一种极端的表现形式，就是整首诗都是由名词铺排构成的。如：

（26）<u>黄犊眼中荒草，鹭鸶立处枯荷。宦海风涛舟楫，故山烟雨松萝</u>。（元·陈普《野步》十首其三）

例（26）全诗四句，从语法上看，其结构是"（黄犊眼中）（荒）草，（鹭鸶立处）（枯）荷。（宦海）风涛＋舟楫，（故山）（烟）雨＋松萝"，属六言成句的"NP，NP，NP＋NP，NP＋NP"式；从语义与语境上看，全诗每句都是由名词短语独立构句，语义上也自足，明显属于名词铺排的性质，是一个超大规模的名词铺排文本；从审美接受上看，这种以整篇为单位构成的名词铺排文本，由于每句都是由一个名词短语独立构句（前二句），或是由两个名词短语加合构句（后二句），因此就像是电影叙事中连续推出的一系列特写镜头的组合，不仅画面感特别鲜明强烈，而且动静兼备（前二句是静态画面，后二句是动态画面），意境显得特别深远。另外，全诗四句所写意象"荒草""枯荷""风涛""舟楫""烟雨""松萝"等，虽然都带有凄凉、荒远的色彩，但以镜头组合的形态连续铺排，极大地拓展了诗歌所欲表现的"野步"寻趣的意境，让人有在欣赏画卷或是观看微视频之感，真正臻至"如诗如画"的境界，使诗歌的审美价值得以大幅提升。可见，以整首诗建构名词铺排文本并非诗人的文字游戏，而是别具审美追求。

四、结语

名词铺排作为汉语的一种独特的修辞现象，从句法结构上看，其最突出的特点就是摒弃动词及一切虚词，而只以名词或名词短语（包括名词短语加合）独立构句，以名词或名词短语的连续铺排来写景、叙事或抒情。虽然名词铺排构句成文的表现形式突破了汉语语法的规约，但适应了中国古典诗歌创作在字句篇章体制上的要求，不仅可以用最少的文字表达最丰富的内涵，而且可以有效地增强文字表达的画面效果，创造诗歌所要表现的意境，同时还可以极大地拓展接受者的联想与想象空间，从而有力地提升诗歌的审美价值。

作为汉语的一种有意味的修辞手段，名词铺排是先秦诗人创意造言的结果。这种创意造言，虽然最初是非自觉的修辞行为，属于一种妙趣偶成的天籁之笔，但因为具有独特的审美价值而被汉代诗人所发现并予以热烈追捧，使得中国古典诗歌中名词铺排文本的建构赓续不绝。历代诗人不仅在诗歌创作中热衷于名词铺排文本的建构，还在结构模式上有所创新。从中国古典诗歌创作的实践看，这些名词铺排文本的建构及其结构模式的创新，绝大多数都不是简单的模仿或是炫才示巧的文字游戏，而是别具审美追求。

参考文献

1. 谭永祥. 汉语修辞美学［M］. 北京：北京语言学院出版社，1992.

2. 吴礼权. 汉语名词铺排史［M］. 广州：暨南大学出版社，2019.

3. 吴礼权. 日汉对比视角下日本文学作品中的名词铺排［J］. 北华大学学报（社会科学版），2019（6）.

4. 吴礼权. 名词铺排与唐诗创作［C］//蜕变与开新：古典文学国际学术研讨会论文集. 台北：东吴大学，2011.

5. 吴礼权. 列锦辞格的基本类型［J］. 平顶山学院学报，2013（6）.

6. 吴礼权，谢元春. 杜甫诗歌与名词铺排［J］. 平顶山学院学报，2013（3）.

7. 吴礼权. 先秦两汉诗赋列锦结构模式及其审美特点［J］. 宜春学院学报，2014（4）.

8. 吴礼权. 宋词"列锦"结构模式的继承与发展［C］//复旦大学汉语言文学学科《语言研究集刊》编委会. 语言研究集刊：第十二辑. 上海：上海辞书出版

社，2014.

9. 吴礼权，谢元春. 现代散文中的列锦及其审美追求［J］. 长江学术，2016（3）.

10. 吴礼权，谢元春. 标题与对联中的"列锦"结构形式考察［C］//张福贵. 华夏文化论坛：第十五辑. 长春：吉林文史出版社，2016.

11. 吴礼权. 唐代小说列锦文本创造及其审美倾向［J］. 平顶山学院学报，2016（4）.

12. 吴礼权. 现代诗歌中的"列锦"及其审美追求［J］. 辽宁师范大学学报（社会科学版），2017（6）.

13. 吴礼权. 元曲与列锦的关系［J］. 河北师范大学学报（哲学社会科学版），2017（3）.

14. 吴礼权. 张可久与元曲列锦文本建构（上）［J］. 平顶山学院学报，2017（4）.

15. 吴礼权. 张可久与元曲列锦文本建构（下）［J］. 平顶山学院学报，2017（5）.

16. 吴礼权. 名词铺排与清诗创作［J］. 长江学术，2018（1）.

17. 吴礼权. 名词铺排与魏晋南北朝赋的创作［J］. 江苏师范大学学报（哲学社会科学版），2018（3）.

18. 吴礼权. 名词铺排与汉赋创作［J］. 阅江学刊，2018（4）.

19. 吴礼权. 名词铺排与魏晋南北朝赋的创作［J］. 江苏师范大学学报（哲学社会科学版），2018（3）.

20. 吴礼权. 名词铺排与明代诗歌创作［J］. 北华大学学报（社会科学版），2018（6）.

21. 吴礼权. 名词铺排与宋诗创作［J］. 宜春学院学报，2019（1）.

22. 吴礼权. 金代诗歌对名词铺排的继承与创新［J］. 河北师范大学学报（哲学社会科学版），2019（3）.

23. 吴礼权. 名词铺排与元诗创作［C］//张福贵. 华夏文化论坛：第二十一辑. 长春：吉林大学出版社，2019.

24. 吴礼权. 名词铺排与唐词创作［J］. 楚雄师范学院学报，2019（1）.

25. 吴礼权. 名词铺排文本建构与明清词的创作［J］. 楚雄师范学院学报，2019（5）.

26. 吴礼权. 五代十国词的创作与名词铺排文本建构［J］. 楚雄师范学院学报，2020（2）.

27. 吴礼权.《诗经》列锦修辞实践对中国人审美观的深刻影响［J］. 淮北师范大学学报（哲学社会科学版），2020（3）.

28. 谢元春，吴礼权. 现代小说中的列锦修辞文本建构与审美追求［J］. 长江学术，2015（3）.

Noun Arrangement and the Creation of Artistic Conception and Aesthetic Pursuit of Ancient Poetry

Xie Yuanchun[1]   Wu Liquan[2]

（1. *International College of Chinese Language and Culture*, *Hunan Normal University*, *Changsha*, 410081；2. *Institute of Chinese Language and Literature*, *Fudan University*, *Shanghai*, 200433）

Abstract：Noun arrangement is a meaningful rhetorical phenomenon, as well as a linguistic one with a long history in the Chinese language. It is characterized by the consecutive arrangement of nouns or noun phrases, devoid of verbs and function words. This kind of formation breaks away from the convention of the Chinese grammar, and, on the other hand, adapts to the established pattern of the diction, that is, to express most with the least, in the creation of ancient poems in China, which can both make a pictorial effect and establish an artistic conception, and greatly broaden the associative and imaginative space of the recipients, thus improving the aesthetic value of the poems. As a rhetorical phenomenon, noun arrangement originated in the *Book of Songs* in the pre-Qin periods, and appeared in the poems of the past dynasties. Its structural pattern underwent constant innovation, which played an important role in the creation of the artistic conception of the poems, clearly manifesting the aesthetic pursuit of the poets.

Key words：noun arrangement, rhetorical phenomenon, ancient poetry, creation of artistic conception, aesthetic pursuit

《花间集》比喻研究①

蔡 丰②

（淮北师范大学文学院　淮北　235000）

摘　要：《花间集》中的比喻修辞本体比较固定，喻体呈现自然化的特点。暗喻和借喻较多，而明喻较少，还偶有倒喻、较喻以及修辞方式糅合的情况出现。笔者发现，《花间集》通过距离较远的本体和喻体，自然化的模糊喻体，以及由模糊词语形成的模糊语境来建构比喻修辞中的模糊性。此外，《花间集》里的比喻修辞可以分为"花间范式"和"花间别调"两种，而比喻修辞的"异向表达"在这两种类型中均有体现。

关键词：《花间集》；比喻修辞；模糊性；异向表达

《花间集》③是我国文学史上第一部文人词选集，由后蜀人赵崇祚编写。该书收录了以温庭筠、韦庄为代表的晚唐时期十八位词人的近五百首词曲作品。笔者发现，《花间集》运用了大量的比喻修辞。据笔者统计，《花间集》中的比喻描写共计338处，与女性相关的有286处，对自然环境和动物的描写共41处，对情感体验的描写共11处。本文拟从比喻修辞的特色、模糊建构和异向表达三个方面对《花间集》中的比喻修辞进行深入的研究。

一、《花间集》比喻修辞的特色

《花间集》中的比喻修辞有其自身特色。据笔者研究，《花间集》比喻修辞的本体比较固定，喻体由于多选用自然景物而呈现出自然化的特点；受词的字数、对仗的限制，《花间集》中暗喻和借喻较多，而明喻较少；除了基本类型的比喻④，还偶有倒喻、较喻以及修辞方式糅合的情况出现。

（一）本体的固定化和喻体的自然化

笔者发现，《花间集》对女性的比喻描写主要集中在秀丽的外貌和动

---

① 本文为2020年度安徽省哲学社会科学项目"明代类书《喻林》研究"（项目编号：AHS-KQ2020D35）的阶段性成果。

② 作者简介：蔡丰，文学博士，淮北师范大学文学院讲师，研究方向为古代汉语修辞。

③ 本文中所使用的是杨景龙先生校注的典藏本（中华书局，2015年）。

④ 通常把明喻、暗喻和借喻称为"基本类型的比喻"。

人的神态等方面，对于自然景物的描写侧重于凸显其美好、高雅的特征，对于情感体验的描写则侧重于真挚的相思之情。由于《花间集》比喻修辞的对象主要集中在对女性的外表描写上①，因此，该书比喻修辞中的本体比较固定。

我们还发现，《花间集》中的比喻修辞通常以自然环境中的事物作喻体，如用花、玉、雪等描述女子的面容，用云、蝉、雪等描述女子的鬓发，用山、月、柳叶等描述女子的眉毛，因此喻体多呈现自然化的特点，且这种自然化多为一种与自然密切相连的美的感觉和美的状态。《花间集》中因喻体产生的美的感觉无处不在，这从花间派词人多喜欢用形态修长、绵软、轻薄的自然景物来描绘本体可以看出，如用轻薄的蝉翼形容女子的鬓发，用绵软的水波形容女子含情的双目，用修长的柳叶形容女子的眉毛等。据笔者统计，《花间集》中"烟"作为喻体共出现了35次。我们知道，烟具有形态轻薄、缭绕空蒙的特点，《花间集》中多用"烟"描写女性的装束，如纱裙或披肩，以及女性细腻的情思等。此外，《花间集》中因喻体产生的美的状态也有很多。如和凝《何满子》"写得鱼笺无限，其如花锁春晖"，该句的喻体是"花锁春晖"的状态，形象地写出了正当妙龄的女子独守空房的寂寥之情。又如张泌《江城子》"浣花溪上见卿卿，脸波秋水明"，该句的喻体是"秋水明"的状态，形象地写出了女子面部的灵动之美以及作者对该女子的倾慕之情。

（二）暗喻、借喻较多而明喻较少

据笔者统计，《花间集》中明喻共57句，其中以温庭筠和韦庄的最多。由于词牌中单句句式通常固定，因此明喻中的"本体+比喻词+喻体"的表达方式很容易受到字数上的限制，这是花间派词曲在喻体选择中受限制的主要原因。因此，《花间集》所用的比喻修辞方式中，明喻的应用比例并不算高。

与明喻不同，暗喻省略了比喻词，在很多情况下需要读者自行思考其中的比喻关系。据笔者统计，《花间集》中暗喻共有159处，其形式大体可以分为两类：第一类是本体和喻体直接粘连的形式，如"珠泪""云鬓""雪肌""柳腰"等。这种暗喻本体和喻体的位置大多并不固定，如"云鬓"和"鬓云"，"雪腮"和"腮雪"等。根据汉语的语法规则，它们表意的侧重点在后一个字上。第二类是本体和喻体之间由动词连接的形式，如"轻纱卷碧烟""杨柳花飘雪""泪流玉箸千条"等。这类暗喻不仅实

① 王慧刚. 论《花间集》中的色彩［J］. 关东学刊，2018（3）.

现了用喻体描写本体的目的，也借本体和喻体之间的动词描绘出了本体的动态。可见，暗喻的结构比明喻更简练、灵活。对于某些要求对仗的词牌来说，使用暗喻尤其合适。

借喻是只出现喻体的比喻方式，我们通常需要根据多方面的语境来体察借喻本体和喻体之间的关系。如牛峤《杨柳枝》"狂雪随风扑马飞"，该句中的"狂雪"就运用了暗喻的修辞手法。该句初看很容易被认为在描述大雪天骑马的情况，但如果结合该词的整体内容，我们就能够推测出句中的"狂雪"指的是柳絮，该句实际上描写的是在柳絮纷飞的春季骑马的场景。又如"小山"和"金"在《花间集》中通常作为借喻的喻词出现，且有多种不同的含义。"小山"既可以是实指，也可以是虚指，指高耸扎起的鬓发和枕头的形状；而"金"既可以指枕上金色的布料和花纹，也可以指鬓发根处发黄的部位，还可以指夕阳或晚霞的颜色。如果我们不了解它们在句中具体的使用情况，就无法作出正确的解释。如在温庭筠《菩萨蛮》"小山重叠金明灭"中，"小山"是指画屏上重叠的小山，而"金"则是指时明时暗的晨光。

由于借喻只需要出现喻体，那么原本属于本体和喻词的位置就空了出来，并由其他词语填充上了。因此，借喻表达的信息量相较于明喻和暗喻更大，这也是《花间集》运用借喻更广泛的重要原因。如对人生气时眉毛的描写，明喻是"眉如剑"，暗喻是"剑眉"，而借喻则是"两蛾攒"。很明显，"两蛾攒"更加生动形象。又如"锦茵"和"眠玉"，分别用两个字的借喻形容女子的闺房之美和女子的睡姿之美。可见，借喻生动形象的表达可以扩宽我们的想象空间，使我们更加准确地理解其所描绘的本体。

（三）偶有倒喻、较喻以及修辞方式糅合的情况

除了上述三种基本的比喻方式外，倒喻和较喻在《花间集》中也有少量体现。其中，倒喻是本体和喻体位置颠倒的明喻。如顾敻《荷叶杯》"花如双脸柳如腰"、顾敻《临江仙》"砌花含露两三枝，如啼恨脸，魂断损容仪"等。正常情况下我们应该说"脸如花""柳如腰""啼恨脸如含露的砌花"，但句中本体和喻体的位置是颠倒的。这种比喻方式给我们眼前一亮的感觉，非常新奇有趣，颠倒了我们惯有的思维模式。较喻是一种"喻中有比"的比喻，其特点是把被比喻物（本体）和比喻物（喻体）放在一起相比，既显示出它们的相似点，又突出本体和喻体在程度上的不同。一般来说，较喻的使用对于增强情感表现力有很大作用，因此多用于情感表达。如温庭筠《南歌子》"不如从嫁与，作鸳鸯"、张泌《浣溪沙》"为他沉醉不成泥"等。前者表达了女子心甘情愿嫁给自己心爱男子的决

心，后者写出了沉迷爱情无法自拔的女子形象。

此外，《花间集》中还有少量修辞方式杂糅的比喻修辞。这种"杂糅"的比喻修辞可以分为两种情况：第一种是混合比喻。混合比喻是多种比喻修辞手法混合使用。如韦庄《天仙子》"金似衣裳玉似身，眼如秋水鬓如云。霞裙月帔一群群"，第一句使用了四个明喻，第二句又用了两个暗喻，仅仅二十一个字就将一群来洞口眺望的女性的外貌、动作和神态描写得淋漓尽致。又如韦庄《浣溪沙》"暗想玉容何所似，一枝春雪冻梅花，满身香雾簇朝霞"，该句接连运用了三种比喻修辞手法："玉容"是暗喻；"一枝春雪冻梅花"从整体来看是明喻①；"香雾"和"朝霞"则是借喻。仅用二十余字，就形象生动地将男子所想的女子的外貌、身姿和神态都描绘了出来。第二种是比喻修辞与非比喻修辞杂糅。如温庭筠《菩萨蛮》"鬓云欲度香腮雪"，该句是比喻和拟人相杂糅。再如薛昭蕴《浣溪沙》"意满便同春水满，情深还似酒杯深"，该句是比喻和对偶相杂糅。这种杂糅的方式使比喻修辞更加充满活力，在传递更多信息的同时给人一种别样的美感。

二、《花间集》比喻修辞的模糊建构

本部分研究的是《花间集》中比喻修辞的模糊性。那么，什么是模糊？有学者认为"模糊是一种亦此亦彼、非此非彼的状态，模糊的对立面是精确"。伍铁平先生认为，在修辞中模糊能起到精确所起不到的作用。有时模糊是可以理解的，精确倒是不可理解的。比喻的基础不全是类似，有时喻体同本体之间并不一定能被所有人承认有类似点或者根本没有任何类似点，因此把喻体和本体之间的关系概括为模糊，则可以概括一切情况。② 那么，《花间集》比喻修辞中的模糊性是如何建构的呢？笔者认为与以下三者相关：

（一）距离较远的本体和喻体

南朝梁刘勰在《文心雕龙》里主张："诗人比兴，触物圆览；物虽胡越，合则肝胆；拟容取心，断辞必敢。"这说明刘勰认为不同的本体和喻体可以开出绚烂的比喻之花。因此，本体和喻体若属于同一范畴且相似点太过具体，那么很容易出现"弹之状若弹"的尴尬局面。这种情况下，比

---

① 这里本体是"玉容"，"一枝春雪冻梅花"是喻体，所以说从整体来看是明喻。
② 伍铁平. 语言的模糊性和修辞学［J］. 南外学报，1986（1）.

喻的修辞意味会大打折扣，更遑论模糊性了。据笔者研究，《花间集》中的本体和喻体大都距离较远，很多比喻给人眼前一亮的新奇之感。这种比喻的本体和喻体通常不属于同一范畴，即便是在同一范畴，它们的相似点也很少。这种比喻通常需要我们通过联想和想象才能找出它们之间的相似点。在这个思维跳跃的过程中，比喻修辞的模糊性也就逐渐形成了。

如魏承班《诉衷情》"皓月泻寒光，割人肠"，该句的本体是皓月，喻体虽然并未明确指出，但从"割人肠"三个字我们可以推测，该句是把寒冷的月光比作一把刀。这个比喻就比较新奇了。月光和刀通常不会有关联性，但如果我们仔细思考就会发现，它们之间也是有相似性的。刀是冷的，月光也是冷的，一个"泻"字给这把"月光宝刀"注入了灵魂，我们由此很容易想到这把刀是类似于长条的形状。我们的大脑基于"冷""长条"这两个共同点，再用联想和想象不断地填平它们之间的"鸿沟"，这个不断跳跃的思维过程就是模糊思维形成的过程，由此，比喻的模糊义产生了。又如温庭筠《河渎神》"谢娘惆怅倚兰桡，泪流玉箸千条"，该句把女子流的眼泪比作一条条的"玉箸"（玉色的筷子）。一般来说，眼泪和筷子是两种截然不同的事物，是很难联系到一起的。但如果我们仔细思考就会发现，眼泪向下不间断的形状和筷子是相似的。我们的大脑基于它们"长条"的共同之处，再用联想和想象使它们联结在一起，在这个过程中，比喻修辞的模糊性也就产生了。

（二）自然化的模糊喻体

上文提到，《花间集》中的喻体具有自然化的特点。所谓"自然化"，实际上是指喻体多用自然之态或自然之物来描绘本体。

我们知道，很多自然之态本就不是三言两语能概括的，喻体用这种模糊的自然之美能增强比喻的模糊性。如韦庄《浣溪沙》"暗想玉容何所似，一枝春雪冻梅花"，该句的喻体是第二句，用遭受风雪摧残的梅花这个意象，形象地写出了女子因思念心上人而憔悴不堪的神态。那么，"春雪冻梅花"到底是一个什么样的神态？其实答案是开放性的。既然没有一个准确的定义，"春雪冻梅花"的状态就具有模糊性。又如牛峤《菩萨蛮》"钗重髻盘珊，一枝红牡丹"，该句的喻体是第二句，用绽放的红牡丹这个意象，形象地写出了女子发饰散乱后美丽的状态。那么，"一枝红牡丹"到底是什么样的状态？其实答案也是开放性的。既然没有准确的定义，"一枝红牡丹"的状态就具有模糊性。

有的时候，喻体就是具体的自然之物。虽然这类喻体的模糊性不明显，但与本体结合起来看，模糊性则立即显现出来。如温庭筠《河渎神》

"水村江浦过风雷，楚山如画烟开"，该句中的"画"是喻体。单看名词"画"，其模糊意味不浓，但"楚山如画"的模糊性就强多了。因为我们会思考"楚山如画"的画面究竟是怎样的，而这本身就没有一个固定的说法。又如欧阳炯《南乡子》"二八花钿，胸前如雪脸如莲"，该句中的"雪"和"莲"是喻体。名词"雪"和"莲"单看模糊意味不强，但"胸前如雪""脸如莲"就给人充分的想象空间，模糊意味就大大增强了。

（三）由模糊词语形成的模糊语境

语境，顾名思义，是指使用语言的环境，一般分为内部语境和外部语境。内部语境是指一定的言语片段和一定的上下文之间的关系，外部语境指存在于言语片段之外的语言社会环境。本部分所谈的语境是语言的内部语境。内部语境的模糊性有助于比喻模糊性的形成。笔者研究发现，《花间集》中的模糊语境多由形容词、动词以及它们组成的语句构成。

第一类是由模糊形容词构成的模糊语境。由于形容词多是说明性状的词，具有很强的主观性，故有学者认为形容词是具有模糊性的词。《花间集》中就有很多由形容词构成的模糊语境，如韦庄《浣溪沙》"隔墙梨雪又玲珑，玉容憔悴惹微红"，该句中的"梨雪"是暗喻，其后用形容词"玲珑"加以补充说明。"玲珑"具有模糊语义，把它与本身就含有模糊意味的暗喻"梨雪"联系起来，整个比喻的模糊性得以增强。又如温庭筠《更漏子》"眉翠薄，鬓云残，夜长衾枕寒"，该句中的"眉翠""鬓云"是两个暗喻，其后分别用两个形容词"薄"和"残"分别加以补充说明。"薄"和"残"具有模糊语意，把它们与本身就含有模糊性的暗喻"眉翠""鬓云"对应联系起来，整个比喻的模糊性得以增强。

第二类是由模糊动词构成的模糊语境，由于动词多是说明动作的词，也具有很强的主观性，故有学者也认为动词是具有模糊性的词。《花间集》中就有很多由动词构成的模糊语境，如温庭筠《菩萨蛮》"小山重叠金明灭，鬓云欲度香腮雪"，该句中的"鬓云""香腮雪"是具有模糊性的暗喻，这两个暗喻用具有模糊性的动词"欲度"联系起来，整个比喻的模糊性得以增强。又如毛熙震《菩萨蛮》"梨花满院飘香雪，高楼夜静风筝咽"，该句的本体是"梨花"，喻体是"香雪"。很显然，喻体具有模糊性，而连接本体和喻体的动词"飘"也具有模糊性，从而增强了整个比喻的模糊性。

第三类是由模糊句子构成的模糊语境。《花间集》中的比喻修辞很多比较简短，画面感不强。但比喻修辞前后通常会有模糊性的语句生成灵动的模糊语境，增强比喻修辞整体的模糊性。如孙光宪《河传》"柳如丝，偎倚绿波春水",前一句是简单的带有模糊性的明喻,后一句十分有画面感,形象地增强了明喻的模糊性。又如温庭筠《杨柳枝》"两两黄鹂色似金,裊枝啼露动芳音",前一句也是带有模糊性的明喻,后一句是一幅很有动感的画面,两者结合,形象地增强了比喻的模糊性。

三、《花间集》比喻修辞的异向表达

本部分把《花间集》里的比喻修辞分为两大部分,一部分为"花间范式"[①] 中的比喻修辞,另一部分为"花间别调"[②] 中的比喻修辞。笔者认为,"花间范式"多指女子抒发相思之情的词作,而"花间别调"除了刘遵明先生提到的表现隐逸生活、描绘风物人情、咏史怀古的作品之外,还有描写边塞征伐、征夫思妇等内容的边塞词。而本部分所说的"异向表达"则是指《花间词》中比喻修辞字面的表达和深层的意蕴不相同。

(一)"花间范式"比喻修辞中的异向表达

我们知道,"花间范式"里的比喻修辞意境大多唯美,描写的人、物大都细腻动人。从常理来说,比喻修辞所抒发的感情也应该是正向的、美好的。但恰恰相反,这类比喻修辞大多表现的是"清丽的幽愁"和"诡丽的恨怨"。

1. 清丽的幽愁

这里所说的清丽指的是比喻修辞所呈现出来的意境之美。这种美感可以是环境描写所呈现出来的,也可以是人物描写所呈现出来的,更多的是它们共同呈现出来的。但它们所表达的深层情感内涵均是幽愁的情感。如温庭筠《菩萨蛮》"小山重叠金明灭,鬓云欲度香腮雪。懒起画蛾眉,弄妆梳洗迟。照花前后镜,花面交相映,新帖绣罗襦,双双金鹧鸪",该词刻画了一个婉约的女子形象。特别是"鬓云欲度香腮雪",用比喻修辞灵

---

① "花间范式"是沈松勤在其《唐宋词社会文化学研究》一书中着重论述的一个概念。他在论述花间词风格时说:"而这种传统风格则又扎根于唐宋词坛流行的艺术效应和盛行的趣味原则,积淀于唐宋人心理上的定势和情趣上的积习,具有共通性和普泛化的特征,所以,我们姑且称之为'花间范式'。"他还说:"如果说'谢娘心曲'是'花间范式'赖以构成的基础,那么积淀于士大夫社会的'歌妓情节',则是'花间范式'在晚唐五代得以确立并盛行于两宋的支撑点和驱动力。"

② 刘尊明在其《唐五代词史论稿》中提到,这些"花间别调"主要表现在欧阳炯、李珣、孙光宪、鹿虔扆等人的创作中。在这些人的创作中,主要有三类作品值得注意,即表现隐逸生活情趣的冷色调的作品;描绘南粤风物人情乃至乡村生活的色彩较清新明丽而又富于乡土气息的作品;咏史怀古、抒发兴亡之感的带有感伤情调的作品。

动地写出了女子的清丽之美。但从整首词的意蕴来看，作者表达的是闺中女子怀念远人的思念之情，让这份清丽之美多了几缕幽愁。

又如温庭筠《杨柳枝》"两两黄鹂色似金，袅枝啼露动芳音。春来幸自长如线，可惜牵缠荡子心"，该词好似一幅清丽的春景图，前两句用比喻的修辞手法，从听觉、视觉两方面让人感受到了翠柳的婀娜多姿。后两句由正面写柳而生怀人之情，句中的比喻修辞亦带有清丽的幽愁之美。

再如温庭筠《更漏子》"相见稀，相忆久，眉浅澹烟如柳。垂翠幕，结同心，待郎熏绣衾。城上月，白如雪，蝉鬓女子愁绝。宫树暗，鹊桥横，玉签初报明"，该词中的比喻修辞既刻画了"眉浅淡烟如柳"的女子之美，又刻画了"城上月，白如雪"的意境之美，表达了女子含蓄的相思之情。

2. 诡丽的恨怨

这里所说的诡丽是指比喻修辞所营造的奇异美丽的意象，组成这个意象的可以是人，可以是物，也可以两者兼而有之。如温庭筠《河渎神》"河上望丛祠，庙前春雨来时。楚山无限鸟飞迟，兰棹空伤别离。何处杜鹃啼不歇，艳红开尽如血。蝉鬓女子愁绝，百花芳草佳节"，该词中的"艳红开尽如血"用了比喻的修辞手法，有一种触目惊心的奇丽的美感。看似是写满山红遍的似血的杜鹃，实际上写的是女子因不忍离别而泣血的恨怨之心。

又如温庭筠《河渎神》"孤庙对寒潮，西陵风雨萧萧。谢娘惆怅倚兰桡，泪流玉箸千条。暮天愁听思归乐，早梅香满山郭。回首两情萧索，离魂何处飘泊"，该词中的"泪流玉箸千条"融合了比喻和夸张的修辞手法，有种诡丽的美感，展现出了一个伤心欲绝、孤苦无依的女子形象。

再如顾夐《临江仙》"月色穿帘风入竹，倚屏双黛愁时。砌花含露两三枝，如啼恨脸，魂断损容仪。香烬暗销金鸭冷，可堪孤负前期。绣襦不整鬓鬟欹，几多惆怅，情绪在天涯"，该词中的诡丽意境由物和人共同构筑而成。"砌花含露两三枝，如啼恨脸"用了倒喻的修辞手法，描写了闺中人在月夜中牵挂情郎的哀愁之情。

（二）"花间别调"比喻修辞中的异向表达

上文提到，"花间别调"包含的内容比较多。为了简要地说清问题，本部分选取其中的边塞词来说明"花间别调"比喻修辞中的异向表达情况。据笔者统计，《花间词》中共有 19 首边塞词。其中温庭筠 7 首，毛文锡 4 首，孙光宪 4 首，韦庄 2 首，顾夐 1 首，牛峤 1 首。数量虽然不多，但在《花间词》中是比较特殊的存在。在这些边塞词中，比喻修辞依托人或物所形成的意境也是正向的、美好的，但实际上表达的是无奈而深刻的愁思，只不过思念的对象有了"边塞"这个触不可及的去处，颇有一种"以美景衬哀情的意味"。如温庭筠《定西番》"细雨晓莺春晚。人似玉，柳如眉，正相思。罗幕翠帘初卷，镜中花一枝。肠断塞门消息，雁来稀"，该词中的"人似玉，柳如眉""镜中花一枝"运用了比喻的修辞手法，刻画了女子的外貌、神态之美。这仿佛是一个美好的梦境，但最后一句"肠断塞门消息，雁来稀"又把人拉回了残酷的现实。可见，在这个例子中，比喻修辞所构筑的美为写女子相思之苦作了铺垫，让这种痛苦格外令人感同身受。

又如温庭筠《蕃女怨》"万枝香雪开已遍，细雨双燕。钿蝉筝，金雀扇，画梁相见。雁门消息不归来，又飞回"，该词中的"万枝香雪"运用了比喻的修辞手法，形象地写出了梨花开后的唯美情境。这么一个类似于仙境的环境，与"雁门消息不归来，又飞回"的伤感情绪转折形成了鲜明的对比，表达了对远方征夫的深切思念之情。

再如温庭筠《菩萨蛮》"翠翘金缕双鸂鶒，水文细起春池碧。池上海棠梨，雨晴红满枝。绣衫遮笑靥，烟草黏飞蝶。青琐对芳菲，玉关音信稀"，该词中的"烟草"用了比喻的修辞手法，与该词其他内容构成了绝美的意境和美丽的女子形象，但最后一句"青琐对芳菲，玉关音信稀"让这种美好戛然而止，形成了强烈的反差。

总之，从修辞学的角度研究《花间词》的成果很多，但从模糊语言学的角度、异向表达的角度所作的研究不多。本文从《花间词》比喻修辞的特色、模糊建构和异向表达三个方面对该书的比喻修辞进行了研究，以期为扩大《花间集》的研究范围提供借鉴。

参考文献

1. 陈望道. 修辞学发凡［M］. 上海：复旦大学出版社，2021.
2. 王慧刚. 论《花间集》中的色彩［J］. 关东学刊，2018（3）.
3. 吴礼权. 现代汉语修辞学［M］. 4 版. 上海：复旦大学出版社，2020.
4. 伍铁平. 模糊语言学［M］. 上海：上海外语教育出版社，1999.
5. 伍铁平. 语言的模糊性和修辞学［J］. 南外学报，1986（1）.

A study of Figurative Rhetoric in *Huajianji*

Cai Feng

(*College of Arts*, *Huaibei Normal University*, *Huaibei*, 235000)

Abstract: The noumenon of figurative rhetoric in *Huajianji* is relatively fixed, and the figurative body presents the characteristics of naturalization. There are more metaphors and metonymies, but less similes. There are also occasional cases of inversion, comparison and rhetorical blending. I found that the fuzziness in figurative rhetoric is constructed through the distant ontology and metaphor, the naturalized fuzzy metaphor and the fuzzy context formed by fuzzy words. In addition, the figurative rhetoric in *Huajianji* can be divided into "huajian paradigm" and "huajian biediao", and the "heterologous expression" of figurative rhetoric is reflected in both types.

Key words: *Huajianji*, figurative rhetoric, fuzziness, heterologous expression

修辞与认知心理研究

认知隐喻视角下汉、泰语
"口""ปาก"词族对比研究

周玉琨[1]　　［泰］吴炳发[2]①
（1. 大连外国语大学汉学院　大连　116044；
2. 大连外国语大学亚非语言学院　大连　116044）

摘　要：汉、泰语"口"词族的隐喻映射共性在于其映射模式主要是从其非本义向位置通道域、具体事物域与言语表达域的映射。汉语"口"词族和泰语"ปาก"词族的隐喻映射出现个性差异的情况，如汉语"口"词族能够向人域映射，指代人；泰语"ปาก"词族能指代谋生，多是由文化之间的差异、生活习惯的不同、思维方式的区别等因素造成的，从而形成了不同的隐喻映射模式。

关键词：汉、泰语"口"词族；隐喻；对比研究

随着"一带一路"的不断推进、中国经济的迅猛发展和文化的快速传播，中国和泰国的联系日渐紧密，泰国人民学习汉语的热情不断高涨。截至 2021 年 9 月，泰国孔子学院（课堂）发展联盟的统计结果显示，泰国已经设立的孔子学院有 16 所，已开办的孔子课堂有 11 个，泰国成为中国派出汉语教师志愿者最多的国家之一。此外，到中国留学深造的泰国学生一年比一年多。因此，进行汉语和泰语的比较研究具有积极的现实意义和应用价值。

一、汉、泰语"口""ปาก"的义项对比

（一）汉语"口"的义项

口，象形字，甲骨文写作"ㅂ"，金文写作"ㅂ"，从甲骨文到金文变化不大，像人张开的嘴巴。"口"的主要功能是进食、说话，《说文·口部》："口，人所以言食也。"《现代汉语词典》（第 7 版）收录"口"义项共 13 个，"口"词义的引申途径大致如图 1 所示：

---

① 作者简介：周玉琨，文学博士，大连外国语大学汉学院教授，研究方向为汉语词汇、对外汉语教学。吴炳发，泰国人，文学硕士，大连外国语大学亚非语言学院讲师。

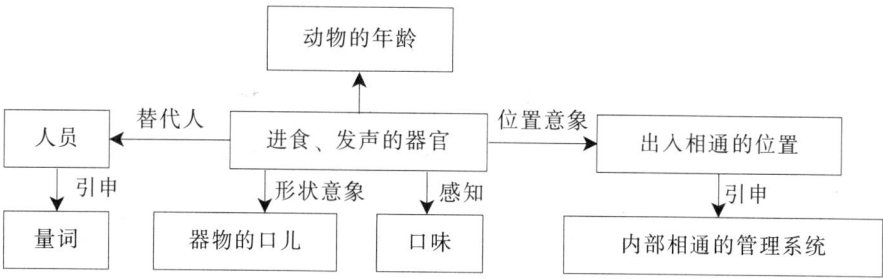

图1 "口"词义的引申途径

（二）泰语"ปาก"的义项

《泰皇词典》收录的"ปาก"义项共有 7 个，"ปาก"的引申途径如图 2 所示：

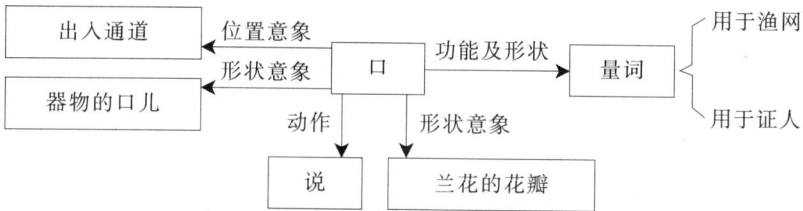

图2 "ปาก"的引申途径

（三）汉语"口"与泰语"ปาก"的义项对比

汉语"口"与泰语"ปาก"的义项对比如表 1 所示：

表1　汉语"口"与泰语"ปาก"的义项对比

汉语"口"	泰语"ปาก"
①人或动物进饮食的器官，有的也是发声器官的一部分。通称嘴	①)ส่วนหนึ่งของร่างกายคนและสัตว์ อยู่ที่บริเวณใบหน้า มีลักษณะเป็นช่องสำหรับกินอาหารและใช้สำหรับเปล่งเสียง ได้ด้วย（人或动物位于脸部的器官，是进饮食的通道，有的也是发声器官的一部分）
②指口味	—
—	②โดยปริยายหมายถึง ส่วนต่าง ๆ ที่อยู่ในบริเวณปาก（泛指位于嘴里的一切）
③指话语	⑦พูด（说、讲）

（续上表）

汉语"口"	泰语"ปาก"
④指人口	—
⑤容器等器物通外面的地方	③ขอบช่องแห่งสิ่งต่าง ๆ（器物的口儿）
⑥出入通过的部位	④ต้นทางสำหรับเข้าออก（出入通过的部位）
—	⑤กลีบดอกกล้วยไม้คล้ายรูปกรวยหรือหลอดที่อยู่ตรงกลางเป็นที่อยู่ของเกสร（兰花的柱状或漏斗状的花瓣）
⑦长城的关口（多用于地名），也泛指这些关口	—
⑧口子	—
⑨性质相同或相近的单位形成的管理系统	—
⑩刀、剑、剪刀等的刃	—
⑪指马、驴、骡等的年龄（因可以由牙齿的多少看出来）	—
⑫用于人；用于某些家畜或器物等	—
—	⑥ใช้เป็นลักษณนามของสิ่งบางอย่าง เช่น แห อวนหรือพยานบุคคล（量词，用于渔网和证人）
⑬姓	—

　　从表 1 中我们可以看到，汉语"口"与泰语"ปาก"在义项解释方面有 4 个是重合的，其余义项有一定的差异。汉语义项⑬与隐喻关联性不大，不列入考察范围。

　　1. "口"和"ปาก"义项的相同处

　　汉泰两种语言对"口"的基本义解释相同，指"人或者动物的进食器官，同时也是发声器官"。汉语义项⑤与泰语义项③一样，都是从"口"的形状结构特征引申而来。新事物的某一部位具有了"口"的形状结构特征，也就得到了相应的命名，如"瓶口、碗口、井口、ปากขวด（瓶口）、ปากโอ่ง（缸口）"等。另外，汉语义项⑥与泰语义项④同样是根据"口"的位置及功能引申而来，"口"所在的位置是人体内外环境相连接的通道，由此引申出内外出入通道的位置的义项。我们把用"口"说话看作与他人交流的途径，"口"能引申为说话、话语的词义，这从汉语义项③和泰语义项⑦可以看出。

2. "口"和"ปาก"义项的不同处

词义在发展演变过程中也表现出了明显的不同，汉语"口"的语义取象凸显了"感知"特征，即进食的同时也会感知到食物的种种味道，由此引申为"口味"。泰语则通过"ลิ้น"（舌）来感知食物的味道，从而引申出一系列相关的词语，如"คุ้นลิ้น"（指熟悉的味道）、"นุ่มลิ้น"（指食物爽滑酥嫩）等。"口"指兰花的花瓣是泰语独有的，这个义项是基于"口"的形状结构特征引申而来的。中国人十分注重饮食，依靠"口"吃饭维持生命，每人一"口"，于是将"口"转指人，继而指人数量的量词。相反，泰语用"口"来指代证人的量词，这是就"口"的基本功能特征而言的。基于"口"的形状结构特征，汉语"口"可以引申为口子，即人体、物体的表层破裂的地方，泰语则没有对应的义项。

二、汉、泰语"口""ปาก"词族的认知隐喻对比分析

由于人类对世界的基本认知是基于身体部位所感受到的身体体验并将之加以概念化，无论是汉语还是泰语，"口""ปาก"在引申义上都存在着隐喻的用法。"口""ปาก"词族的构词以复合式居多，如"口才、口舌、口轻、口重、港口、伤口、突破口、ปากทาง（路口）、ปากทางเข้า（入口）、ปากแผล（伤口）、ปากบ่อ（井口）"等。

（一）"口"词族的认知隐喻分析

作为构词语素，"口"往往以其隐喻义参与构词，并不总是以其本义（表示人体器官）参与构词，这样，"口罩、口红、口腔、口疮"等不在本文研究范围内。"口"词族是由"口"义向其他域（范畴）映射或其他域向"口"义映射延伸出来的词语。

1. "口"词族中双多音节词的认知隐喻机制

第一，"口"向位置通道域的映射。

人是独立于周围世界以外的实体，每个人本身就是一个容器，作为人或动物进食的器官，"口"在其生理结构上被赋予了一种通道的空间感，从而形成了人自身与食物的内部关联。因此，我们将"口"看作一个具有空间、内外、形状等属性的容器，"口"义向位置通道域映射的语义转移路径如下：

$$口 \xrightarrow{\text{位置相似}} 通道$$

在汉语中，表示位置通道的"口"词族的语义取象主要基于位置相似的特征。这类词如"口岸、隘口、岔口、出口、道口、港口、关口、海口、进口、路口、入口、山口、洞口、街口、窗口、门口"。

除"出口、进口、入口"外，其语素大多是由"处所名词"与"口"组合而成。将表示通道的"口"作为构词语素与表示处所的其他语素组合在一起，说明是"什么处所"的"通道"。下面结合例句观察"口"隐喻"位置通道"的表现，例如：

（1）我走到**街口**，蹲在地上抽完了烟，……

（2）中国每年至少**进口** 20 部外国电影，是目前的两倍。

例（1）的"街口"是"口"义向位置通道域（目标域）映射，例（2）"进口"除了表示场地进出的通道外，还进一步引申出表示外国的货物运进来和本国的货物运出去的意义。

第二，"口"向具体事物域的映射。

"口"具有形状的属性特征，可以直接向具体事物域映射，其语义转移路径如下：

$$口 \xrightarrow{\text{形状相似}} 口状物$$

"口"词族的语义取象主要基于形状相似的特征，可以赋予事物以新的概念。汉语里，这类"口"词族的数量较多，如"口袋、口子、插口、创口、疮口、袖口、接口、裂口、枪口、伤口、收口、炮口、碗口、瓶口、壶口、井口"。

"口"有表示容器或器物通道和表示身体上破裂的地方与边缘的义项，是因为其形状与"口"的形状相仿。这些词大部分由"具体物"与"口"的形状隐喻组合，构成指某物像"口"形状的地方。此外，有少数"口"词族是由"动素"与"口"语素组合而成，这时指向"口""孔"形状的地方，如"插口、接口、收口"等。

（3）这时的乔桂莲因手术后**伤口**还未愈合，右胳膊抬不起来。

（4）经济舱同样配置了卫星电话，而且每个座位上也安装了笔记本电脑电源**插口**。

上面两例是以外在的形状特征为基础去理解并建构两种事物之间的关系，身上受伤留下的破处叫"伤口"，插电源插头的地方叫"插口"。

第三，"口"向饮食相关域的映射。

在认知过程中，"口"喻"饮食"的语义转移路径如下：

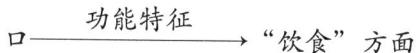

$$口 \xrightarrow{\text{功能特征}} \text{"饮食"方面}$$

这类词如"口福、口腹、口条、口香糖、忌口、空口、口粮、糊口"。

人们"吃"的过程中口腔内也会感知到食物的各种味道，"口"在喻"饮食"基础上进一步发展而特指"味道"，其语义转移路径可以概括如下：

$$口 \xrightarrow{\text{功能特征}} \text{"饮食"方面} \xrightarrow{\text{感知}} 味道$$

汉语中表示"味道"的"口"词族的数量相当可观，这类词如"口淡、口轻、口味、口重、合口、可口、苦口、爽口"。

"口轻"和"口重"是一对对立的词语，这对词语中的"轻"和"重"分别向清淡和浓重映射。当表示"味道"的"口"语素与其相组合时，二词分别指"菜的味儿不咸"和"菜的味儿咸"。同时，在表示味道的基础上又引申指人的饮食习惯，有的人喜欢吃淡一点的味道，我们说他"口轻"；有的人喜欢吃咸一些的味道，我们说他"口重"，如下面两例：

（5）这个菜**口轻**，搁点儿盐花儿，它有叶儿吗？

（6）"**口重**"的人，容易发生胃肠黏膜被腐蚀而导致萎缩性胃炎等情况。

第四，"口"向言语表达域的映射。

人们通过说话来表达自己的思想感情，与他人沟通交流，"口"便在其功能特征的基础上向言语表达域映射，此域包括话语、说话的动作、说话的情态在内。"口"向言语表达域映射的语义转移路径如下：

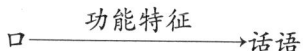

$$口 \xrightarrow{\text{功能特征}} 话语$$

汉语中这类词的数量非常多，如"口碑、口吃、口供、口号、口令、口气、口试、口述、口算、口误、口音、改口、借口、矢口、顺口、脱口"。

由于"口"说话传达信息这一功能较为突出，是最先感知的功能，所以"口"自然被我们赋予说话的新概念。"口碑"指群众口头上的评价，某些人产生争执、争吵时称"口角"。

（7）我想有了这个**口**碑和声望，在获得更好的折扣和更好的档期上，……

（8）两个女人常常发生**口**角，一次争吵过后，老秦一气之下搬到了另一个房间。

第五，"口"向人域的映射。

每个人只拥有一张嘴（口），用来吃饭和交流感情，久而久之，就将"口"喻"人"。其语义转移路径如下：

$$口 \xrightarrow{\text{替代}} 人$$

表示人的词如"户口、两口子、人口、食口"。

"口"通过隐喻手段理解为"人""家里的人"，是基于隐喻的身体体验，"口"作为身体部位在人际交往中起着传达信息的作用，从而代表说话人本身。

（9）中心城市代顿市**人口**20.3万，由几十个单元组成的四周的密集居住区有人口39.2万，……

（10）他们夫妻小**两口儿**，生的女儿可也挺俊吗？

例（9）中的"人口"指的是居住在一定地区内的人的总数，也指人的总称。例（10）中的"两口儿"指的是夫妻。这里，一家吃饭的两个"口"就代指两个"人"。

第六，"口"向称量域的映射。

有关研究表明，人体器官大部分能被用作计量单位或者量词，其中包括"口"。根据不同的映射方式，"口"能用作不同事物的量词。"口"向称量域的映射有三种情况。

第一种情况，"口"基于形状特征向称量域映射，根据这一特征我们将其作为某器物的计量单位。如：

（11）孔祥熙的祖居院中因有**一口**水井，村里人呼之为井儿院。

"水井"最上面的边缘大致与"口"的形状相似，用作计量单位或者量词。

第二种情况，"口"基于功能特征向称量域映射，"口"进食和说话的功能便被用作某种动作的量词。如：

（12）他能讲**一口**流利而略带乡音的英语。

"讲、吐、吃"等动作要借助"口"才能完成，因此我们就将"口"用于这些动作所对应的动词，作为它的计量单位。

第三种情况，"口"基于指代人向称量域映射。我们以"口"来维持生活，常以家庭、特定群体等称代人的量词。如：

（13）它基本解决了我们全家 4 **口**人、1 头猪、3 只羊的用水问题。

2. "口"词族中熟语的认知隐喻机制

"口"词族中的熟语主要以四字成语的形式出现，表示说话范畴。

第一，"口"喻指说话。

汉语中存在大量含有由表示说话的"口"语素构成的复合词和成语，反映了人们基于身体体验的一种认知思维，如"口若悬河、出口成章、金口玉言、空口无凭、苦口婆心、信口雌黄、血口喷人、异口同声"。

以上成语中，"口"与"出、喷"等表示由内到外、移动之类的动词所构成的成语都表示说话这一动作行为。请看下面例句：

（14）在各种公开的场合中，他总是**口若悬河、口出狂言**。

例中"口若悬河"指的是像瀑布流泻一样不停地说，"口出狂言"表示说话狂妄。

第二，"口"喻指情态。

"口"与"出、破、脱、喷"等动词搭配还可以产生隐喻义，说话时往往包括自己的某种态度，如"目瞪口呆、口蜜腹剑、守口如瓶、口是心非、心直口快、轻口薄舌、三缄其口、口服心服"。

表示情态的"口"族成语通常与"心"相组合。如：

（15）哥哥原来是**口是心非**，不是好人了。

例中"口是心非"，从字面上看就会知道具有贬义色彩，表示口中说的与心里想的不一致。

（二）"ปาก"词族的认知隐喻分析

泰语"ปาก"词族中的复合词、四音格词和熟语表达的语义，来自"ปาก"语素与其他语素语义上的相互联系与制约。"ปาก"词族的构成方式以复合词为主。泰语有一种特殊的构词方法——四音格构词法，其特点是语音有轻重缓急、抑扬顿挫，读起来流畅通顺、语调优美、朗朗上口。

1. "ปาก"词族中复合词的认知隐喻机制

"ปาก"作为始源域向目标域映射的隐喻，主要有以下四种映射方式：

第一，"ปาก"向位置通道域的映射。

"ปาก"是人体部位的客观存在，被视为一个有内外之分的容器。"ปาก"作为始源域向目标域的映射，源于"ปาก"内外相通的这一特征与目标域的特征有着很高的相似性，将其与具体事物联系起来，形成一种新的隐喻映射。"ปาก"向位置通道域的映射通常与表处所的具体名词共现，产生表示通道意义的词，如"ปากน้ำ（河口）、ปากอ่าว（海湾口）、ปากทาง（路口）、ปากซอย（巷口）、ปากปล่องภูเขา（火山口）、ปากโพรง（洞口）、ปากอุโมงค์（隧道）、ปากประตู（门口）"。

现实生活中泰语"ปาก"表通道这一特点是理解另外一个概念的基础。如：

（16）จาก**ปากทาง**เข้าไปนิดเดียว ร้านขาหมูเมืองทองจะอยู่ทางซ้ายมือ

（从**路口**走进去不远，蒙通猪蹄饭店就在你左手边。）

例句中的"ปากทาง"是基于"ปาก"通道的这一概念隐喻而产生的，人们把"ปาก"（路）看作一种承载行人走路的容器，于是有了"ปากทาง"等表达式。表示通道的"ปาก"词族一般都能与"เดิน"（走）、"ไป"（去）等动词，以及"จาก"（从）等介词搭配。

第二，"ปาก"向具体事物域的映射。

"ปาก"（口）是有形状的容器，通常是方块形状，或者稍微圆一点的椭圆形。由此，我们根据其形状结构的特征与某些具有相同特征的具体物自然而然地联系起来，构成新的概念，如"ปากท่อ（管口）、ปากถุง（袋口）、ปากถ้ำ（洞口）、ปากแผล（伤口）、ปากหม้อ（锅口儿）、ปากบ่อ（井口）、ปากหลุม（坑口）、ปากขวด（瓶口）"。

"ปาก"作为身体器官，很容易映射到口形状的具体物概念域中。大多数情况下，"ปาก"所涉及的具体物都是我们身边的东西，如"ท่อ（水管）、ถุง（袋子）、ถ้ำ（洞）、แผล（伤）、หม้อ（锅）、ชาม（碗）、บ่อ（井）"等。这些东西的末端或顶端的边缘相较其他地方更突出，更像"口"形状。

（17）คางคก……มันตกลงมายังพื้น มันก็โดดแผล็วออกมาจากถุงพลาสติกเพราะไม่ได้รัดยางที่ปากถุง

（蛤蟆……它掉到地上，它从塑料袋里跳了出来，因为**袋口**没有绑住。）

例（17）中，"ปากถุง"的最上端显然与"ปาก"（口）形状相似，由此，"ปาก"的形状结构特征就映射到了具体物"ถุง"（袋子）中。

第三，"ปาก"向饮食域的映射。

泰语"ปาก"映射到饮食域的词语较少，如"ถูกปาก（合口）、เปรี้ยวปาก（想吃到嘴里发酸）"，例子如下：

（18）เป็นอะไรไป กับข้าวไม่**ถูกปาก**เรอะ

（你怎么了？饭菜不**合胃口**吗?）

泰国人认为"舌"是感知食物中所含味道的主要器官，我们要么偏向通过"ลิ้น"（舌）的映射来构建味道这一概念，于是有了"คุ้นลิ้น（指熟悉的味道）、นุ่มลิ้น（指食物爽滑酥嫩）"等；要么另造新词，如"อร่อย"（好吃、好喝）等。

泰语还有一部分四音格词在向饮食域映射的基础上进一步引申为谋生，如"เงยหน้าอ้าปาก（扬眉吐气、翻身）、เลี้ยงปากเลี้ยงท้อง（维持生活）"等。以"เงยหน้าอ้าปาก"为例，如果找到了一份正合心意的工作，往往会仰着头（เงยหน้า）告诉家人，将翻身、暴富称为"เงยหน้าอ้าปาก"。

第四，"ปาก"向言语表达域的映射。

"ปาก"的基本功能是说话，与人交流，表达情感。于是，"ปาก"凭借这一功能特征映射到话语范畴中，产生了一系列与"言语表达、说话情态"有关的词语，如"ปากคม（尖嘴利舌）、ปากคัน（嚼舌根）、ปากตลาด（街谈巷议）、ปากร้าย（恶语伤人）、ปากต่อปาก（口口相传）、ปากพล่อย（信口开河）、ปากมาก（多嘴）、ปริปาก（开口）"。

不难看出，向言语表达域映射的"ปาก"所形成的"ปาก"词族多为贬义词，如"ปากบอน"（嚼舌根）由"ปาก"和"บอน"组合而成。"บอน"是一种天南星科植物，如果皮肤碰到其树胶会感到瘙痒，喻为"让人不高兴，让人不舒服"，所以"ปากบอน"能直观地说明一个人喜欢嚼舌根，在背后说别人坏话。值得注意的是，泰语"ปากเบา"和"ปากหนัก"可以分别直译为"口轻"和"口重"，但泰语不表示味道而表示说话。"ปากเบา"中的"เบา"（轻）表示话语轻轻从口中说出来，也就是不经思考就说出来，随口乱说。而"ปากหนัก"中的"หนัก"（重）表示话语很沉重，不被轻易说出来，也就是不爱跟别人说话，或者不轻易与他人开口求救。如：

（19）ถ้าไม่ใช่เพราะหน้าตาหล่อขนาดนี้คงต้องมีคนจัดให้เป็นผู้ชาย**ปากเสีย**อันดับหนึ่งแหง ๆ

（要不是长得一张帅脸蛋，他早就被列为第一**嘴贱**的男人了。）

第五，"ปาก"向称量域的映射。

泰语中"ปาก"基于说话这一功能进一步引申为证人的量词。如：

（20）......ส่วนคดีจะมีการสอบพยานเพิ่มเติมอีก 1 **ปาก**

（……这案件还需要审查**一名**证人。）

此外，基于形状特征，"ปาก"能引申为渔网、摇篮的量词。如：

（21）ชาวบ้านหลายจังหวัดภาคกลางแห่จับปลาในสระ เปิดให้จับไม่อั้นคิดค่าแห**ปาก**ละ 200 บาท

（来自中部各府的老百姓纷纷前往鱼塘捞鱼，按**一张**渔网计算，**一张**200 泰铢。）

2. "ปาก"词族中熟语的认知隐喻机制

从音节的角度看，泰语的熟语一般是 1～15 个音节，最常见的是 4～8

个音节，泰语的熟语结构较固定，"ปาก"族熟语表示说话、话语及其情态。

第一，"ปาก"喻指说话。

与"ปาก"族复合词一样，"ปาก"族熟语大多数情况下都映射到言语表达域，凸显了"ปาก"的说话功能，如"ปากปราศรัยใจเชือดคอ（口蜜腹剑）、ปากปลาร้า（烂嘴）、ปากพระร่วง（所言应验）、ปากหวานก้นเปรี้ยว（口是心非）、น้ำท่วมปาก（哑巴吃黄连）、ผ้องปากแตก（多嘴多舌）、สิบปากว่าไม่เท่าตาเห็น（百闻不如一见）、ปลาหมอตายเพราะปาก（祸从口出）"。

"ปาก"隐喻话语、说话，与另外一个具有比喻义的成分紧密结合，形成形象生动的词。如"ปากพระร่วง"中"พระร่วง"是素可泰王朝时代第一位德高望重的国王。传说，不管他说什么都会发生什么，他说的话很灵。后来，人们用"ปากพระร่วง"来表示话很灵验。

(22) สมน้ำหน้าไอ้พัน เขาถึงว่า **ปลาหมอตายเพราะปาก** ไม่รู้จักจำเสียมั่งเลย

（攀这个小子真活该，俗话说得好"**祸从口出**"，真不长点记性。）

上例"ปลาหมอตายเพราะปาก"中的"ปลาหมอ"是攀鲈的一种。根据人们长期对其的观察，发现攀鲈会时不时游到水面上呼吸再游下去。钓鱼的人一看到就会马上用鱼饵引诱攀鲈，把它钓走。由此看来，这个熟语用来形容祸从口出，不注意言行必定引火上身。

第二，"ปาก"喻指情态。

这里的情态指的是说话时的情感和态度，"ปาก"族熟语起到了表情达意的作用，如"กินอยู่กับปากอยากอยู่กับท้อง（心知肚明却佯装不解）、ปากว่าตาขยิบ（言不由衷）、ขุดด้วยปากถากด้วยตา（吹胡子瞪眼）、ยิ้มด้วยปากถากด้วยตา（嘲笑讽刺）"。

以上熟语都是基于"ปาก"喻说话的功能从而传递出自己的情感和态度，泰语的这类熟语中往往会出现"ตา"（眼睛）这个构词元素，当"ปาก"与"ตา"组合在一起时，所构成的熟语更加能表达出说话人的某些态度。如：

（23）อย่ามาตีสองหน้าหน่อยเลย **กินอยู่กับปากอยากอยู่กับท้อง**

（你别装了！**心知肚明**，还装！）

第三，"ปาก" 喻指谋生。

泰语 "ปาก" 族熟语还有表示谋生的意思，如 "ตีนถีบปากกัด" 描述一个人咬着牙拼命赚钱。再如 "พอเลี้ยงปากเลี้ยงท้อง" 直译为够养口饱腹，指的是能够勉强维持生活，填饱肚子，养活自己。除此以外，还有一个熟语叫 "ตามใจปากมากหนี̂"，意思是管不住嘴，大吃大喝，会让你变穷。

（三）"口" 和 "ปาก" 词族的认知隐喻对比

通过分析，"口" 和 "ปาก" 隐喻建构的过程，汉语和泰语的认知思维有同有异。一方面我们体验、感知外界事物的身体结构拥有统一性，另一方面我们对周围万物的理解方式有一定的差异性。下面将 "口" 和 "ปาก" 词族的隐喻机制归类总结如下（见表2）：

表2　汉语 "口" 和泰语 "ปาก" 词族隐喻映射表

"口" 和 "ปาก"	跨域映射	词例
口	口→位置通道	口岸、出口、道口、港口、门口
	口→具体事物	口袋、枪口、伤口、售票口
	口→饮食（包括味道）	口福、口粮、合口、口轻、口重
	口→言语表达（包括情态）	口才、口传、口供、空口无凭
	口→人	人口、两口子、老两口儿
	口→称量	口、口子[2]
ปาก	ปาก→位置通道	ปากน้ำ（河口）、ปากซอย（巷口）、ปากทาง（路口）、ปากประตู（门口）
	ปาก→具体事物	ปากถุง（袋口）、ปากชาม（碗口）、ปากบ่อ（井口）、ปากขวด（瓶口）、ปากถ้ำ（洞口）
	ปาก→饮食	ถูกปาก（可口）、เปรี้ยวปาก（想吃到嘴里发酸）

（续上表）

"口"和"ปาก"	跨域映射	词例
ปาก	ปาก→言语表达（包括情态）	ปากร้าย（恶语伤人）、ปากสว่าง（喜揭人底）、ปากหนัก（不爱说话）、ปากเบา（信口开河）、ปากว่าตาขยิบ（言不由衷）
	ปาก→称量	ปาก（个、名、张）
	ปาก→谋生	พอเลี้ยงปากเลี้ยงท้อง（尚可糊口）、ตีนถีบปากกัด（历尽艰苦）

人类有相同的认知基础，在以身体为体验媒介的引导下，出现了超出文化界限的相同或相似的概念隐喻，汉语"口"词族和泰语"ปาก"词族在词义隐喻的引申上出现了相同或相似的情况。同时，在不同环境中成长的人，客观上身体体验或多或少都会存在着一定的差异，而这种差异在一定程度上也取决于所受到的文化熏陶的深浅。

1. "口"和"ปาก"词族的相同之处

汉语"口"词族和泰语"ปาก"词族的隐喻建构路径反映了两国人民的一种相似的认知模式，这种相似既有对称性又有非对称性。具体来说，汉语"口"词族和泰语"ปาก"词族的隐喻映射基本上都会向通道域、具体事物域与言语表达域映射。我们将"口"视为食物进出的主要器官，同时，我们将街道、河口等看作人或物移动进出的通道，从而将"口"映射到这些通道中，产生一系列表示通道的语言表现形式，如"路口、门口、河口、巷口、ปากทาง（路口）、ปากน้ำ（河口）、ปากซอย（巷口）、ปากประตู（门口）"等，这些语言表现形式的对称性保持一致。另外，有一些表示通道的"口"词族在表示相同意义的基础上呈现出不同的语言表现形式，属于非对称性，如汉语"入口"或"进口"，泰语则是"ปากทางเข้า"（口＋道＋入/进）。

中国人和泰国人同样将"口"看作有形有色的容器，把物体最上端、最末端、最突出的那一部分也看成"口"形状，有的具有"口"闭合的特征，如"井口、插口、伤口、ปากบ่อ（井口）、ปากแผล（伤口）、ปากโอ่ง（缸口）、ปากแก้ว（杯口）"等。这些语言表现形式都是基于"口"（ปาก）形状这一特征引申出来的，大都表示物体上端边缘有像"口"的方形或圆形的形状。

"口"最突出的功能就是表达人本身的思想、感情等具有传递信息特征的语言符号。基于这一认识，我们概念中的"口"和"ปาก"是可以说话、交流思想等。这类词语如"有口才、口供、顺口、矢口、口口声声、守口如瓶、有口无心、ปากร้าย（恶语伤人）、ปากสว่าง（喜揭人底）、ปากหมา（嘴贱）、ปากหวาน（嘴甜）、ปากหนัก（不爱说话）、ปากเบา（信口开河）、ละเลงขนมเบื้องด้วยปาก（会说不会做）、สิบปากว่าไม่เท่าตาเห็น（百闻不如一见）"等。

2."口"和"ปาก"词族的不同之处

隐喻建构的实现在很大程度上是由文化决定的，那些影响了人们思维方式的文化、价值观念等因素恰好在语言表达形式上也有所反映。结合以上分析，汉语和泰语中有一部分"口""ปาก"词族具有个性特征，两者没有互通性。

第一，汉语"口"能够映射到饮食相关域中，包括食物、味道等。表示食物的有"口粮、口香糖"等，表示味道的有"口味、口轻、口重、可口"等。另外还有"口感、口福"等诸多有关饮食的"口"词。然而，泰语"ปาก"仅能表示饮食中的食欲，如"ถูกปาก（可口）、เปรี้ยวปาก（想吃到嘴里发酸）"，不能映射表示饮食的其他方面。有意思的是，汉语表示味道的"口轻"和"口重"可以直译成泰语"ปากเบา"和"ปากหนัก"，形式上完全相符，但表达截然不同的概念，汉语的"口轻"和"口重"表示味道，而泰语的"ปากเบา"和"ปากหนัก"表示言语表达。此外，"ปาก"基于饮食，被映射到谋生这一概念中，比如"เงยหน้าอ้าปาก（扬眉吐气、翻身）、เลี้ยงปากเลี้ยงท้อง（维持生活）、พอเลี้ยงปากเลี้ยงท้อง（尚可糊口）"等，这些是汉语没有的。

第二，汉语"口"能映射到人域，指代人。自古以来，中国人高度重视一家人围着饭桌高高兴兴地吃饭，有家的味道。"口"是人体的一部分，由此有了"两口儿、两口子、人口"等。而泰国人虽然也很重视一家团圆，但在语言表达上没有将"ปาก"引申为"人"的表现。

第三，汉语"口"和泰语"ปาก"都能引申为量词，但侧重点不同。汉语"口"基于说话这一功能特征，转义为动量词，如"喝了一口水、说一口流利的汉语"等。基于形状这一特征，引申为形状像"口"的具体物的名量词，如"一口锅、三口井"等。"口"还可以指代人，便成为人的量词，如"四口人、五口之家"等。而泰语"ปาก"大多数情况下只能作为证人的量词。证人要在法庭上如实陈述事情的经过，提供有用的线索，从而使法官能正确地判案。"ปาก"通常被视为证人的正式量词使用，至于"คน"（个）是一个能普遍用于人的量词。另外，"ปาก"基于形状的特征，被用作渔网、摇篮的量词，这是汉语没有的。

三、汉、泰语"口""ปาก"词族的认知隐喻异同成因阐释

前面我们已经对汉语"口"词族和泰语"ปาก"词族在认知隐喻上的运作规律进行了描写，下面对其成因进行阐释。

（一）"口"和"ปาก"词族的隐喻机制相同成因

1. 认知隐喻的普遍性

当代认知语言学认为，人类的概念系统中的许多概念通常具有隐喻性。Lakoff 和 Johnson 将"隐喻"概括为不仅是语言层面上的修辞格，更是人类思维层面上的认知方式。隐喻与认知密不可分，它既是语言的又是思维的。我们的认知视野不断扩大，新的事物、新的概念层出不穷，我们便可以利用旧概念来构建新概念，利用旧知识来获取新知识。利用熟知的"口""ปาก"这一概念与其他概念建立联系，这样就无须再造新的表达符号。汉语中想表达"进出×的地方"时，隐喻思维就开始运作，将我们已知的"口"的某种性质特征与×的某种性质特征匹配了起来，建立起新的概念，形成了一系列新的表达式"×口"，如"山口、海口、路口"等。同样，泰语也有这种表达式"ปาก×"，如"ปากเขา、ปากแม่น้ำ、ปากทาง"等。这是隐喻思维为我们语言表达带来的巨大好处，也是语言经济原则的一种有力体现。

2. 人类身体体验的相似性

体验哲学认为，人类的一切认知活动都是基于身体经验，概念、推理、范畴、意义、思维等都是身体对外部世界的体验结果而形成的，相似的身体体验影响了概念隐喻的具体映射方式。汉语和泰语之所以会出现相同的隐喻映射方式，主要是因为我们具有相同的身体体验。汉语里，"瓶口"不称"瓶孔"，"山口"不作"山孔"，泰国人将"ปากซอย"（巷口）称作"ปากซอย"，是因为人类起初最先认识的是自己的身体，将身体部位与其他事物建立联系而形成的。当初对"口"和"ปาก"所观察到的莫过于其形状以及功能的凸显性，由"口"和"ปาก"的外形特征引申出"口状物"，如

"瓶口（ปากขวด）"；由"口"和"ปาก"的位置功能特征引申出"进出的地方"，如"山口（ปากเขา）、ปากซอย（巷口）"等。表示言语表达的"口"（ปาก）词族在汉语和泰语两种语言的语料中占很大的比例，如"口才、口气、脱口、顺口、口口声声、百口莫辩、ปากเปราะ（口无遮拦）、ปากเปล่า（口头）、ปากเปียก（磨破口舌）、น้ำท่วมปาก（哑巴吃黄连）、ปลาหมอตายเพราะปาก（祸从口出）、พูดดีเป็นศรีแก่ปาก（说好话有好报）、ละเลงขนมเบื้องด้วยปาก（会说不会做）"等，这一点证明了我们具有相似的身体体验。

3. 中泰"佛教"观的相似处

佛教起源于古印度，大乘是中国佛教的主要派别，小乘是泰国佛教的主要派别，佛教思想在泰国人民心中有着无与伦比的地位。虽然两个派别具有不同的佛学思想与修行方式，但是佛陀及佛法在两个民族信众的心目中都代表着高尚、慈悲、好的一面。汉语中的"佛口蛇心"指嘴上说得像冥冥梵音一样美好，心里却像蛇蝎一样狠毒。泰语中有一种说法是"มือถือสากปากถือศีล"，意思为手拿着臼杵，嘴上守戒。"臼杵"是可以拿来伤害人的物体，"守戒"守的是纯洁的佛法，以佛法引领你的生活。因此，这句泰语熟语与汉语的"佛口蛇心"有着异曲同工之妙，都是将佛、僧等一众能指代与佛的纯洁高尚有关的人或物来隐喻美好、光明的一面，将危险的、致命的事物用蛇蝎等阴暗的形象来隐喻。

（二）"口"和"ปาก"词族的隐喻机制相异成因

1. 文化的差异

文化是因人的存在和活动而形成的，同时，人也受制于文化。中国和泰国虽同是亚洲国家，文化上的差异不大，然而文化的形成有着诸多的元素共同影响和参与，例如文化的形成在一定程度上会受到地理环境的制约等。语言是文化的载体，是文化得以体现的一种符号。人们的概念隐喻思维虽有相同的产生基础，却也常常会受到文化因素方面的支配，从而对同样的概念形成不同的隐喻表现。我们发现，"口"和"ปาก"同样能向具体事物域映射，然而，受文化影响，隐喻的具体映射也因此有所不同。"象文化"是泰国的一种独特的文化现象，泰国到处都会找到和大象有关的手工艺品、雕塑、绘画等。以"象"为神灵，大象被当作交通工具与出战的重要武器，独特的"象文化"在语言表达上也有所体现，泰语将三角形的伤口称作"ปากช้าง"（直译为大象嘴），而汉语没有此表达形式。

2. 思想的差异

"天人合一"是中华传统文化的一部分，反映了"自然"与"人"之间的关系，也体现了中国人的整体性思维。泰国传统思想与佛教思想有着密不可分的联系，如见面礼仪"合十礼"受到佛教的影响。佛学思想提倡"自我"，形成了泰国人的个人思维。汉语中"口"能指代人，类似"人口""家口""两口子"这类词语也反映出中国人的整体性思想。泰语则没有这种以"ปาก"来指代"人"的表达形式。另外，就饮食来讲，汉语有很多表示饮食及味道方面的"口"词族，泰语则只有少数侧重饮食方面的"ปาก"词族。在泰国人的思维中，"ปาก"主要隐喻言语表达，而"ลิ้น"（舌头）才是感知味道的主要器官。此外，由于思维视域不同，汉语和泰语也出现同样的词语表示不同的意思。前面提到的汉语"口轻、口重"与泰语"ปากเบา（直译为口轻）、ปากหนัก（直译为口重）"，中国人将"口"喻"味道"，于是"轻"和"重"分别指味道淡和味道浓。而泰国人则将"ปาก"（口）喻"言语"，于是"เบา（轻）"和"หนัก（重）"分别指不经思考随口乱说和不轻易表达意见。

总之，映射作为从始源域转移到目标域的认知隐喻运作方式，在汉语"口"词族和泰语"ปาก"词族中都有体现，同时，二者之间也存在一定的差异。"口"和"ปาก"都依据与"口"某些特征的相似性映射到其他域。汉、泰语"口"词族存在相似的位置通道域隐喻、具体物域隐喻和言语表达域隐喻，这些相同点都基于我们具有相似的身体体验和认知机制而形成。汉、泰语"口"词族在隐喻的具体映射方面也存在一定的差异，这种差异在某种程度上与两个民族的历史文化背景、哲学思想、宗教信仰等因素的不同有关。

参考文献

1. 陈燕. 基于现代汉语语料库的"口、嘴"类词认知分析［D］. 福州：福建师范大学，2008.

2. 陈忠. 认知语言学研究［M］. 济南：山东教育出版社，2006.

3. 程洋. 汉语"口"的隐喻认知系统小考［J］. 亚太教育，2015（20）.

4. 冯凌宇. 汉语人体词语的演变特点［J］. 武汉大学学报（人文科学版），2006（5）.

5. 葛恒新. 身体词词义演变的认知解析：以口、嘴为例［J］. 山东商业职业技术学院学报，2018（5）.

6. 何冬梅. 泰语构词研究［M］. 昆明：云南人民出版社，2015.

7. 黄伟玲. 泰汉人体词语引申义对比研究［D］. 南宁：广西大学，2014.

8. 慧琳. 汉泰五官词语比喻义的比较研究［D］. 济南：山东大学，2016.

9. 莱考夫，约翰逊. 我们赖以生存的隐喻［M］. 何文忠，译. 杭州：浙江大学出版社，2015.

10. 李雪. 从认知角度看"口"的词义演变［J］. 延安职业技术学院学报，2010（3）.

11. 束定芳. 认知语义学［M］. 上海：上海外语教育出版社，2008.

12. 王国娟. 从认知角度看汉语"口"的隐喻用法［J］. 青海师范大学学报（哲学社会科学版），2011（1）.

13. 王寅. 认知语言学［M］. 上海：上海外语教育出版社，2006.

14. 王寅. 认知语言学的哲学基础：体验哲学［J］. 外语教学与研究，2002（2）.

15. 王寅. Lakoff 和 Johnson 的体验哲学［J］. 当代语言学，2002（2）.

16. 王颖芝. 汉泰人体名词引申义对比研究［D］. 青岛：青岛大学，2017.

17. 吴惜凤. 汉泰人体词语隐喻比较研究［D］. 天津：天津大学，2018.

18. 项成东，石进. 从体验认知视角看身体、文化与隐喻之关系［J］. 浙江外国语学院学报，2019（2）.

19. 项成东. 身体隐喻：文化与认知［M］. 北京：中国三峡出版社，2019.

20. 肖灵. 人体隐喻的认知分析［J］. 赣南师范学院学报，2007（1）.

21. 许颖欣. 汉语"口"的隐喻认知机制研究［J］. 杭州电子科技大学学报（社科版），2007（3）.

22. 张博. 同源词·同族词·词族［J］. 固原师专学报，1991（3）.

23. 赵学德. 认知视角下人体词的语义转移研究［M］. 北京：国防工业出版社，2014.

24. 赵艳芳. 认知语言学概论［M］. 上海：上海外语教育出版社，2000.

25. 中国社会科学院语言研究所词典编辑室. 现代汉语词典［Z］. 7 版. 北京：商务印书馆，2016.

26. LAKOFF G, JOHNSON M. Philosophy in the flesh—the embodied mind and its challenge to western thought［M］. New York：Basic Books，1999.

27. จรรยา ดุลยะลา. ความหมายเชิงเปรียบของคำเรียกอวัยวะร่างกายในถ้อยคำภาษาจีนและภาษาไทย［D］. **มหาสารคาม**：มหาวิทยาลัยมหาสารคาม，2012.

28. เบญญาทิพย์ ศุภกะลิน. อุปลักษณ์เชิงมโนทัศน์คำเกี่ยวกับอวัยวะในภาษาจีนกับภาษาไทย［J］. วารสารภาษาศาสนาและวัฒนธรรม，2018（1）.

29. ราชบัณฑิตยสถาน. พจนานุกรม ฉบับราชบัณฑิตยสถาน พ.ศ.2554 เฉลิมพระเกียรติพระบาทสมเด็จพระเจ้าอยู่หัวเนื่องในโอกาสพระราชพิธีมหามงคลเฉลิมพระชนมพรรษา 7 รอบ 5 ธันวาคม 2554［Z］. กรุงเทพฯ：ราชบัณฑิตยสถาน，2013.

30. อุทุมพร มีเจริญ. การศึกษาความหมายเปรียบของคำศัพท์อวัยวะร่างกายในภาษาไทย［D］. **กรุงเทพมหานคร**：มหาวิทยาลัยธรรมศาสตร์，1999.

A Contrastive Study of the Word Family of "Mouth" in Chinese and Thai from the Perspective of Cognitive Metaphor

Zhou Yukun[1]　　[Thailand] PORAMET RUEANGWILAISAP[2]

(1. *School of Chinese Studies, Dalian University of Foreign Languages, Dalian*, 116044;

2. *School of Asian and African Studies, Dalian University of Foreign Languages,*

Dalian, 116044)

Abstract: The study found that the common feature of metaphorical mapping of the "mouth" word family in Chinese and Thai mainly lies in non-native meaning to the location channel domain, specific object domain and speech expression domain. There are differences in the metaphorical mapping between the Chinese word family of "口" and the Thai word family of "ปาก". For example, the Chinese word family of "口" can map the human domain and refer to people; the Thai word family of "ปาก" can refer to making a living, which is mostly caused by cultural differences, different living habits, and different thinking modes, thus forming different metaphor mapping patterns.

Key words: Chinese-Thai word family of "mouth", metaphor, contrastive study

论初唐应制诗的修辞心理①

朱　栋②

（盐城师范学院文学院　盐城　224002）

摘　要：初唐时期应制诗繁荣，因受当时政治、经济、文化等社会因素的影响，其修辞心理极具特点：太宗朝，宏大豪迈，充满自信昂扬的气息；高宗、武后时期，注重对诗歌语言形式美的追求，重视对诗境宏大气势的营造，谄媚颂圣心理突出；中宗、睿宗时期，热衷于对自然景物的描写，心态恬静自然。

关键词：初唐应制诗；修辞心理

修辞心理是修辞产生的深层机制，其受到众多主客观因素的影响。吴礼权在其修辞学著作《修辞心理学》中将"修辞心理"界定为"人脑对客观世界（主要是指说写所关涉的事物、事件等）的积极反映，以及在此基础上根据交际目的充分利用语言（包括语言的记录符号体系——文字）的一切可能性对语言进行有意识的、创造性的自我调节。它是人类心理发展与语言发展达到一定水平的产物，具有自觉的能动性，但要受到社会历史规律的制约。因为修辞的凭借——语言——是一种社会现象，它是随着社会的发展而发展变化的，自然要受社会历史规律的制约"③。修辞主体进行修辞实践时的修辞心理，不但受到创作现场微观因素的影响，同时也受修辞主体所处时代政治、经济、文化等宏观因素的制约。

初唐时期，应制诗繁荣，明代诗评家杨慎在《升庵诗话》中云："唐自贞观至景龙，诗人之作，尽是应制。"④ 就初唐应制诗的创作主体而言，均为宫廷文人，而且这一创作群体延绵相继，从贞观时期的秦府十八学士，到高宗时期的弘文馆学士，再到武后时期的珠英殿学士，直到中宗朝的景龙学士，其基本囊括了初唐时期的所有诗人。可以说，这一时期应制诗的创作水平一定程度上决定着初唐诗歌的文学史地位。应制诗作者为了提高所作诗歌的艺术水平，均特别重视修辞，而众多修辞手法的运用无不

---

① 本文为江苏省社科基金项目"唐代应制诗修辞研究"（项目编号：17YYC003）的阶段性成果。
② 作者简介：朱栋，博士，盐城师范学院副教授、硕士生导师，研究方向为唐代文学与修辞学。
③ 吴礼权. 修辞心理学［M］. 广州：暨南大学出版社，2013：3.
④ 丁福保. 历代诗话续编［M］. 北京：中华书局，1983：787.

受到这一时期特定的政治、经济、历史、文化等因素的影响。可以说，正是这一特定历史时期诸多因素的影响促成了当时应制诗作者的独特修辞心理，进而使该时期的应制诗修辞呈现出独特的艺术风格。

一、太宗朝应制诗的创作背景及修辞心理的特点

太宗朝时期，几乎所有的应制诗创作均与唐太宗相关。唐太宗作为一代枭雄，在灭隋建唐的历史进程中起到了关键性作用。隋作为一个短命的王朝，国祚仅仅延续了三十年左右。在这一短暂的历史进程中，隋朝的两代帝王无法真正实现国家的全面统一，特别是实现南北文化的深度融合。因此，在唐朝建立之初，实现政治统一、经济繁荣，特别是推动民族和文化的全方位融合，就成为唐代统治者亟须解决的问题。而贞观时期应制诗的大量出现，就是这一时期南朝与北朝文学从对立走向融合的直接产物。在唐朝建立之始，唐高祖采取了和隋文帝相类似的文化政策，即对山东旧族文化、江左士族文化，特别是对他们的诗歌艺术传统采取打压、否定和批判的态度。但是，到了唐太宗执掌政权之后，统治阶级内部已认识到之前文化政策的偏颇，并进行了积极的修正，这极大地促进了南北诗风的融合，推动了应制诗的发展。初唐名臣魏徵在其《隋书·文学传序》中曰："江左宫商发越，贵于清绮，河朔词义贞刚，重乎气质。气质则理胜其词，清绮则文过其意。理深者便于时用，文华者宜于咏歌。此其南北词人得失之大较也。若能掇彼清音，简兹累句，各去所短，合其两长，则文质斌斌，尽善尽美矣。"[①] 魏徵鲜明地指出了南朝和北朝诗歌风格的不同特点：南朝诗风重视声律辞藻之美，"贵于清绮"，但流于纤弱轻艳；北朝诗歌风格真挚厚重，"重乎气质"，但在表现形式上理胜其词。南北朝诗风均有优点和不足，因此，魏徵主张用南朝声律文辞之美去抒发大唐初建之时的恢宏气象和蓬勃向上的刚健情思。他的这一主张得到了当时统治者的认同。

贞观年间，国家逐渐统一，北方突厥的长期侵扰已被消除。据《旧唐书·太宗本纪》记载，贞观四年的米价，每斗不过三四钱，社会安定，秩序井然，已达到"外户不闭，行旅不赍粮"的地步。史书上的这些记载难免有些溢美，但太宗朝的政绩定然有之。更为重要的是，这种记载所反映出的时代心理，恰与唐代应制诗的盛行有着异曲同工之妙，它们都植根于人们所期盼的宣扬大唐盛世、赞美胜利、谱写国势昌盛、歌颂太平的精神需求，这正应合了文学史上所谓"治世之音安以乐，其政和；乱世之音怨

---

① 魏徵. 隋书 ［M］. 北京：中华书局，1973：1730.

以怒，其政乖；亡国之音哀以思，其民困"① 以及"时运交移，质文代变。……歌谣文理，与世推移。……故知文变染乎世情，兴废系乎时序"②的发展规律。当时，由于国势日盛，政治、经济、文化日益繁荣，日本、高句丽、新罗等国纷纷派使者来唐访问、学习。就唐太宗本人而言，除自身雅好吟咏外，更能招贤纳谏，不拘一格，网罗天下英才。在用人方面，唐太宗能让诸多贤才各尽所长、各逞其才，于是就开启了济济多士、百卉竞芳的初唐诗坛。可以说，太宗朝君臣所作的唱和诗，正是在饱尝征战之苦、经历开国艰辛之后所唱出的胜利的赞歌，是君臣心理的集中反映。

唐太宗作为一代雄主和应制诗创作的主导者，他的诗歌理论主张和诗歌创作实践对贞观时期应制诗的发展至关重要。总体来看，唐太宗的诗歌理论主张和他的诗歌创作实践是存有一定矛盾的。作为亲历建国之艰辛的一代明君，他极力倡导诗歌的政教作用，重视诗歌的政教功能和现实意义，并希望通过君臣的共同努力，建立起新的、可以反映大唐时代风尚和昂扬气质的诗歌审美潮流。唐太宗的这一诗歌主张在其《帝京篇》中有明确的阐释，太宗于该篇著作中讲到："予以万机之暇，游息艺文，观列代之皇王，考当时之行事。……予追踪百王之末，驰心千载之下，慷慨怀古，想彼哲人。庶以尧舜之风，荡秦汉之弊，用咸英之曲，变烂漫之音。"③ 太宗通过对历代君王兴衰的历史进行梳理，认为他们的奢靡浮艳是导致灭亡的直接诱因。因此，他主张在自己的统治期间，"以尧舜之风，荡秦汉之弊，用咸英之曲，变烂漫之音"。他的这一艺术主张得到了当时朝臣的大力支持，这对当时诗坛上所沿袭的六朝绮靡之风起到了极大的遏制作用。所以，与六朝相比，贞观时期的诗歌创作，无论是在诗歌主题的选取上，还是在意境的创建上，均在一定程度上摆脱了齐梁绮靡浮华的诗风，在继承与革新中艰难前行。

但就个人的审美情趣和诗歌创作的实践来看，太宗对诗歌特有的审美情趣和娱乐功能却始终抱有非常浓厚的兴趣，再加上其所处的宫廷环境，导致其沉溺于诗歌华丽辞藻的美学魅力中难以自拔，在其诗歌的创作实践中经常对齐梁诗风进行仿效，导致其所创作的诗歌题材较为狭窄，多为咏物写景、娱情遣性之作。"上有所好，下必甚焉！"为了迎合太宗的诗歌审美情趣，贞观诗坛的应制诗人自然又回归到了南朝的绮靡诗风。特别值得注意的是，在贞观时期的宫廷诗人中，许多人为六朝遗老，深受齐梁诗风

---

① 阮元. 十三经注疏 [M]. 杭州：浙江古籍出版社，1998：269－270.
② 刘勰. 文心雕龙注 [M]. 范文澜，注. 北京：中华书局，1958：675.
③ 彭定求. 全唐诗 [M]. 增订简体本. 陈尚君，补辑；中华书局编辑部，点校. 北京：中华书局，2018：38.

的影响，他们在诗歌创作中会不自觉地沿袭绮丽浮艳之风。

总之，贞观时期的应制诗是在继承与革新中蓬勃发展的，既有能凸显北方质朴豪壮气息的遒劲之作，又有极富齐梁格物细微、辞藻绮丽的娱情之作。

在体现太宗朝君臣唱和的二十九组应制诗中，诗歌的主题十分广泛，有征战抒怀之作，如《奉和行经破薛举战地应诏》《奉和宴中山应制》《奉和登陕州城楼应制》等；有抒发怀念旧情之作，如《奉和过旧宅应制》；有讴歌太平盛世、天下咸宁之作，如《奉和正日临朝应诏》；有歌颂大好江山之作，如《奉和入潼关》；另外，还有写景咏物之作，如《奉和喜雪应制》《奉和咏雨应制》《奉和咏弓》等。应制诗主题的多样化，正是太宗朝国家安宁、政治开明、经济繁荣的体现。

在这一时代背景下，应制诗作者的修辞心理是积极向上的。他们通过对相关修辞手法的大量选用，极力渲染宏大昂扬的气氛，以歌颂明主、讴歌盛世。《全唐诗》中保存的奉和太宗《正日临朝》的应制诗共有六首，其中以《奉和正日临朝应诏》命名的有三首，以《奉和正日临朝》命名的有两首，以《奉和元日应制》命名的有一首。

奉和正日临朝应诏

唐·魏徵

百灵侍轩后，万国会涂山。岂如今睿哲，迈古独光前。
声教溢四海，朝宗引百川。镕洋鸣玉珮，灼烁耀金蝉。
淑景辉雕辇，高旌扬翠烟。庭实超王会，广乐盛钧天。
既欣东日户，复咏南风篇。愿奉光华庆，从斯亿万年。

奉和正日临朝应诏

唐·李百药

化历昭唐典，承天顺夏正。百灵警朝禁，三辰扬旆旌。
充庭富礼乐，高宴齿簪缨。献寿符万岁，移风韵九成。

奉和正日临朝应诏

唐·杨师道

皇猷被寰宇，端扆属元辰。九重丽天邑，千门临上春。

奉和正日临朝
唐·岑文本

时雍表昌运，日正叶灵符。德兼三代礼，功包四海图。
逾沙纷在列，执玉俨相趋。清跸喧辇道，张乐骇天衢。
拂蜺九旗映，仪凤八音殊。佳气浮仙掌，熏风绕帝梧。
天文光七政，皇恩被九区。方陪瘗玉礼，珥笔岱山隅。

奉和正日临朝
唐·颜师古

七府璿衡始，三元宝历新。负扆延百辟，垂旒御九宾。
肃肃皆鵷鹭，济济盛簪绅。天涯致重译，日域献奇珍。

奉和元日应制
唐·许敬宗

天正开初节，日观上重轮。百灵滋景祚，万玉庆惟新。
待旦敷玄造，韬旒御紫宸。武帐临光宅，文卫象钧陈。
广庭扬九奏，大帛丽三辰。发生同化育，播物体陶钧。
霜空澄晓气，霞景莹芳春。德辉覆率土，相贺奉还淳。

唐太宗《正日临朝》的原诗为：

正日临朝
唐·李世民

条风开献节，灰律动初阳。百蛮奉遐照，万国朝未央。
虽无舜禹迹，幸欣天地康。车轨同八表，书文混四方。
赫奕俨冠盖，纷纶盛服章。羽旄飞驰道，钟鼓震岩廊。
组练辉霞色，霜戟耀朝光。晨宵怀至理，终愧抚遐荒。

　　正日，也就是元日，是指每年的一月一日。该日作为一年的开始，预示着万物复苏、万象更新，给人们带来新的希望，而在初唐的宫廷里，每逢此日，帝王总是利用这一时机，带领群臣一起迎接这美好的开始。太宗的这首诗歌所记录的即是这一场景：在明媚春光的照耀下，放眼望去，群臣们冠盖服章，俨然耀盛，霞光映照着霜戟，羽旄飞驰于道；钟鼓之声震荡岩廊，不由让人意兴风发、神采飞扬，由此生发出天下一统、万国来朝的盛世气象。纵览全诗，诗歌立意恢宏高远，但在语词的运用上，南朝雕金镂凤的气息仍然较为明显。而作为该诗的奉和应制之作必然接续这一风格。

魏徵是太宗朝的诤臣，以敢于犯颜直谏而著名，深得太宗器重。作为山东士族的典型代表，他充满干劲热情，功名意识极为强烈，丰富的说教是其应制诗的典型特点之一。他的《奉和正日临朝应诏》采用了对偶、夸张、用典等众多修辞手法，特别是"百灵""万国""四海""百川""万年"等数量词语的大量运用，营造出宏大壮阔的昌盛气象，表达了对唐太宗及大唐帝国的由衷赞美。对"会涂山""盛钧天""东日户""南风篇"等歌颂圣君、盛世的历史典故的运用，进一步烘托出太宗朝的升平气象。全诗通过对修辞手法的恰当选用，使诗的风格典雅、劲健，让作者的思想感情得到了充分的展现。通览全诗，不难发现，该首应制诗内容的教化性、语言的璞真性、结构的程式性以及辞藻的渲染性，与齐梁绮靡之风存有极大差异。特别是作者对儒家教化的遵从，使其在诗歌的最后"愿奉光华庆，从斯亿万年"一句中，在利用夸张的修辞手法对皇帝的英明进行赞美的同时，也表达出对帝王的规劝，巧妙地将对明主的知遇之恩与个人的功名意识和忧国忧民的情怀实现了有机的结合。

李百药原仕隋朝，后入唐，官至中书舍人、太子庶人，颇受唐太宗赏识。因人生阅历丰富，李百药的诗文呈现出多样化的风格。特别是李百药作为关陇贵族集团中的一分子，他在充分继承关陇雄深雅健诗风的同时，主动对江左士人的清绮之风进行借鉴和整合，从而创造出一种刚健质朴而又不失清丽典雅的诗艺风格。李百药的该首应制诗采用了对偶和夸张的修辞手法，诗脉疏朗，意蕴融通，营造出歌舞升平、恢宏盛大的繁荣气象，这与他意欲夸饰太平的修辞心理相统一。

杨师道生性缜密，富有才思，颇受太宗倚重。杨师道是关陇集团宫廷诗人中的佼佼者，他的诗歌风格与北朝诗风有很深的渊源。但他在从事应制诗的创作时，又能借鉴南朝的诗歌技巧，从而构建出雄深健雅而又不失清新雅丽的风格来。杨师道的《奉和正日临朝应诏》为五言绝句，全诗采用对偶和夸张的修辞手法，开篇直抒胸臆，颂圣之意尽显，不失刚健质朴之风；以写景收尾，气象恢宏。这无不体现了作者宏大的精神气象。

岑文本的诗作重视礼乐教化，多表达对儒家道德标准的遵从。岑文本的《奉和正日临朝》作为对唐太宗诗作的奉和之作，完全承接了太宗的诗意与风格：夸饰太平，辞藻华美。作者在颂圣这一修辞心理的推动下，大量采用了工稳的对偶、宏大的夸张和歌颂盛世的典故。如"德兼三代礼，功包四海图"一句，采用对偶和夸张的修辞手法，颂扬了太宗朝恩泽之浩荡；"清跸喧辇道，张乐骇天衢"一句，采用对偶和夸张的修辞手法，渲染出皇帝正日临朝时的宏大场面；"佳气浮仙掌，熏风绕帝梧"一句，运用对偶和用典的修辞手法，将太宗朝与舜帝时相比，颂圣之意明显。总体来看，全诗雄阔宏远，颇能体现作者深厚的儒家正统意识。

颜师古作为著名的经学家、史学家和文学家，其诗风大多自然平实。该首应制诗《奉和正日临朝》为五言律诗，诗的四联均采用了对偶的修辞手法，全诗结构谨严，形式上尽显整饬之美。总体来看，全诗以质朴的语言描写了正日临朝时的所见所感，气势质朴雄健。这与作者质朴的修辞心理是一致的。

许敬宗作为唐初年辈较晚的诗人，是前后两代诗人中的过渡人物。与唐太宗时期的第一代诗人虞世南、褚亮相比，许敬宗小约三十岁；与唐太宗时期的第二代诗人上官仪相比，许敬宗则又年长二十岁。许敬宗的诗歌因而呈现出承前启后的重要性，他的诗歌题材多集中于宫廷应酬场合，勤于堆砌艳辞丽语，雕琢章句，善于使用意象，作品多浸染富贵之气。他的这一诗风对上官仪的影响较深。许敬宗的这首应制诗《奉和元日应制》，以庆祝元日、夸饰太平、歌颂圣君为旨归。正是在这一修辞心理的驱动下，他选用了对偶、夸张、拟人、比喻、用典等众多修辞手法。全诗开篇明义，从"一年开始，万物生发"进行发挥，再咏颂今圣与苍天合德，故有"武帐临光宅，文卫象钩陈"的天人相应的吉祥之兆，最后以期许建立安和昌平、淳朴祥瑞的王朝作结，诗意开阔大气。

综上，太宗朝应制诗的修辞心理是宏大豪迈、充满自信昂扬气息的，这与大唐开国之时的雄伟气象相统一。

二、高宗、武后朝应制诗的修辞心理

文学是时代的产物，文学作品会因其所处时代的政治、经济、文化等因素的制约，呈现出相应的不同特点。贞观时期，新王朝刚刚建立，君臣意气风发，朝野上下政治清明，国运亨通，整个社会充溢着积极向上的氛围。生活在这种社会环境中的应制诗诗人，是自信和充满活力的。加之太宗对儒学道统思想的重视，使得这一时期的应制诗诗风呈现出颂圣、致用和讽谏相结合的特点。但到了高宗、武后时期，政治、经济、文化以及应制诗的创作主体均发生了较大变化，这使高宗、武后时期的应制诗作者拥有独特的修辞心理，进而使他们所创作的应制诗呈现出不同于前朝的特点。

高宗、武后时期，应制诗诗人的构成主体已经发生根本改变，贞观时期的勋臣故旧已相继离世，而通过科举跻身于朝廷的新进进士已日益成为当之无愧的诗坛主角。在高宗登基之初，其与顾命大臣之间的关系尚且融洽，但自永徽五年（654 年）之后，高宗为摆脱贞观朝老臣的束缚，开始大开杀戒，导致"中外以言为讳，无敢逆意直谏"。特别是武后参政以来，为扫除异己，培养忠实于自己的新生力量，开始对关陇贵族和山东士族势力进行全力打压。同时，武后还通过对科举制度大刀阔斧的改革，使大批出身于寒门的才能之士脱颖而出，并得以进入宫廷执掌政权。这些微族文士在进入宫廷执掌政权之后，多道德沦落、利欲熏心，为了保住他们的既得利益，多阿谀奉承，极尽谄媚之能事。从政教文化的角度看，唐高宗一反太宗朝重视儒教的传统，推行"尚文轻儒"的文化政策，据《旧唐书·儒学》记载："高宗嗣位，政教渐衰，薄于儒术，尤重文吏。于是醇醲日去，毕竟日彰，犹火销膏而莫之觉也。及则天称制，以权道临下，不吝官爵，取悦当时。其国子祭酒，多授诸王及驸马都尉，准贞观旧事。祭酒孔颖达等赴上日，皆讲《五经》题。至是，诸王与驸马赴上，唯判祥瑞按三道而已。至于博士、助教，唯有学官之名，多非儒雅之实。是时复将亲祠明堂及南郊，又拜洛，封嵩岳，将取弘文国子生充齐郎行事，皆令出身放选，前后不可胜数。因是生徒不复以经学为意，唯苟希侥幸。二十年间，学校顿时隳废矣。"[1] 这一社会氛围的影响助推整个社会的道德水平相对下降。比如，在太宗朝，因品格低下而不被重用的许敬宗，在高宗即位后不久，就借助"废王立武"的机会飞黄腾达。许敬宗贪婪无度，生活腐化堕落，为了个人利益，毫无道德底线，献媚邀功，谋害忠良。同时期，凭借荐举入仕的李义府，与许敬宗为一丘之貉。高宗时期，应制诗人这种薄德谄媚的品性，构建出他们相应的修辞心理，他们多注重诗歌外在的形式美，雕章镂句，语词富贵浓艳，颂圣手法浅俗直白，毫无含蕴之美。如许敬宗的应制诗《奉和过慈恩寺应制》。

奉和过慈恩寺应制
唐·许敬宗

凤阙邻金地，龙旗拂宝台。云楣将叶并，风牖送花来。
月宫清晚桂，虹梁绚早梅。梵境留宸瞩，掞发丽天才。

全诗对仗工整，辞藻浮艳华丽。诗歌虽为过慈恩寺应制之作，但诗人在创作的过程中，并未将佛教作为写作的重点，而仅是用了"金地""宝台""梵境"三个与佛教相关的术语，对寺院的环境进行简单的描写。诗

---

① 刘昫. 旧唐书 [M]. 北京：中华书局，1975：4942.

的首联采用对偶的修辞手法，将"凤阙"与"龙旂"相对，描绘出皇帝出游时仪仗阵容之华丽。颔联在采用对偶修辞手法的同时，还采用了拟人的修辞手法，云楣并叶，风牖送花，渲染出高宗身份之尊贵。尾联直接对高宗的此次出游进行颂扬：正是因为皇帝的临幸，佛教圣地才顿生光彩，诗人的谄媚之态跃然纸上。另如许敬宗同时期的另一首应制诗《奉和宴中山应制》。

奉和宴中山应制
唐·许敬宗

飞云旋碧海，解网宥青丘。养贤停八骏，观风驻五牛。
张乐临尧野，扬麾历舜州。中山献仙酤，赵媛发清讴。
塞门朱雁入，郊薮紫麟游。一举氛霓静，千龄德化流。

该首应制诗与前一首相似，镶金嵌玉，用词华美，通过大量采用对偶辞格，营造出整饬的外在形式美；通过高频率采用"八骏""五牛""尧野""舜州"等与贤君圣主相关的典故，极力赞颂唐高宗；特别是对"碧海""青丘""朱雁""紫麟"等包含色彩意象词语的选用，营造出华丽耀眼的景象。最后一句"一举氛霓静，千龄德化流"选用夸张的修辞手法，极尽歌功颂德之能事。

武后以女主身份临朝听政、执掌大权，这在男尊女卑、法度森严、等级分明的封建社会可谓"冒天下之大不韪"。武后为了向天下证明自己统治的合理、合法性，采取了众多措施：首先，她怂恿谄媚弄权之臣大搞封建迷信，以证明其执掌政权乃是天意为之。她从《大云经》里寻找证据，宣扬其为经文故事中的女主降世，给自己增添神秘的宗教色彩，接着大力宣扬"拜洛受图"事件。该事件实际上是武承嗣为讨好武则天而伪造。武承嗣派人伪造瑞石，并在石头上绘制"圣母临人，永昌帝业"八个大字。将该图上承给朝廷后，武则天对其中之真假虽心知肚明，但圣心大悦，于是改图为"天授圣图"，并举行了声势宏大的受图仪式，苏味道、李峤、牛凤及等人对此事件均有赋诗。其次，在政治上，武则天大开杀戒，对李唐的后代进行疯狂的屠杀。同时，她还重用周兴、来俊臣等酷吏，制造众多冤假错案，戕害贤臣良吏，朝野上下笼罩在恐怖的氛围之中。无论是功勋显赫的宿将，还是新晋的文士，皆惶惶不可终日，他们无不投武则天之所好，对武则天所刻意举行的一些政治、文化活动大加赞扬。最后，武则天在对李唐势力，特别是对关陇集团进行打压的同时，还极力通过改革科举考试制度，大力选拔和起用新人。这些从微族文士跻身于朝野的新贵，无不对武则天感恩戴德。当时的沈佺期、宋之问、"文章四友"等均为其中之代表。当然，我们也应看到，武则天作为中国历史上唯一的一位女皇帝，她所推行的一些政治策略对当时社会的政治、经济、文化的发展还是起到很大的促进作用的，对此，武则天本人也是自信满满，因此，她对臣子的歌功颂德也是乐意接受和大为鼓励的。

通过以上分析，我们不难看出，武后时期的宫廷诗人，无论是因武后的威势所逼，还是被武后的知遇之恩所折服，抑或是对武后好大喜功品性的附和，颂圣谄媚的心理仍是他们的主流。如李峤的应制诗《奉和拜洛应制》。

奉和拜洛应制

唐·李峤

七萃銮舆动，千年瑞检开。

文如龟负出，图似凤衔来。

殷荐三神享，明禋万国陪。

周旗黄鸟集，汉幄紫云回。

日暮钩陈转，清歌上帝台。

该首应制诗为五言律诗。全诗紧扣"受图"这一政治主线，选用大量的华丽词语，着力营造神秘、庄严的氛围。首联采用对偶和夸张的修辞手法，营造出宏大的气势，把读者带入极具神圣之感的受图现场。颔联采用对偶和用典的修辞手法，特别是对"龟负图"和"凤衔书"两例极富祥瑞色彩的典故的选用，衬托出"受图"的吉祥之兆，这在提升诗歌文化内涵的同时，更加强化了对武后的赞颂之意。颈联采用对偶和借代的修辞手法，描写旌旗飘扬、祥云缭绕的现场，极力渲染出受图现场场面之宏大。尾联直接描写，写日暮降临，武后在雅乐声中接受臣子的恭贺。纵览全诗，紧扣"受图"这一政治场景，用语华丽，典意祥瑞，使粉饰太平与歌颂武后实现了高度的统一。

武后为宣扬自己的功德，曾广征天下铜铁铸造天枢一座，天枢喻指"天下中枢"，是武后朝昌盛的标志，也是我国古代国际地位达到顶峰的重要标志之一。据《大唐新语》卷八载："长寿三年，则天征天下铜五十万余斤，铁三百三十余万，钱二万七千贯，于定鼎门内铸八棱铜柱，高九十尺，径一丈二尺，题曰：'大周万国述德天枢'，纪革命之功，颂皇家之德。天枢下铸铁山，铜龙负载，狮子、麒麟围绕。上有云盖，盖上施盘龙以托火珠，珠高一丈，围三丈，金彩荧煌，光侔日月。武三思为其文，朝士献诗者不可胜纪，唯峤诗冠绝当时。"① 武后的这一举动在当时影响很大，朝中大臣多赋诗咏颂。其中，李峤的应制诗《奉和天枢成宴夷夏群聊应制》，当时评价最高。

奉和天枢成宴夷夏群聊应制
唐·李峤

辙迹光西崦，勋庸纪北燕。何如万方会，颂德九门前。

灼灼临黄道，迢迢入紫烟。仙盘正下露，高柱欲承天。

山类丛云起，珠疑大火悬。声流尘作劫，业固海成田。

帝泽倾尧酒，宸歌掩舜弦。欣逢下生日，还睹上皇年。

该首应制诗为五言排律，全诗记录了天枢铸成后，武则天宴饮前来朝贺的万国使臣时的盛大场景。"何如万方会，颂德九门前"两句，利用夸张的修辞手法，写皇恩浩荡、万国来朝的盛况。"灼灼临黄道，迢迢入紫烟。仙盘正下露，高柱欲承天"四句，运用对偶和夸张的修辞手法，从整体层面描写天枢之高大。"山类丛云起，珠疑大火悬"两句，运用对偶和比喻的修辞手法，对天枢的局部形态进行描写，凸显天枢外形之雄伟，颇具天朝气象。"帝泽倾尧酒，宸歌掩舜弦"两句，运用对偶和用典的修辞手法，暗示武后功勋之卓著，颂圣之意极浓。结尾"欣逢下生日，还睹上皇年"两句，卑躬屈膝地颂圣，表达对圣主——武则天的诚挚颂扬与深深依恋。纵观全诗，作者的修辞心理仍为应政治之景，依从君主之意，营造宏大氛围，颂扬君主之宏德。

总体而言，武后朝的应制诗作者多迎合武则天好大喜功、追求华美宏阔心理的特点，多注重对对偶、夸张、比喻、用典等辞格的运用，注重对诗歌语言形式美的追求，重视对诗境宏大气势的营造。

三、中宗、睿宗朝应制诗创作修辞心理的特点

唐代应制诗发展到中宗、睿宗时期，又有了新的变化。这种变化是受当时的政治、经济、文化，特别是受皇帝的个性特点所影响的。

唐代的政治、经济、文化在经历太宗、高宗和武后三朝的发展之后，到了中宗、睿宗时期已十分发达。在武后参政和执掌政权期间，虽然政局

---

① 彭定求. 全唐诗 [M]. 增订简体本. 陈尚君，补辑；中华书局编辑部，点校. 北京：中华书局，2018：38，724－725.

几经变动，但这些均发生在宫廷之内，并未殃及全国，所以，在此期间，唐代社会仍然是向前发展的。但就中宗本人而言，其长期目睹武后对李氏勋臣的残酷迫害和对他自己的冷血打压。中宗在执掌政权之前，曾被武后贬谪于房州，提心吊胆，惶惶不可终日，因此，中宗在登基之后，抱着急切的补偿心理，疏于朝政，醉心于奢华的享受，勤于率领群臣出游、宴饮，且"有所感即赋诗，学士皆属和"。

据《新唐书·列传》记载："初，中宗景龙二年，始于修文馆置大学士四员、学士八员，直学士十二员，象四时、八节、十二月。于是李峤、宗楚客、赵彦昭、韦嗣立为大学士，李适、刘宪、崔湜、郑愔、卢藏用、李乂、岑羲、刘子玄为学士，薛稷、马怀素、宋之问、武平一、杜审言、沈佺期、阎朝隐为直学士，又召徐坚、韦元旦、徐彦伯、刘允济等满员。其后被选者不一。凡天子飨会游豫，唯宰相及学士得从。春幸梨园，并渭水祓除，则赐细柳圈辟疠；夏宴蒲萄园，赐朱樱；秋登慈恩浮图，献菊花酒称寿；冬幸新丰，历白鹿观，上骊山，赐浴汤池，给香粉兰泽，从行给翔麟马，品官黄衣各一。帝有所感即赋诗，学士皆属和。当时人所歆慕，然皆狎猥佻佞，忘君臣礼法，惟以文华取幸。若韦元旦、刘允济、沈佺期、宋之问、阎朝隐等无它称，附篇左云。"[1] 在中宗所营造的这一文化氛围的影响下，不但应制诗的数量大增，而且应制诗作者受君臣礼法所束缚的颂圣心理日趋平和，文化心态变得相对开阔，逐渐呈现出有容乃大的美学特征。杜晓勤在其《初盛唐诗歌的文化阐释》中认为，这一时期的诗歌"已经不像龙朔诗人那样主要靠辞藻的繁缛、富丽来粉饰太平，歌功颂德，而是开始直接面对具体场景，注重气势，渲染气氛，写出皇家气派，盛世气象，以及自己幸逢明时，春风得意的真实感受"[2]。

概括而言，在中宗和睿宗统治的七年里，应制诗作者的创作心理是相对轻松的，他们的修辞心理也是灵动的。武后时期的恐怖统治已不复存在，应制诗创作与政治的结合度日益降低，君臣宴饮、出游时的礼教等级相对弱化，这样应制诗作者就可以把更多的才情投放到所描绘事物的本体上来，从而使诗歌作品呈现出自然、明丽、灵动的特点，减少了以往的华贵气息。

这一时期的应制诗作品多关注与政治无关的春、雪、林、泉、寺观、山庄等自然或人文景观，从而冲淡了宫廷应制诗的庄严感和富贵气，这就回归了中国古典诗歌重视对山水情致表达的传统，应制诗作者的修辞心理

---

① 欧阳修，宋祁. 新唐书 ［M］. 北京：中华书局，1975：5748.
② 杜晓勤. 初盛唐诗歌的文化阐释 ［M］. 北京：东方出版社，1997：256.

亦较为恬静、平和。如苏颋的应制诗《奉和春日幸望春宫应制》。

奉和春日幸望春宫应制

唐·苏颋

东望望春春可怜，更逢晴日柳含烟。
宫中下见南山尽，城上平临北斗悬。
细草偏承回辇处，轻花微落奉觞前。
宸游对此欢无极，鸟哢声声入管弦。

该首应制诗为七言律诗。中宗朝君臣同乐的轻松氛围，使应制诗作者的修辞心理较为平和、自然。这就使诗歌的语言较为自然、明丽，不再有典故的堆砌和丽词艳语的铺排。在结构上，层层推进，很难见到太宗、武后朝时期应制诗中常见的"三部式"结构。诗的首联，写景与抒情相结合，写春回大地，万物复苏，生机勃勃的初春景象诱发君臣出游的兴致。颔联写站在望春宫上之所见，利用远焦镜头，从大处着眼，凸显望春楼之高。从望春楼南望，南山尽收眼底；而从望春楼回望长安城，皇城与北斗七星交相呼应。颈联是对近景的描写，细草轻抚辇道，轻花微落觞前，君臣和谐、欢乐的景象如在眼前。尾联巧用典故，以君臣同乐之景含蓄颂圣，武后朝应制诗的浅俗谄媚之态全无。纵观全诗，作者在愉快、恬静的修辞心理驱动下，采用了对偶、用典等修辞手法。景物描写细腻，语言清新自然，以简练生动的笔触描绘出一幅君臣同乐的春游图。

总体来看，中宗、睿宗两朝应制诗作者的修辞心理是较为平和闲适的。在这短暂的七年时间里，君臣频繁的游赏活动给宫廷诗人们提供了丰富的体察自然的机会，他们将多彩的自然之美融入应制诗创作之中，春花秋月、夏荷冬雪、行云流水、山石林木均得以尽显笔端。同时，辽阔的天地也拓展了诗人的视野和格局，他们逐渐以更为豁达的心态、更加细腻的审美心理去感知世界、描摹世界。他们用心去观察、体悟自然，所以诗歌的语言灵动雅致；他们内心恬静舒畅，所以他们所描摹的景物明媚靓丽。在这种清新诗风日益昌盛的情况下，应制诗对君王的奉承虚美已被精致的景物刻画所取代，就连其呆板的体制也逐渐被消解了。

参考文献

1. 丁福保. 历代诗话续编［M］. 北京：中华书局，1983.
2. 杜晓勤. 初盛唐诗歌的文化阐释［M］. 北京：东方出版社，1997.
3. 刘勰. 文心雕龙注［M］. 范文澜，注. 北京：中华书局，1958.
4. 刘昫. 旧唐书［M］. 北京：中华书局，1975.

5. 欧阳修，宋祁. 新唐书［M］. 北京：中华书局，1975.

6. 彭定求. 全唐诗［M］. 增订简体本. 陈尚君，补辑；中华书局编辑部，点校. 北京：中华书局，2018.

7. 阮元. 十三经注疏［M］. 杭州：浙江古籍出版社，1998.

8. 魏徵. 隋书［M］. 北京：中华书局，1973.

9. 吴礼权. 修辞心理学［M］. 广州：暨南大学出版社，2013.

On the Rhetoric Psychology of Yingzhi Poetry in the Early Tang Dynasty

Zhu Dong

(*School of Chinese Language and Literature*, *Yancheng Teachers College*, *Yancheng*, 224002)

Abstract：In the early Tang Dynasty, Yingzhi poetry flourished. Influenced by the political, economic, cultural and other social factors at that time, Yingzhi poetry's rhetoric psychology has its own characteristics: Taizong Dynasty, grand and heroic, full of self-confidence and high spirited atmosphere; Gaozong and empress Wuhou periods, they paid attention to the pursuit of formal beauty of poetry language, paid attention to the construction of grand momentum of poetry, and had outstanding psychology of flattering and praising saints; Zhongzong and Ruizong periods, they were enthusiastic about poetry in the description of natural scenery, the state of mind is quiet and natural.

Key words：Yingzhi poetry in the early Tang Dynasty, rhetoric psychology

比较修辞研究

《西游记》韦利英译本修辞研究[①]

陈毅平[②]

（暨南大学翻译学院 珠海 519070）

摘 要：中国文学、中国文化走出去是当前的一项重要战略，从政府到民间采取了多项措施，并取得了一定成效。如何在新时代背景下吸取已有经验，是助力中国文学、中国文化外译进一步发展的重要课题。本文基于《西游记》原著和在西方广为流传的韦利英译本对比分析，从篇章、叙述、描写、诗词、会话、称谓、辞格、度量衡、礼貌语言、增删这十个方面，分析韦利英译本的修辞手法。系统研究汉学家经典外译作品，有利于吸取营养，博采众长，促进中国文学、中国文化更好地对外推广与传播。

关键词：西游记；亚瑟·韦利；中国文学；中国文化；修辞

一、引言

中国文学、中国文化走出去是当前的一项重要战略，从政府到民间采取了多项措施，并取得了一定成效。中国文化走出去的工作自中华人民共和国成立之初即已启动，从英文版期刊《中国文学》的出版发行，到二十世纪八九十年代熊猫丛书的编辑、翻译和出版，再到21世纪以来汉英对照《大中华文库》的翻译和出版，国家有关部门和机构投入"大量的人力、物力、财力"，但"总体而言收效甚微，实际效果并不理想"[③]。如何在新时代背景下吸取已有经验，是助力中国文学、中国文化外译进一步发展的重要课题。在现有的经典中国文学作品外译中，对西方影响较为广泛的包括亚瑟·韦利英译本《西游记》（*Monkey*）。根据笔者2022年4月22日对亚马逊英文网站读者评论的调查来看[④]，全球评论529条，五星好评占71%，四星好评占14%。有一位读者说1955年就买了这本书，看过多遍，

---

① 本文为暨南大学中华文化港澳台及海外传承传播协同创新中心资助课程"文化翻译入门"（JNXTKC2022003）和暨南大学在线开放课程港澳合作试点专项"文化翻译入门"的研究成果。

② 作者简介：陈毅平，武汉大学文学博士，暨南大学珠海校区翻译学院教授、硕士生导师、副院长，兼任中国修辞学会副会长。

③ 马慧娟. 彼岸的声音：汉学家论中国文学翻译［C］. 天津：南开大学出版社，2019：总序4.

④ https：//www. amazon. com/ - /zh/dp/0802130860/ref = tmm_pap_swatch_0? _encoding = UTF8&qid = &sr = #customerReviews.

书页都翻散了，也看过其他几个译本，但韦译最好、最有趣。目前国内学者涉猎该英译本研究的不少①，但对该书进行宏观和微观修辞研究的成果很少。本文从原著和韦译对比分析入手，从篇章、叙述、描写、诗词、会话、称谓、辞格、度量衡、礼貌语言、增删这十个方面，描写韦译本的修辞手法，希望为中国文学、中国文化走出去提供借鉴和参考。

二、篇章

韦译本不是全译，而是节译。根据王丽娜②的研究，韦译本最早于1942年在美国纽约出版，共三十回，包括第一至十五回、第十八至十九回、第二十二回、第三十七至三十九回、第四十四至四十九回、第九十八至一百回。韦译本在前言交代了节译的做法："删除很多章回，保留下来的章回几乎是全译，还删除了很多不重要的诗句，原因是，如果把这些诗译成英语，读起来很别扭。"③ 其实，韦利节译的核心原则是突出孙悟空，章回的取舍根本上取决于是否有利于刻画孙悟空这个虽然桀骜不驯但武艺高强、智勇双全、乐观向上、可爱可乐的人物形象。第七回"八卦炉中逃大圣　五行山下定心猿"中，玉帝答谢如来邀请众仙老参加安天大会、王母娘娘向如来献蟠桃献歌舞、寿星和赤脚大仙向如来献礼等情节全部删除。他的英文版书名为 *Monkey*，可谓画龙点睛。

三、叙述

叙述是小说的重要组成部分。韦译本保留的三十回中有大量叙述，但

---

① 王丽娜.《西游记》外文译本概述 [J]. 文献，1980（4）：64－78；郑锦怀，吴永昇.《西游记》百年英译的描述性研究 [J]. 广西社会科学，2012（10）：148－153；王丽萍.《西游记》英译研究三十年 [J]. 湖北第二师范学院学报，2013（4）：115－118.；李晖."情感之心"与水的象征：亚瑟·韦利的《西游记》英译 [J]. 外国文学评论，2016（2）：223－239；王文强，李彦. 阿瑟·韦利《西游记》英译本诗词删减原因探析 [C] //复旦大学外文学院. 复旦外国语言文学论丛（2018 秋季号）. 上海：复旦大学出版社，2018：156－162；胡陈尧，刘云虹. 译与变：关于《西游记》海外传播路径的思考 [J]. 小说评论，2019（1）：144－152；刘道影，朱明胜.《西游记》翻译研究（1980—2018）：基于 CiteSpace 的可视化分析 [J]. 外国语言与文化，2019（1）：125－135；曹慧敏.《西游记》"西行"之路探究：基于跨文化传播视角的考察 [J]. 四川师范大学学报（社会科学版），2020（4）：130－135；吴晓芳. 中国古典小说英译研究的底本问题：以《西游记》为中心 [J]. 中国比较文学，2021（4）：97－115.

② 王丽娜.《西游记》外文译本概述 [J]. 文献，1980（4）：64－78.

③ 陈毅平. 长篇小说外译策略与方法：以《西游记》英译本 *A Mission to Heaven* 和 *Monkey* 为例（未刊）.

他在翻译中并未如他所说，只删除了不重要的诗句，对有些冗长、啰唆或无关紧要的叙述，韦利也删除了。第一回开篇介绍天地之数、四大部洲及花果山的文字，连叙述带诗赋将近九百字，全部省略未译。对应的译文从花果山山顶开始，请看原文和译文。

（1）那座山正当顶上，有一块仙石。其石有三丈六尺五寸高，有二丈四尺围圆。三丈六尺五寸高，按周天三百六十五度；二丈四尺围圆，按政历二十四气。上有九窍八孔，按九宫八卦。四面更无树木遮阴，左右倒有芝兰相衬。盖自开辟以来，每受天真地秀，日精月华，感之既久，遂有灵通之意。内育仙胞。一日迸裂，产一石卵，似圆球样大。因见风，化作一个石猴。五官俱备，四肢皆全。（第一回）①

THERE was a rock that since the creation of the world had been worked upon by the pure essences of Heaven and the fine savours of Earth, the vigour of sunshine and the grace of moonlight, till at last it became magically pregnant and one day split open, giving birth to a stone egg, about as big as a playing ball. Fructified by the wind it developed into a stone monkey, complete with every organ and limb. ②

原文中有对仙石外形的说明、对周边环境的描写，译文全部删除。

原文第十九回"云栈洞悟空收八戒 浮屠山玄奘受心经"，末尾写唐僧和悟空、八戒拜访乌巢禅师一段，连文带诗约一千六百字，包括禅师指点西行路程诗中辱骂三徒弟的文字，译文全部省略。

有时韦译本对原文叙述不是大段省略，只省略一小段或几句话。例如：

（2）这人无奈，只得以实情告诉道："我是高太公的家人，名叫高才。我那太公有一个女儿，年方二十岁，更不曾配人，三年前被一个妖精占了。……"（第十八回）

'My name,' he said, 'is Kao Ts'ai. Old Mr Kao has a daughter about twenty years old and unmarried. Three years ago she was carried off by a monster...'

原文开头的叙述部分在译文中被省略。类似的例子还有：

---

① 中文例句均选自吴承恩. 西游记［M］. 汪原放，校点. 广州：广州出版社，1996.

② 英语译例均选自WU C E. Monkey［M］. Translated by Arthur Waley. London：Unwin Paperbacks，1984.

（3）那人也无计奈何，真个提着包袱，<u>拿了伞</u>，转步回身，<u>领他师徒到于门首道："二位长老，你且在马台上略坐坐，等我进去报主人知道。"行者才放了手，落担牵马，师徒们坐立门旁等候。</u>（第十八回）

The lad saw nothing for it but to pick up his bundle and go back to the house.

韦译本仅翻译了"那人也无计奈何，真个提着包袱，……转步回身"，高才拿伞和唐僧师徒活动的叙述均省略未译，会话也一并省略。又如：

（4）<u>那高才入了大门，径往中堂上走，可可的撞见高太公。</u>太公骂道："你那个蛮皮畜生，怎么不去寻人，又回来做甚？"（第十八回）

'You half-wit,' roared old Mr Kao, 'what have you come back for?'

原文中高太公骂高才之前的叙述部分省略未译。

四、描写

《西游记》原文对人物外貌、表情、动作等都有描写。韦译本对描写时有省略。例如：

（5）那猴王即掣金箍棒，整黄金甲，登云步履，按一按紫金冠，腾出营门，急睁眼观看，<u>那真君的相貌，果是清奇，打扮得又秀气。</u>（第六回）

Monkey seized his metal-bound cudgel, donned his golden breast-plate, put on his cloud-treading shoes and golden cap, and rushed out to the gate, glaring about him.

韦译本保留对猴王的外貌描写，却删除对二郎神的描写。对高老庄家人高才的外貌描写也有删节。例如：

（6）那长老催动白马，早到街衢之口。又见一个少年，头裹绵布，身穿蓝袄，持伞背包，<u>敛裾扎裤，脚踏着一双三耳草鞋，</u>雄纠纠的出街忙走。（第十八回）

Tripitaka urged on the white horse and soon came to a gate leading into a lane down which came a lad with a cotton wrap round his head, wearing a blue jacket, umbrella in hand and a bundle on his back. He was striding along, with a defiant air.

原文对高才的外貌描写涉及头、身、手、背、裤和鞋，但译文中涉及裤鞋的内容"敛褙扎裤，脚踏着一双三耳草鞋"省略未译。又如：

（7）长老果仔细定睛看处，呀！只见他——
头戴一顶冲天冠，腰束一条碧玉带，身穿一领飞龙舞凤赭黄袍，足踏一双云头绣口无忧履，手执一柄列斗罗星白玉圭。面如东岳长生帝，形似文昌开化君。（第三十七回）

Then Tripitaka looked at him with a fixed gaze and saw that there was a crown upon his head and a sceptre at his waist, and that he was dressed and shod as only a king can be.

译文对乌鸡国国王鬼魂的外貌描写有两重省略：一是保留头、腰、身、足四样，手部、面貌、形态描写"手执一柄列斗罗星白玉圭""面如东岳长生帝，形似文昌开化君"全部省略；二是保留的身足描写也省略具体内容"身穿一领飞龙舞凤赭黄袍""足踏一双云头绣口无忧履"，仅用两个动词点到而已：he was dressed and shod as only a king can be。

在神态描写方面，韦译本也有省略。例如：

（8）高老大喜道："我为招了他不打紧，坏了我多少清名，疏了我多少亲眷。但得拿住他，要什么文书？就烦与我除了根罢。"（第十八回）

'The main thing is to catch him,' said Mr Kao. 'It doesn't so much matter about documents.'

原文对高太公说话的神态描写是"大喜"，译文中省略未译。
动作描写也有删节。例如：

（9）行者把一只手扶着行李，一只手抵住那人，凭他怎么支吾，只是不能抓着。行者愈加不放，急得爆燥如雷。（第十八回）

Monkey kept one hand free to catch on to the luggage, and with the other held the lad fast.

译文对悟空和高才的动作描写"支吾""抓""放"均省略，对高才的神态描写"急得爆燥如雷"也省略未译。

五、诗词

虽然韦利在前言中说保留诗词会影响译文的可读性，但对各诗词歌赋的处理不尽一致，有的全部删除，有的仅部分保留。例如第一回有十八首诗赋，韦译本仅译一首樵夫观棋歌，原文八句，韦利仅译最后两句。请看原文和译文：

（10）观棋柯烂，伐木丁丁，云边谷口徐行。卖薪沽酒，狂笑自陶情。苍径秋高，对月枕松根，一觉天明。认旧林，登崖过岭，持斧断枯藤。收来成一担，行歌市上，易米三升。更无些子争竞，时价平平。<u>不会机谋巧算，没荣辱，恬淡延生。相逢处，非仙即道，静坐讲《黄庭》</u>。（第一回）

I hatch no plot, I scheme no scheme;
Fame and shame are one to me,
A simple life prolongs my days.
Those I meet upon my way
Are Immortals, one and all,
Who from their quiet seats expound
The Scriptures of the Yellow Court.

第二回有八首诗，有长有短：一是开头祖师登台讲道，二是祖师卧室自吟，三是传授悟空长寿之道，四是悟空变松树，五是悟空回花果山，六是水脏洞赞诗，七是水脏洞魔王赞诗，八是回末诗。韦利仅译两首——祖师卧室自吟诗和传授悟空长寿之道诗，其余省略。

第七回原文有十五首诗，韦利仅保留一首大圣向如来介绍自己的诗。又如：

（11）长老急整衣，抬头观看。<u>见他</u>：
<u>身披锦衣，手摇玉麈</u>。身披锦衣，宝阁瑶池常赴宴；手摇玉麈，丹台紫府每挥尘。肘悬仙篆，足踏履鞋。飘然真羽士，秀丽实奇哉。炼就长生居胜境，修成永寿脱尘埃。圣僧不识灵山客，雷音金顶大仙来。（第九十八回）

Tripitaka hastily tidied his clothes and looking up <u>saw that the boy was clad in gorgeous brocades and carried a bowl of jade dust in his hand</u>.

韦译本只取描写身与手的第一句，其余一概省略。

111

六、会话

韦译本会话省略分几种情况。一是无关紧要的，省略不译。例如：

（12）悟空又笑道："小的们，又喜我这一门皆有姓氏。"众猴道："大王姓甚？"悟空道："我今姓孙，法名悟空。"众猴闻说，鼓掌忻然道："<u>大王是老孙，我们都是二孙、三孙、细孙、小孙，一家孙、一家孙、一国孙、一窝孙矣</u>！"都来奉承老孙，大盆小碗的，椰子酒、葡萄酒、仙花、仙果，真个是合家欢乐！（第二回）

'Little ones,' said Monkey, 'I have another bit of good news for you. Your king has got a name-in-religion. I am called Aware-of-Vacuity.' They all clapped loudly, and presently went to get date-wine and grape-wine and fairy flowers and fruit, which they offered to Monkey. Everyone was in the highest spirits.

韦译本中，众猴说大家都姓孙的话省略未译。

二是前面提到的，省略不译。例如：

（13）高才放下包伞道："<u>上告主人公得知，小人才行出街口，忽撞见两个和尚，一个骑马，一个挑担。他扯住我不放，问我那里去。我再三不曾与他说及，他缠得没奈何，不得脱手，遂将主人公的事情，一一说与他知</u>。他却十分欢喜，要与我们拿那妖怪哩。"高老道："是那里来的？"高才道："<u>他说是东土驾下差来的御弟圣僧，前往西天拜佛求经的</u>。"太公道："既是远来的和尚，怕不真有些手段。他如今在那里？"高才道："<u>现在门外等候</u>。"那太公即忙换了衣服，与高才出来迎接，叫声"长老"。三藏听见，急转身，早已到了面前。那老者戴一顶乌绫巾，穿一领葱白蜀锦衣，踏一双糙米皮的犊子靴，系一条黑绿绦子，出来笑语相迎，便叫："二位长老，作揖了。"（第十八回）

But as soon as he had heard the lad's story, he quickly changed into his best clothes and came out to greet the guests, smiling affably.

原文高太公和高才的对话复述前面的内容，译文大幅删减。又如：

（14）行者道："你是也不知。老孙因为闹天宫，<u>偷了仙丹，盗了蟠</u>

桃，<u>窃了御酒</u>，被小圣二郎擒住，押在斗牛宫前，众天神把老孙斧剁锤敲，刀砍剑刺，火烧雷打，也不曾损动分毫。又被那太上老君拿了我去，放在八卦炉中，将神火锻炼，炼做个火眼金睛，铜头铁臂。不信，你再筑几下，看看疼与不疼？"（第十九回）

'You've still something to learn about me,' said Monkey. 'After I made havoc in Heaven and was caught by Erh-lang, all the deities of Heaven hacked me with their axes, hammered me with their mallets, slashed me with their swords, set fire to me, hurled thunderbolts at me, but not a hair of my body was hurt. Lao Tzu put me in his alchemic stove and cooked me with holy fire. But all that happened was that my eyes became fiery, my head and shoulders hard as steel. If you don't believe it, try again, and see whether you can hurt me or not.'

译文中省略篇幅小，仅偷仙丹、盗蟠桃、窃御酒几个字省略未译，也许译者认为这几个细节有损孙悟空美猴王的光辉形象。原文第三十七回会话也有类似省略。例如：

（15）行者道："这是国王手中执的宝贝，名唤玉圭。师父啊，既有此物，想此事是真。明日拿妖，全都在老孙身上，只是要你三桩儿造化低哩。"<u>八戒道："好好好！做个梦罢了，又告诵他。他那些儿不会作弄人哩？就教你三桩儿造化低。"三藏回入里面道："是那三桩？"行者道："明日要你顶缸、受气、遭瘟。"八戒笑道："一桩儿也是难的，三桩儿却怎么耽得？"唐僧是个聪明的长老，便问："徒弟啊，此三事如何讲？"行者道："也不消讲，等我先与你二件物。"</u>

好大圣，拔了一根毫毛，吹口仙气，叫声："变！"变做一个红金漆匣儿……（第三十七回）

'This,' said Monkey, 'is the treasure that the king carried in his hand. It is called a jade tablet. Master, now that we have found this thing, there is no more doubt about the matter. Tomorrow it will be my job to catch this fiend.'

Dear Monkey! He plucked a hair from his tail, blew on it with magic breath, cried out 'Change!', and it became a casket lacquered in red and gold...

这里八戒、唐僧和悟空的一段对话在译文中省略。也许韦利认为这几句对话影响故事进展节奏，内容无关紧要，所以略而不译。

第九十八回如来让尊者汇报唐僧取到哪些佛经，原文三十五部一一提到经卷名，但译文没有全部提到。请看原文和译文：

（16）二尊者即开报："现付去唐朝《涅槃经》四百卷，《菩萨经》三百六十卷，《虚空藏经》二十卷，《首楞严经》三十卷，《恩意经大集》四十卷，《决定经》四十卷，《宝藏经》二十卷，《华严经》八十一卷，《礼真如经》三十卷，《大般若经》六百卷，《金光明品经》五十卷，《未曾有经》五百五十卷，《维摩经》三十卷，《三论别经》四十二卷，《金刚经》一卷，《正法论经》二十卷，《佛本行经》一百一十六卷，《五龙经》二十卷，《菩萨戒经》六十卷，《大集经》三十卷，《摩竭经》一百四十卷，《法华经》十卷，《瑜伽经》三十卷，《宝常经》一百七十卷，《西天论经》三十卷，《僧祇经》一百一十卷，《佛国杂经》一千六百三十八卷，《起信论经》五十卷，《大智度经》九十卷；《宝威经》一百四十卷，《本阁经》五十六卷，《正律文经》十卷，《大孔雀经》十四卷，《维识论经》十卷，《贝舍论经》十卷。在藏总经，共三十五部，各部中检出五千零四十八卷，与东土圣僧传留在唐。现俱收拾整顿于人马驮担之上，专等谢恩。"（第九十八回）

Ananda and Kasyapa then read over the list, beginning with the *Book of the Great Decease*, and ending with the *Kosa Sastra*. 'These books,' said Ananda 'written on five thousand and forty-eight scrolls, have all been given to the priests of China to keep forever in their land. They are all now securely packed on their horse's back or in parcels to be carried by hand, and the pilgrims are here to thank you.'

原文三十五部经完整交代经名卷数，译文仅选取开头结尾二经。此外，译义将原义的会话也改为叙述，加快了故事节奏。同样的例子又见于第一百回回末，大众合掌皈依，念诸神神名的一节。原文从南无燃灯上古佛开始，到南无八部天龙广力菩萨为止，共六十三尊，译文删除很多。请看下文：

'Praise to the Buddha of the Past, Praise to Bhaishajya, Praise to Sakyamuni…' and so on through all the Buddhas, till finally for the first time they chanted 'Praise to the Buddha of Precocious Merit, Praise to the Buddha Victorious in Strife.' Next they invoked the names of all the Bodhisattvas, Kuan-yin, Mahasthamprapta, Manjusri, Samantabhadra, and the rest, ending with

'Praise to the Cleanser of the Altar, praise to the Golden Bodied Arhat, praise to the Heavenly Dragon'.

韦译本只提到开头的三尊——燃灯上古佛、药师玻璃光王佛、释迦牟尼佛，中间旃檀功德佛（即唐僧）、斗战胜佛（即孙悟空）、观音菩萨、大势至菩萨、文殊菩萨、普贤菩萨，最后的净坛使者菩萨（即猪八戒）、金身罗汉菩萨（即沙和尚）和八部天龙广力菩萨（即白龙马），共十二尊，其余均省略未译。

第一百回唐僧向唐玄宗汇报到灵山取经经过，有一大段话，请看原文和译文。

(17) 臣僧到了灵山，参见佛祖，蒙差阿傩、伽叶二尊者先引至珍楼内赐斋，次到宝阁内传经。那尊者需索人事，因未曾备得，不曾送他，他遂以经与了。当谢佛祖之恩东行，忽被妖风抢了经去，幸小徒有些神通赶夺，却俱抛掷散漫。因展看，皆是无字空本。臣等着惊，复去拜告恳求，佛祖道："此经成就之时，有比丘圣僧将下山与舍卫国赵长者家看诵了一遍，保他家生者安全，亡者超脱，止讨了他三斗三升米粒黄金，意思还嫌卖贱了，后来子孙没钱使用。"我等知二尊者需索人事，佛祖明知，只得将钦赐紫金钵盂送他，方传了有字真经。

Tripitaka described his arrival at the Holy Mountain, the trick played by Ananda and Kasyapa, and how he had in the end obtained written copies by parting with the begging-bowl given to him by his Majesty.

原文用直接引语，译文改为间接引语。原文细节多，译文只说师徒达到灵山，被两位尊者要弄，最后送上金钵盂才取到真经，其他细节一概省略。这种调整会话为叙述，加快叙述节奏的例子还有一些。例如：

(18) 惠岸立住叫："把营门的天丁，烦你传报：我乃李天王二太子木咤，南海观音大徒弟惠岸，特来打探军情。"李天王发下令旗，教放进来。此时东方才亮。惠岸随旗进入，见四大天王与李天王下拜。拜讫，李天王道："孩儿，你自那厢来？"（第六回）

Day was just breaking when Hui-yen, who was the second son of Vaisravana and had been called Prince Moksha before his conversion, was shown into his father's tent. 'Where do you come from, my son?' asked Vaisravana.

115

这里，韦译本大量精简文字，调整叙述方式，将惠岸说的话改为叙述。

七、称谓

韦译本对原文称谓的处理主要有四种方法：省略、简化、差异化、保留。

（一）称谓省略
韦译本对话中经常省略称谓。例如：

（19）行者道："老高，你空长了许大年纪，还不省事！若专以相貌取人，干净错了……"（第十八回）

'In all the years you've lived,' said Monkey, 'you've evidently learnt very little wisdom. If you judge people by their appearances, you'll always be going wrong…'

悟空称呼高太公的"老高"称谓，译文中没有。又如：

（20）那老儿即唤家僮，请了几个亲故朋友。一时都到，相见已毕，行者道："师父，你放心稳坐，老孙去也。"（第十八回）

Several respectable friends and relatives were fetched, and having looked them up and down Monkey said to Tripitaka, 'Sit here quietly and don't worry. I'm off to do this job.'

对话中"师父"称谓省略。又如：

（21）三藏问道："悟空，你去这一夜，拿得妖精在那里?"（第十九回）

'You must have had a long way to go, to catch the creature.' said Tripitaka.

这里"悟空"称谓省略未译。再如：

（22）唐僧满眼垂泪道："徒弟呀！这个极乐世界，也还有凶魔欺害哩!"（第九十八回）

'Little did I think,' he sobbed, 'that even in Paradise we should be thus molested by savage demons!'

这里，"徒弟"称谓未译。又如：

（23）大仙道："<u>圣僧</u>，<u>你与大圣、天蓬、卷帘四位</u>，已此到于福地，望见灵山，我回去也。"（第九十八回）
'You stand already on Blessed Ground,' said the Immortal. 'The Holy Mountain is before you. I shall now turn back.'

"圣僧、大圣、天蓬、卷帘"称谓均未译。有时，原文提到某人物，使用多个称谓，韦译本仅保留一个。例如：

（24）你这厮有眼无珠，认不得我！<u>吾乃玉帝外甥，敕封昭慧灵显王二郎是也</u>。今蒙上命，到此擒你，你还不知死活？
'Have you eyes with no eyeballs, that you fail to know me?' shouted Erhlang. '<u>I am the Jade Emperor's nephew</u>. I have come now by his Majesty's command to arrest you, rebellious groom-ape that you are! Your hour has come.'

二郎神封号太长，啰里啰唆，韦译本连名带封号一概省略。

（二）称谓简化
称谓简化可以从唐僧三个徒弟的名字看出。三个徒弟都不止一个名字，如大徒弟孙悟空，有"悟空""行者"，二徒弟猪八戒有"八戒""悟能"，三徒弟沙和尚有"沙僧""悟净"等。但绝大多数情况下，无论面称、背称，韦译本中三人都分别叫 Monkey、Pigsy、Sandy。例如：

（25）<u>呆子</u>挑着担，<u>沙僧</u>牵着马，<u>行者</u>领着圣僧，都按下云头，落于望经楼边。（第一百回）
So <u>Pigsy</u> carrying the pack, <u>Sandy</u> leading the horse and <u>Monkey</u> accompanying Tripitaka, they alighted at the side of the pagoda.

译文叙述部分，"呆子"译为 Pigsy，"沙僧"译为 Sandy，"行者"译为 Monkey。又如：

（26）祖师道："我门中有十二个字，分派起名，到你乃第十辈之小徒矣。"猴王道："那十二个字？"祖师道："乃广、大、智、慧、真、如、性、海、颖、悟、圆、觉十二字。排到你，正当'悟'字。与你起个法名叫做'孙悟空'好么？"猴王笑道："好！好！好！自今就叫做孙悟空也！"（第一回）

'We shall have to see about giving you a school-name,' said the Patriarch. 'We have twelve words that we use in these names, according to the grade of the pupil. You are in the tenth grade.' 'What are the twelve words?' asked Monkey. 'They are Wide, Big, Wise, Clever, True, Conforming, Nature, Ocean, Lively, Aware, Perfect, Illumined. As you belong to the tenth grade, the word Aware must come in your name. How about Aware-of-Vacuity?' 'Splendid！' said Monkey, laughing. 'From now onwards let me be called Aware-of-Vacuity.'

祖师给孙悟空取名，译文保留名字"悟空"，删除姓氏"孙"，美中不足。又如：

（27）木吒道："父王，愚男蒙菩萨吩咐，下来打探消息，就说如遇战时，可助一功。今不才愿往，看他怎么个大圣！"（第六回）

Father, I was sent by the Bodhisattva to obtain information. But she said that if hostilities were in progress I was to lend a hand. I confess I should like to go and have a look at this Great Sage of yours.

原文敬称"父王"译为Father，谦称"愚男""不才"均简化为I。这种谦称和敬称简化在韦译本中很常见。又如：

（28）长老俯伏道："大徒弟姓孙，法名悟空，臣又呼他为孙行者。他出身原是东胜神洲傲来国花果山水帘洞人氏，因五百年前大闹天宫，被佛祖困压在西番两界山石匣之内，蒙观音菩萨劝善，情愿皈依，是臣到彼救出，甚亏此徒保护。二徒弟姓猪，法名悟能，臣又呼他为猪八戒。他出身原是福陵山云栈洞人氏，因在乌斯藏高老庄上作怪，即蒙菩萨劝善，亏行者收之，一路上挑担有力，涉水有功。三徒弟姓沙，法名悟净，臣又呼他为沙和尚。他出身原是流沙河作怪者，也蒙菩萨劝善，秉教沙门。那匹马不是主公所赐者。"（第一百回）

'My eldest disciple, named Monkey,' said Tripitaka, 'comes from the

Water Curtain Cave, on the Mountain of Flowers and Fruit. Five hundred years ago he made trouble in Heaven and Buddha imprisoned him in a stone chest under the Mountain of the Two Frontiers. But he was converted by the Bodhisattva Kuan-yin, and on my way to India I was able to release him and take him with me as my disciple. His protection stood me in good stead, and had it not been for him I could never have fulfilled my mission. <u>My second disciple, Pigsy</u>, came from the Cloud Ladder Cave on Mount Fu-ling. He was haunting Mr Kao's farm when I came that way and picked him up. He has carried the luggage throughout our journey and also proved very useful when rivers had to be crossed. <u>My third disciple, Sandy</u>, comes from the River of Flowing Sands. He too was converted by Kuan-yin and was received into the Order. The horse is not the one that you bestowed upon me. '

原文唐僧向玄宗介绍三个徒弟，每个徒弟有姓、有名、有别称。译文分别只用一个名字。

（三）称谓差异化

韦译本中的称谓差异化突出表现在神名、人名翻译有别。虽然神名、人名都有音译，但人名一般用威式拼音，如高家庄的家人高才译为 Kao Ts'ai、高太公或高老译为 Mr Kao 等。神仙多用梵语音译。例如：

释迦牟尼 Sakyamuni
药师玻璃光王佛 Bhaishajya
大势至菩萨 Mahasthamprapta
文殊菩萨 Manjusri
普贤菩萨 Samantabhadra
菩萨 Bodhisattva
金刚 Vajrapanis
罗汉 Arhat
如来 Tathagata
阿傩 Ananda
伽叶 Kasyapa
天王 Vaisravana

极个别神名用拼音，如广为人知的观音菩萨译为 Kuan-yin。也有的用意译，如佛祖译为 Father Buddha、揭谛译为 Protector、大曜译为 Planet、伽蓝译为 Temple Guardian 等。唐僧师徒四人成佛封号也是意译，如旃檀功德佛译为 the Buddha of Precocious Merit、斗战胜佛译为 the Buddha Victorious in Strife、净坛使者译为 the Cleanser of the Altar、金身罗汉译为 the Golden Bodied Arhat。普通人人名也有意译，如高太公的三个女儿香兰、玉兰、翠兰，译名分别是 Fragrant Orchid、Jade Orchid、Blue Orchid。

（四）称谓保留

韦译本中也有保留称谓的情况。例如：

（29）猴王近前叫道："老神仙！弟子起手。"（第一回）

Reverend Immortal, your disciple raises his hand.

"老神仙"译为 Reverend Immortal。又如：

（30）说罢，那老高上前跪下道："长老，没及奈何，你虽赶得去了，他等你去后复来，却怎区处？……"（第十九回）

'Reverend Sir,' said old Mr Kao to Monkey, 'I am afraid this hasn't helped matters much. True, you have driven him away; but after you have gone he's certain to come back again, and where shall we be then? …'

称谓"长老"保留，译为 Reverend Sir。又如：

（31）康张姚李道："兄长且押这厮去上界见玉帝，清汁发落去也。"真君道："贤弟，汝等未受仙箓，不得面见玉帝……"（第六回）

'Elder brother,' said the brothers of Erh-lang, 'you have said enough. What we must do now is to hoist this fellow up to Heaven and get a ruling from the Jade Emperor as to how he is to be disposed of.' 'Brothers,' said Erh-lang, 'you are not on the roll of Immortals, and cannot appear before the Emperor…'

韦译本忠实翻译了尊称"兄长"和敬称"贤弟"。

八、辞格

韦译本不仅讲究故事的趣味性，而且注重小说的艺术性和审美性。对原书中的辞格翻译力求审美对等①，力争再现原文的修辞效果。具体处理方法因上下文而异，有音译，有直译，也有意译。例如：

(32) 祖师道："既是逐渐行来的也罢。你姓甚么？"猴王又道："我无性。人若骂我，我也不恼；若打我，我也不嗔，只是陪个礼儿就罢了。一生无性。"（第一回）

'Oh well,' said the Patriarch, 'I suppose if you came by easy stages, it's not altogether impossible. But tell me, what is yourhsing?' 'I never show hsing,' said Monkey. 'If I am abused, I am not at all annoyed. If I am hit, I am not angry; but on the contrary, twice more polite than before. All my life I have never shown hsing.'

祖师问猴王姓什么，猴王听成同音字"性"，以为是问自己性情怎么样，所以说"我无性"，说自己脾气好，从不生气。这种辞格在汉语里属谐音双关。韦利用拼音译出，然后用脚注解释：There is a pun on hsing, 'surname', and hsing, 'temper'。这样翻译明显带有异域文化色彩，是异化翻译。这种处理方法有一个明显问题，译文读者无法像原文读者那样直接体会修辞之妙，看了脚注才明白其中的奥秘。这样固然让读者长了知识，学了汉语，但干扰了阅读的流畅性，减少了阅读的乐趣。不过，这种音译很少，更常见的是直译。例如：

(33) 阿弥陀佛，南无佛，我若不是真心实意，还教我犯了天条，劈尸万段！（第十九回）

I swear before the Buddha Amitabha, praised be his name, that I am telling the truth; and if I am not, may I be condemned once more by the tribunals of Heaven and sliced into ten thousand pieces.

原文夸张修辞"劈尸万段"，译文保留。又如：

(34) 那人左扭右扭，那里扭得动，却似一把铁钳绒住一般，气得他丢了包袱，撇了伞，两只手，雨点似来抓行者。（第十八回）

The man wriggled this way and that, but all to no purpose. He was caught as though by iron pincers. In the struggle he dropped his bundle, dropped his

---

① 张保红. 译艺心语：文学翻译论说与实践 [M]. 北京：中译出版社，2022：43, 113.

umbrella, and began to rain blows on Monkey with both fists.

原文的比喻"似一把铁钳""雨点似"韦译本均保留，也有追求功能对等的创造性翻译。例如：

（35）唐僧闻言暗喜道："只怕八戒不肯去。"行者笑道："如何？我说你护短，你怎么就知他不肯去？你只象我叫你时不答应，半个时辰便了！我这去，但凭三寸不烂之舌，莫说是猪八戒，就是猪九戒，也有本事教他跟着我走。"（第三十八回）

Tripitaka thought this was a splendid plan, but he was not sure that Pigsy would consent. 'Why not?' said Monkey. 'Didn't I say you were partial to him and did not want him to go? You think he would refuse to go because you know that when I call you it is often half an hour before you take any notice. You'll see when I start, that I shall only need a turn or two of my three-inch tongue, and no matter if he is Pigsy or Wigsy. I am quite capable of making him follow me.'

原文模仿猪八戒，造出猪九戒，这是仿词辞格。译文也如法炮制，将八戒的英语名 Pigsy 替换一个字母，创造出 Wigsy，成功地再现了原文的幽默和审美性。

对偶是汉语常见的一种辞格，对仗整齐，表达简练，英语中很难再现这种形式美。例如：

（36）三藏道："只因他做得，所以吃得。"（第十八回）

'No doubt,' said Tripitaka, 'anyone who works so hard as he does needs a lot of nourishment.'

高太公对唐僧诉苦，猪八戒食量大，他们招架不了，唐僧指出八戒的优点，能干，所以能吃。原文"做得""吃得"行文简练，对仗整齐，译文则用词较多，句子结构较散。不过，只要有可能，韦利就尽量再现原文的修辞美。例如：

（37）八戒道："哥呵，不是胡说，只恐一时间有些儿差池，却不是和尚误了做，老婆误了娶，两下里都耽搁了？"（第十九回）

'It's not rubbish,' said Pigsy. 'Things may go wrong, and then I shall be in a pretty pass! No salvation, and no wife either.'

　　八戒担心将来取经不成把家也丢了，"和尚误了做，老婆误了娶，两下里都耽搁了"。译文先总后分：and then I shall be in a pretty pass! No salvation, and no wife either。原文对仗整齐，"和尚误了做，老婆误了娶"，用了两个并列从句。译文也整齐对仗：No salvation, and no wife either，用的是两个名词性短语。虽然语言层级不同，但也异曲同工，有对仗之美。

　　有些辞格具有形象化特点，译文未保留形象，予以抽象化处理。例如：

　　（38）朕当结草衔环，报酬师恩也！（第三十七回）
Then, Master, I would repay you with all that will be mine to give.

　　原文中乌鸡国国王给唐僧托梦，希望他和徒弟能驱除妖怪，为自己洗清不白之冤，使用了典故"结草衔环"。"结草衔环"源于《左传》和《后汉书》中提到的"结草"和"衔环"两个故事，后人把两件事连在一起，并成一句话，比喻受人恩惠，定当厚报。英文进行抽象化处理，简单明了。又如：

　　（39）（慌得对着那盏昏灯，连忙叫："徒弟！徒弟！"）八戒醒来道："什么土地土地？当时我做好汉，专一吃人度日，受用腥膻，其实快活，偏你出家，教我们保护你跑路！原说只做和尚，如今拿做奴才，日间挑包袱牵马，夜间提尿瓶务脚！这早晚不睡，又叫徒弟作甚？"（第三十七回）
'Hey, what's that?' cried Pigsy, waking up and coming across to him. 'In the old days when I was a decent chap and had my whack of human flesh whenever I wanted, and all the stinking victuals I needed, that was a happy life indeed. A very different matter from coddling an old cleric on his journey! I thought I was to be an acolyte, but this is more like being a slave. By day I hoist the luggage and lead the horse; by night I run my legs off bringing you your pot. No sleep early or late! What's the matter this time?'

　　原文唐僧说的"徒弟徒弟"和八戒不耐烦说的"土地土地"是谐音双关。韦译未保留双关，也没有使用其他格，但译出了八戒的满腹牢骚："什么土地土地"译为 Hey, what's that，"又叫徒弟作甚"译为 What's the matter this time。

九、度量衡

度量衡的翻译，韦利一律采用英式单位，不用汉语度量衡。个别情况下活用英式单位，大多直接使用英式单位，并不换算。细究起来，长度、重量、容量等有出入。例如：

（40）"你顺那条小路儿，向南行七八<u>里</u>远近，即是他家了。"（第一回）

You have only to follow that small path southwards for eight or nine <u>leagues</u>, and you will come to his home.

译文中 league 一词不是常用义，被韦利临时拿来当作长度单位。他用脚注说明：^{2}A league was 360 steps。其他长度单位用例如：

（41）寡人只望三<u>尺</u>雨足矣，他说久旱不能润泽，又多下了二<u>寸</u>。朕见他如此尚义，就与他八拜为交，以兄弟称之。（第三十七回）

I told him <u>three feet</u> would be ample. But he said after so long a drought, it took a lot to soak the ground, and he brought down another <u>two inches</u>. And I, seeing him to be of such great powers, prostrated myself before him and treated him henceforth as my elder brother.

中国的尺寸和英尺、英寸不同，严格说来这是度量衡误译。又如：

（42）行者闻言嫌小，却就使个神通，把腰伸一伸，就长了有<u>三尺四五寸</u>。（第三十七回）

Hearing himself described as too small, Monkey used his magic power and stretched himself till he was <u>three feet four inches high</u>.

译文度量衡未变，套用英式度量衡。容量单位用例如：

（43）只讨得他<u>三斗三升</u>米粒黄金回来。（第九十八回）

For this they only charged gold to the weight of <u>three pecks and three pints of rice</u>.

这里的"斗""升"直接搬用英式容量单位配克和品脱，没有换算。又如：

（44）八戒在旁边道："师父、师兄，你们不要便罢，我与他家做了这几年女婿，就是挂脚粮也该三石哩。……"（第十九回）

'Wait a minute,' cried Pigsy. 'If I get my due for all I've done on this estate since I married into the family, I should carry away <u>several tons</u> of provisions…'

这里，传统的汉语容量单位"石"译为英式重量单位"吨"（ton）。

十、礼貌语言

通过对话刻画人物形象，是写小说的一种重要技巧。《西游记》中对话多，对话双方有长有幼、有亲有疏。有些对话，尤其是长对幼、上对下的会话使用了祈使句，语气直接、强硬，韦译本中进行了柔化处理，汉语直接请求语变为英语间接请求语①。大致可分以下几种情况。

一是句式不变，添加礼貌词语。例如：

（45）三藏道："<u>少题闲话</u>，我们赶早儿去来。"（第十九回）

'<u>Kindly stop this silly argument</u>,' said Tripitaka. 'It is high time we started.'

原文中悟空、八戒拌嘴，唐僧制止，使用祈使句，直截了当。译文添加副词 kindly，使得原文的直白语气有所缓解。又如：

（46）（太宗）叫："中书官来，朕念与你，<u>你一一写之</u>。"（第一百回）

Then he called for one of the Imperial Secretaries and said, 'I want to dictate something to you. <u>Please take it down very accurately</u>.'

原文唐太宗吩咐属下做记录，用祈使句，表命令。译文礼貌，句首添加 please 一词。

---

① 陈毅平.《红楼梦》称呼语翻译研究［M］. 广州：暨南大学出版社，2019：132－137.

二是改变句式，将原文的祈使句变为疑问句。例如：

（47）三藏道："你三个且休斗嘴，认认方向，看这是什么地方。"（第九十九回）

'Will you stop talking nonsense,' said Tripitaka, 'and devote your ingenuity to discovering where we are.'

三个徒弟吵架，唐僧出面制止，一副命令口吻。译文用 will you 开头的疑问句，更显礼貌、文雅。这里改用一般疑问句，有时也改用反义疑问句。例如：

（48）三藏道："悟空，你既是与他做了一场，一发与他做个竭绝，才见始终。"（第十九回）

'Now, Monkey,' said Tripitaka, 'don't you think you had better go and have one more fight with him and see if you can't settle the business once and for all?'

原文为祈使句，带有命令口吻。译文改为 don't you think 引导的反问句，同时使用 you had better go、see if you can't 等缓和语气的词语，更显礼貌。又如：

（49）三藏道："悟空，那里不有人来了？你再问那人就是，只管扯住他怎的？放他去罢。"（第十八回）

'Monkey,' said Tripitaka, 'I think there's someone coming over there. Wouldn't it do just as well if you asked him, and let this lad go?'

原文唐僧用两个疑问句、两个祈使句，带有明显的居高临下的口吻。译文更礼貌，用缓和语 I think 和礼貌表达式 Wouldn't it...if you did...。

三是改变句式，将祈使句变为陈述句。例如：

（50）太宗闻言，称赞不已，又问："远涉西方，端的路程多少？"（第一百回）

'You have been very well served,' said the Emperor. 'It would interest me to know exactly how far it is to India.'

原文唐太宗直接问唐僧，"远涉西方，端的路程多少"译文改为陈述句：It would interest me to know exactly how far it is to India，更委婉、更礼貌。又如：

（51）丈人啊，我的直裰，昨晚被师兄扯破了，<u>与我一件青锦袈裟</u>；鞋子绽了，<u>与我一双好新鞋子</u>。（第十九回）

But I think my <u>father-in-law might in decency give me a new jacket.</u> My old one was torn by Brother Monkey in the fight last night. And my shoes are all in pieces；<u>I should be glad of a new pair.</u>

原文是猪八戒当面对高太公说的话。译文改面称"丈人"为背称 my father-in-law。原文中八戒直接对老丈人提要求，"与我一件青锦袈裟""与我一双好新鞋子"，均为祈使句，找丈人要新衣新鞋。"丈人啊……与我一件青锦袈裟"译为 I think my father-in-law might in decency give me a new jacket，使用了表缓和的词语 I think 和 might，整句显得更委婉；后半句更间接，连丈人的称谓都不提，只说 I should be glad of a new pair，让对方意会。

四是既改变句式，又添加礼貌词语。例如：

（52）圣僧东土到此，有些甚么人事送我们？<u>快拿出来</u>，好传经与你去。（第九十八回）

Having come here from China you have no doubt brought a few little gifts for us. <u>If you will kindly hand them over</u>, you shall have your scriptures at once.

原文中阿傩、伽叶向唐僧索要礼物，说"快拿出来"，是祈使句，命令对方，不礼貌。译文改为表礼貌的假设从句：If you will kindly hand them over，并添加礼貌词语 kindly。

不过，韦译本中偶尔也有反例，原文礼貌，译文变成不礼貌，例如：

（53）那怪一闻此言，丢了钉钯，唱个大喏道："那取经人在那里？<u>累烦你引见引见</u>。"（第十九回）

No sooner did Pigsy hear these words than the rake fell from his hand. 'Where is that pilgrim？' he gasped. '<u>Take me to him</u>.'

八戒听悟空说唐僧来了，马上扔下武器，要见唐僧。原文使用礼貌词语"累烦""引见"。译文直截了当，不礼貌，用简短的祈使句：Take me to him。

十一、增删

由上可知，为突出孙悟空的形象，韦译本对无关紧要或冗长啰唆的语篇进行了删减，这样主题更突出、内容更集中、结构更紧凑。可见，翻译过程中，韦利身兼双职，不仅是翻译，而且是编辑。同时，为了提高小说的可读性，便于西方读者理解和接受，韦译本还对具有中国特色的词语进行了删减和简化。以第七回为例，"斩妖台"译为 the place of execution，"降妖柱"译为 a pillar，"六丁、六甲"省略未译，"乾、坎、艮、震、巽、离、坤、兑""天蓬天佑"均简化。例如：

（54）玉帝闻言，即教六丁、六甲，将他解下，付与老君。（第七回）
So Monkey was handed over to Lao Tzu…

译文使用被动语态句，巧妙地跳过动作执行者，省略原文的"六丁、六甲"。又如：

（55）原来那炉是乾、坎、艮、震、巽、离、坤、兑八卦。他即将身钻在巽宫下。巽乃风也，有风则无火。（第七回）
Now this crucible was in eight parts，each representing one of the eight trigrams．Monkey wriggled into the part corresponding to the trigram sun．Now sun is wind，and wind blows out fire…

原文有完整的八卦卦名，译文省略，后来单独提到"巽"卦，韦译本使用音译。如果把八卦卦名全部音译出来，无疑会增加读者的记忆负担，影响阅读的流畅性。又如：

（56）如来佛祖殄灭了妖猴，即唤阿傩迦叶同转西方。时有天蓬天佑急出灵霄宝殿道："请如来少待，我主大驾来也。"（第七回）
Buddha，having thus quelled the baleful monkey，called to Ananda and Kasyapa to come back with him to the Western Heaven．Just as they were leaving，two messengers arrived from the Hall of Magic Mists saying，'We beseech the Tathagata to wait a minute．Our master is on his way.'

原文中"天蓬天佑"是天上的神仙，韦译本简化成 two messengers，化繁为简，减少了阅读障碍。

同样，为便于读者理解与接受，韦译本有时也采用增译法。例如：

（57）却说八大金刚使第二阵香风，把他四众，不一日送至东土，渐渐望见长安。（第一百回）

Meanwhile it took less than a day for this second gale of magic wind to blow the pilgrims back to China, and soon they began to see the towers of Ch'ang-an.

译文中细节有减有加，省略"八大金刚"，将"望见长安"译为 see the towers of Ch'ang-an，在长安地名前增加 the towers of，说明他们望见长安城的建筑，更符合众人从高空眺望的语境，也更具体，便于读者理解。又如：

（58）八戒口中嚷道："他们都成佛，如何把我做个净坛使者?"（第一百回）

'Hey! What's this? I don't understand,' said Pigsy. 'You've just made the other two into Buddhas. Why aren't I a Buddha too?'

原文猪八戒不满佛祖给自己的净坛使者封号，只说了两句，对应的译文是：You've just made the other two into Buddhas. Why aren't I a Buddha too。但是，韦译本前面增加了 Hey! What's this? I don't understand，口语化增强，绘声绘色，更好地再现了八戒的不平心理，让八戒形象栩栩如生，跃然纸上。此外，译文 Why aren't I a Buddha too 使用不合语法的系动词 are 与 I 搭配，进一步体现了八戒的老粗特点。又如：

（59）慌得那诸老一齐下拜。谢道："多劳，多劳!"（第十九回）
The old men all bowed down before him, and supposing that he had accomplished his task thanked him for all his trouble.

悟空和八戒酣战一夜，未能降服，怕师父担心，回来禀报。众人以为他抓到八戒，一起谢他。译文增加了 supposing that he had accomplished his task，说明原因，使行文更连贯，便于读者理解。又如：

（60）师父，那妖不是凡间的邪祟，也不是山间的怪兽。他本是天蓬

元帅<u>临凡</u>，只因错投了胎，嘴脸象一个野猪模样，其实性灵尚存。（第十九回）

'Master,' said Monkey, 'the monster is not a common incubus or elf. I <u>have recognized him as a former inhabitant of Heaven, where he was in command of all the watery hosts.</u> <u>He was expelled to earth after an escapade with the daughter of the Moon Goddess</u>, and though he was here re-incarnated with a pig-like form, he retains all his magic powers…'

译文有减有增。八戒的封号"天蓬元帅"省略，译为解释性文字：I have recognized him as a former inhabitant of Heaven, where he was in command of all the watery hosts，通俗易懂，便于读者理解。同时，原文只有"临凡"二字，译文化简为繁，变成 He was expelled to earth after an escapade with the daughter of the Moon Goddess，增加了八戒被贬原因——调戏仙女，突出八戒生性好色，更具戏剧性和吸引力。又如：

（61）沙僧道："不信直中直，须防仁不仁。我们打起火，开了门，<u>看看如何便是</u>。"（第三十七回）

But Sandy broke in, '"He who does not believe that straight is straight must guard against the wickedness of good." Let us light torches, open the gate, and <u>see for ourselves whether the token has been left or not.</u> '

原文中唐僧告诉三个徒弟乌鸡国国王托梦，提到梦中国王请他把白玉圭交给太子作为信物。文中沙僧只说"看看如何便是"，表意不明。译文增加了词语：whether the token has been left or not，表意具体明确，逻辑性更强，便于读者理解。又如：

（62）他见<u>你</u>不动身，一定教拿你，你凭他拿下去，打也由他，绑也由他，杀也由他。（第三十七回）

When he sees that <u>you, a commoner</u>, do not bow down to him, he will order his followers to seize you. You will, of course, let yourself be seized, and beaten too, if they choose to beat you, and bound if they choose to bind you. Let them kill you, indeed, if they want to.

原语简单一个字"你"，译文增译为 you, a commoner，说明礼节上像唐僧这样的小老百姓应该对太子恭恭敬敬，倘若视若不见，定会受到严惩。译文增加同位语 a commoner，说明唐僧身份，解释了太子可能处罚唐僧的原因，便于译文读者理解。

十二、结语

随着中国文学、中国文化外译活动的不断深入，人们越来越强烈地意识到，中国文化走出去不仅仅是翻译的问题，还有编辑、出版、发行、传播等问题，涉及诸多领域和部门。我们不能满足于走出去，更要考虑走进来，收到良好的传播和接受效果。正如澳大利亚汉学家杜博妮所说："我开始意识到译者有多种义务或职责。有的译者可能认为首先应忠实于原文作者及其文化，但这时我已经想好了，我的翻译不是给原作者或原文读者看的，是给我自己的读者看的。"① 译者有译文读者意识，这是优秀翻译的要素之一。有一项重要的工作需要我们继续做下去，那就是系统研究汉学家经典外译作品，吸取营养，博采众长。就在西方的影响而言，韦译本《西游记》恐怕尚无出其右。英国汉学家、《西游记》全译本作者詹乃尔说过："从 20 世纪 20 年代到 50 年代，阿瑟·韦利英译了许多中国文学作品。这些作品通俗易懂、文字简练，很符合那些受过教育的普通人的口味。如果没有韦利的译文，他们才懒得去读这些中国文学作品呢。"② 20 世纪 80 年代，詹乃尔自己出版了《西游记》英语全译本，也得益于幼时深受韦利的影响。他在一篇回忆文章里说，12 岁读到韦利翻译的《美猴王》，从此与孙悟空结下不解之缘③。本文分十个方面，从宏观和微观修辞角度对《西游记》韦译本进行分析，但远远不够深入细致，应该有更多学者进行多角度、多学科研究。《西游记》李提摩太英译本研究已有专著问世④，对《西游记》韦译本这样的经典长销著作更应进行专著式深入研究，充分挖掘宝藏，吸取力量，更好地促进中国文学、中国文化的对外推广与传播。

① MCDOUGALL B S. The personal narrative of a Chinese literary translator［C］//The Routledge handbook of Chinese translation. Edited by Chris Shei and Zhao-Ming Gao. London and New York：Routledge，2018：397.

② 马慧娟. 彼岸的声音：汉学家论中国文学翻译［M］. 天津：南开大学出版社，2019：155.

③ 黄友义. 你听过几位？中国翻译界公认的 10 大老外专家！. 中国外文界微信公众号，2022 – 04 – 20.

④ 欧阳东峰. 冲突与调谐：李提摩太《西游记》英译本研究［M］. 广州：暨南大学出版社，2021.

参考文献

1. 曹慧敏. 《西游记》"西行"之路探究：基于跨文化传播视角的考察［J］. 四川师范大学学报（社会科学版），2020（4）.

2. 陈毅平. 《红楼梦》称呼语翻译研究［M］. 广州：暨南大学出版社，2019.

3. 陈毅平. 长篇小说外译策略与方法：以《西游记》英译本 *A Mission to Heaven* 和 *Monkey* 为例（未刊）.

4. 胡陈尧，刘云虹. 译与变：关于《西游记》海外传播路径的思考［J］. 小说评论，2019（1）.

5. 黄友义. 你听过几位？中国翻译界公认的 10 大老外专家！. 中国外文界微信公众号，2022－04－20.

6. 李晖. "情感之心"与水的象征：亚瑟·韦利的《西游记》英译［J］. 外国文学评论，2016（2）.

7. 刘道影，朱明胜. 《西游记》翻译研究（1980—2018）：基于 CiteSpace 的可视化分析［J］. 外国语言与文化，2019（1）.

8. 马慧娟. 彼岸的声音：汉学家论中国文学翻译［C］. 天津：南开大学出版社，2019.

9. 欧阳东峰. 冲突与调谐：李提摩太《西游记》英译本研究［M］. 广州：暨南大学出版社，2021.

10. 王丽娜. 《西游记》外文译本概述［J］. 文献，1980（4）.

11. 王丽萍. 《西游记》英译研究三十年［J］. 湖北第二师范学院学报，2013（4）.

12. 王文强，李彦. 阿瑟·韦利《西游记》英译本诗词删减原因探析［C］//复旦大学外文学院. 复旦外国语言文学论丛（2018 秋季号）. 上海：复旦大学出版社，2018.

13. 吴承恩. 西游记［M］. 汪原放，校点. 广州：广州出版社，1996.

14. 吴晓芳. 中国古典小说英译研究的底本问题：以《西游记》为中心［J］. 中国比较文学，2021（4）.

15. 张保红. 译艺心语：文学翻译论说与实践［M］. 北京：中译出版社，2022.

16. 郑锦怀，吴永昇. 《西游记》百年英译的描述性研究［J］. 广西社会科学，2012（10）.

17. MCDOUGALL B S. The personal narrative of a Chinese literary translator［C］// The Routledge handbook of Chinese translation. Edited by Chris Shei and Zhao-Ming Gao. London and New York：Routledge，2018.

18. WU C E. Monkey［M］. Translated by Arthur Waley. London：Unwin Paperbacks，1984.

A Rhetorical Analysis of *Monkey*, Arthur Waley's English Version of *Journey to the West*

Chen Yiping

(*School of Translation Studies*, *Jinan University*, *Zhuhai*, 519070)

Abstract: Chinese literature and culture going global being a important strategy, Chinese governmental and non-governmental agencies have taken various approaches and reaped encouraging results. In the new era, however, it is imperative for us to address the issue of drawing on the valuable experience for further promotion of Chinese literature and culture around the world. Based on a comparative analysis of *Journey to the West*, the classic Chinese novel, and *Monkey*, Arthur Waley's translation, this paper examines this most popular English version in the West in terms of choice of episodes, description, poems, dialogs, address forms, figures of speech, measurement units, language politeness as well as addition and deletion. A systematic investigation of existing classic English versions of Chinese literature will contribute to better communication of Chinese culture with the rest of the world.

Key words: *Journey to the West*, Arthur Waley, Chinese literature, Chinese culture, rhetoric

汉语与西班牙语有关"水"的隐喻对比①

喻　珊¹　闫亚平²②

（1. 华北水利水电大学社会科学处　郑州　450046；

2. 华北水利水电大学外国语学院　郑州　450046）

摘　要：水作为万物之本、生命之源，是人类最为熟悉的物质之一，在人类的认知中扮演着举足轻重的作用。人类文明诞生了大量以"水"为源、以水的概念来映射的隐喻。汉语和西班牙语都存在着以水喻时间、情感、思想、力量、财富、困境与灾祸等的词语。而认知与文化的差异则带来以"水"隐喻的个性特点，即汉语中侧重以水喻"道"和美德，西班牙语中侧重以水喻希望、风险和勇气。

关键词：汉语；西班牙语；隐喻

一、引言

现代认知隐喻理论认为，隐喻并不是可有可无的修饰手段，而是"人类组织概念系统的基础"，是"人类组织经验的工具"，是"人类认识事物的新视角"，③ 是人类认知世界、形成概念的重要共性手段，是人类共性的思维方式。而水作为万物之本、生命之源，孕育和滋养着世间万物，遍布人们生活的方方面面，是人类生存与生活不可或缺的关键要素，也是人类最为熟悉的物质之一，在人类的认知中扮演着举足轻重的作用。于是，人类文明诞生了大量以"水"为源、以水的概念来映射的隐喻。正如刁生虎（2006）所指出，"水是中国古代极为典型的根隐喻。以水比德、以水喻道、以水论政、以水谈兵等以自然之水隐喻社会人事的做法是中国古人基本的思维习惯和修辞倾向"④。而人类认知的共性，带来不同文明间"水"

---

①　本文为河南省教育厅人文社会科学研究一般项目"'政治等效＋'视域下外交隐喻西班牙语翻译的策略研究"（项目编号：2023－ZZJH－360）、教育部中外语言交流合作中心2021年度国际中文教育研究课题一般项目"拉美西语地区中文教育现状与发展对策研究"（项目编号：21YH05C）、河南省教师教育课程改革研究重点项目"河南省中小学外语教师中华文化认知与国际视野培养研究"（项目编号：2021－JSJYZD－013）的阶段性成果。

②　作者简介：喻珊，西班牙萨拉曼卡大学文学硕士，华北水利水电大学社会科学处成果管理科科长，研究方向为西班牙语语言学、跨文化交际。闫亚平，复旦大学文学博士，华北水利水电大学外国语学院副教授，研究方向为修辞学、国际中文教育、现代汉语语法。

③　束定芳. 隐喻学研究［M］. 上海：上海外语教育出版社，2000：128－146.

④　刁生虎. 水：中国古代的根隐喻［J］. 中州学刊，2006（5）：180.

隐喻的共性特征，认知与文化的差异则带来不同文明"水"隐喻的个性特点。因为"语言中的隐喻是隐喻思维的外在物质表现形式，不同民族的文化背景、宗教信仰、思维方式、风俗习惯对隐喻思维与语言表征构成了影响"①。对此，本文尝试对汉语和西班牙语的"水"隐喻进行对比，以助益和促进中国与西班牙语世界的对话与交流。

二、汉语与西班牙语"水"隐喻的共性

（一）以水喻时间

"户枢不蠹，流水不腐。"水具有流动性，永远都处于运动状态，奔腾不息，且一去不复返。而时间作为相对抽象的事物，虽看不见、摸不着，但也具有动态和单向性，呈线性向前。对此，汉语和西班牙语都以水来隐喻时间。如汉语和西班牙语都以洒出去的水不可能收回来隐喻时机已然错过，事情没有挽回的机会，西班牙语中的"Agua vertida no toda cogida"与汉语中的"覆水难收"几乎完全对等。

但相较之下，同样是以水隐喻时间，汉语中主要以水的流动来隐喻时间的流逝，以水的川流不息来隐喻时间的流逝之快。比如：

（1）子在川上曰：逝者如斯夫！不舍昼夜。（《论语·子罕》）
（2）落花流水春去也，天上人间。（李煜《浪淘沙令》）
（3）浮云一别后，流水十年间。（韦应物《淮上喜会梁川故人》）
（4）两人默默相对，只觉得那似水流年在那里滔滔地流着。（张爱玲《半生缘》）

例（1）至例（4）中，以水不分白天黑夜地奔腾不息、不断向前来隐喻时间的逝去及逝去之迅速。

而同样是以水来隐喻时间，西班牙语中侧重以水来隐喻关键、重要的时间，也即时机。比如：

（5）Agua pasada no mueve molino.（机不可失，失不再来。）
（6）Agua de por mayopan para todo el año.（五月的雨，一年的粮。）

西班牙语中，"agua"是水的意思。例（5）中，把时机隐喻成水，以

---

① 丁毅伟. 隐喻思维与语言表征的民族性［J］. 学术交流，2018（12）：158.

流出去的水推不动磨来隐喻时机稍纵即逝和难以把握。例（6）中，因为西班牙中部的卡斯蒂利亚高原干旱少雨，并且气候寒冷，气温到暮春才回暖明显，所以，五月份的雨水非常珍贵，有利于农作物的生长，对一年的收成有着决定性影响。因此，五月的雨水可以用来隐喻把握时机的重要性。此外，如果形容某人或某物出现的时机恰到好处，也会用"como el agua de mayo"（及时雨）。

（二）以水喻情感

水作为人类生活不可或缺的基本元素，循环往复，绵延不断。而情感尤其是忧伤的情感也具有"剪不断"的特点。对此，汉语和西班牙语都以实在的、可见的水来隐喻无形的、抽象的情感。如西班牙语中的"Mar de fondo"跟汉语中的"心潮起伏"一样，都是以大海涌浪来隐喻情绪的起伏与不安。

但相较之下，汉语中侧重以水的绵延不绝来隐喻情感的浓厚与无穷。比如：

（7）a. 抽刀断水水更流，举杯消愁愁更愁。（李白《宣州谢朓楼饯别校书叔云》）

b. 问君能有几多愁，恰似一江春水向东流。（李煜《虞美人》）

c. 花红易衰似郎意，水流无限似侬愁。（刘禹锡《竹枝词》）

（8）a. 请君试问东流水，别意与之谁短长。（李白《金陵酒肆留别》）

b. 仍怜故乡水，万里送行舟。（李白《渡荆门送别》）

c. 离愁渐远渐无穷，迢迢不断如春水。（欧阳修《踏莎行》）

（9）a. 桃花潭水深千尺，不及汪伦送我情。（李白《赠汪伦》）

b. 一位好的诗人就像一位好朋友，可以告诉给你什么是高山流水般的友谊，告诉你见贤思齐、无欲则刚的人生哲理。（北大语料库）

（10）a. 柔情似水，佳期如梦，忍顾鹊桥归路。（秦观《鹊桥仙·纤云弄巧》）

b. 女孩子的世界，又总是和平的，那些小心眼儿，碎嘴，计较，其实温柔如水。（王安忆《桃之夭夭》）

例（7）中，以水的绵延不断、滔滔不绝来隐喻哀愁的绵绵不断与浓厚。例（8）中，以东流水、故乡水和春水的绵延不绝、迢迢不断来隐喻离愁别绪的无穷尽与无穷期。例（9）中，以桃花潭水和高山流水来隐喻友情的深厚与长久。例（10）中，以水的柔软触觉、随形就下来隐喻柔情与温柔。

同样是以水来隐喻情感，西班牙语中也有着不同的表现。比如：

（11）En tanto que la flor cae amorosael arroyo corre impasible.（落花有意，流水无情。）

（12）Ante los avances de fernandoelena parece nadar entre dos aguas.（面对费尔南多的求爱，埃莲娜犹豫不决。）

（13）Don Juan se echaba al agua que atacaba a los turcos.（唐胡安下定决心进攻土耳其人。）

例（11）中，以花落在"arroyo"（小溪）里，小溪却没有回应来隐喻无情，不同于汉语中以水毫不停留而一去不复返来隐喻无情。例（12）中，以身处两片水域来隐喻人的犹豫态度与纠结心理。例（13）中，以跳进水里来隐喻决心。

（三）以水喻思想

思想是抽象的、无形的，而水是人们生活中最熟悉、最常见的具体物质之一。于是，汉语和西班牙语中都以水来隐喻思想。

但相较之下，汉语中侧重于以水的流动性和充裕来隐喻思想的发展和丰富，以水的深度来隐喻思想的深刻，以水的清澈来隐喻思想的纯洁。反之，则以水的堵塞来隐喻思想的障碍，以水的枯竭来隐喻思想的贫乏，以水的浅显隐喻思想的苍白，以水的污染来隐喻不良的思想。比如：

（14）a. 整节课她领导着我们，从这道题穿到那道题，讲解详细，思路流畅。（BCC 语料库）

b. 那些日子里，刘纪文每到晚上便思如泉涌，做梦都在写诗……（北大语料库）

c. 不喜欢油头粉面的英俊小生，喜欢比较朴素实在的、有一定思想深度的、接触起来比较轻松的人。（BCC 语料库）

d. 我们的思想明朗清澈，我们对真理倾心，无所畏惧。（BCC 语料库）

（15）a. 一般作家都有遭遇思想堵塞的苦闷；突然间思路枯竭，不能行文。（北大语料库）

b. 过分长久地满足于空洞无物的全面将会使思想枯竭，思想的向上

运动是无法遏止的，螺旋式的偏移已经四处出现。（北大语料库）

c. 而潘秀娅他们所以总不能由"浅思维"进入"深思维"，说到底还是因为文化水平低下。（刘心武《钟鼓楼》）

d. 然后问他们，再好好想一想之后能不能从所有那些语言污秽、思想污秽的嘲弄与下流描写里看出什么有趣的东西。（北大语料库）

e. "我才不胡说。谁不知道你爹娘给你灌了一肚子坏水，没好心眼儿。"李进孩上前举起手打了她一个耳光，单云田也不示弱，一把揪住了她的小辫儿，两个人扭在一起，打得不可开交。（北大语料库）

例（14）中，抽象、无形的思想被隐喻成"水"，可以像水一样"流畅"、如"泉涌"，且可以像水一样有"深度""清澈"。与之相反，例（15）中，思想如"水"，会"堵塞""枯竭"，且有时也会比较"浅"、会"污秽"、会"坏"。可见，人们是把实在、看得见的水投射到思想身上，使之具有水的特征，从而便于准确理解和把握。

同样是以水喻思想，西班牙语侧重以水的清澈来隐喻思想上理解和了解得透彻。比如：

（16）a. Me ha quedado más claro que el agua. （我懂得非常透彻。）

b. Sé sobre los restaurantes de esta zona claro como el agua. （我对这个地区的餐馆了解得一清二楚。）

例（16）中，以比水还清澈来隐喻思想上对相关事物认识、理解和了解得深入、彻底。

此外，智慧是思想的最高形式。汉语和西班牙语中都以静水流深来隐喻智慧。比如：

（17）a. "所谓静水深流，展兄安忍定静的工夫，果如不动明王，令人钦佩！"自弹自唱的冷墨，不以为意地送上他的恭维。（BCC 语料库）

b. Los ríos más profundos con el menor sonido （静水流深）

例（17）中，以越深的水流越安静，但涌动的力量却越大来隐喻真正的大智慧是不声不响的。

（四）以水喻力量

水具有流动性和动能，对此，汉语和西班牙语中都以水来隐喻力量。

比如：

（18）a. 人要相信有种力量叫水滴石穿，有种力量叫潜移默化。（BCC 语料库）

b. 无线应用和下一代互联网暗流涌动，无线应用在商业贸易和消费市场火热。（北大语料库）

（19）Agua cava a través de la piera（滴水穿石）

例（18）、例（19）中，以滴水穿过石头、看不见的潮流在涌动来隐喻毅力和力量。

生机也是一种力量。对此，汉语中还以水尤其是春水、春潮是万物生长的源泉来隐喻生机。比如：

（20）a. 加入世贸组织以来，中国不断扩大开放，激活了中国发展的澎湃春潮，也激活了世界经济的一池春水。（人民网，2021 - 12 - 11）

b. 邓公南方谈话之后，祖国改革开放的大潮势如破竹，一浪高过一浪，各项经济建设，一派生机勃勃。（北大语料库）

例（20）中，以春潮、春水、大潮来隐喻中国和世界经济良好的发展态势与勃勃的生机活力。

（五）以水喻财富

水滋养着万物，是万物生长的根基。有水的地方自然利于农作物生长，多水之地多富饶。对此，汉语和西班牙语中都以水隐喻财富。比如：

（21）他家的香肠添加了许多不为人知的化学原料，色泽鲜艳，香气扑鼻，销路很好，财源滚滚。（莫言《四十一炮》）

（22）a. 这人是个游手好闲的"阿混"，听说谭的来意，正想从其身上榨点油水，问："你带多少钱来？"（北大语料库）

b. 加工修理曾被公认为肥水，争着抢着自己干。（北大语料库）

（23）a. 有钱没钱，唐四爷一瞧便知。有四支金笔的人，肯定花钱如流水。（老舍《鼓书艺人》）

b. gastar dinero como agua（挥金如土）

例（21）中，以水之滔滔不绝隐喻财富的充裕与接续不断。例（22）

139

中，以油水、肥水来隐喻金钱、利益与收入。例（23）中，汉语以水的川流不息来隐喻花钱的无节制，而西班牙语以用水之多来隐喻花钱的奢侈与无节制。

在水可以带来财富的基础上，又进一步发展出以水隐喻谋私利。比如：

（24）a. 往年厂里大修，成为工人们做私活、捞油水的机会。（北大语料库）

b. llevar uno el agua a su molino（乘机渔利）

例（24）中，以捞油水、取水到磨坊隐喻乘机为己谋私利的行为。

（六）以水喻困境与灾祸

水能润泽万事万物，也具有破坏性，给人类的生活乃至生命带来灾害和危险。对此，汉语和西班牙语中都以水的破坏性来隐喻麻烦、困境、险境、灾难和灾害等。比如：

（25）而那个就算不想蹚浑水、免得招来无妄之灾的餐厅经理，也苦着一张生意脸孔走了过来。"客人！请你们不要大声吵闹好吗？你们已经影响到别的客人……"（BCC语料库）

（26）a. 沦陷区的同胞水深火热，何时我们才能回去同他们见面？（王火《战争和人》）

b. 王皓茹暗暗下决心，要用自己的智慧为这片穷山恶水带来生机。（北大语料库）

（27）Estar con el agua al cuello.（这两个登山者现在陷入了困境。）

（28）a. 短短的只言片语，就让所有的希望付之东流。（BCC语料库）

b. irse algo al agua（计划失败）

例（25）中，以"蹚浑水"来隐喻麻烦。例（26）中，以"水深（火热）""（穷山）恶水"来隐喻艰难困苦的境况。例（27）中，以水漫过脖子来隐喻十分危险的处境。例（28）中，以流水冲走来隐喻希望落空、计划失败、前功尽弃。

三、汉语与西班牙语"水"隐喻的个性

（一）汉语以水喻"道"和美德

"道可道，非常道。"作为道家的思想内核，"道"的精深玄奥决定了其只有借助外在事物的隐喻才能传递其特性。"近取诸身，远取诸物。"（《周易·系辞下》）于是，作为道家创始人的老子便择取了人类生活最基本、最熟悉的物质——水来隐喻抽象无形的概念"道"。方芳、戚涛（2016）指出，"水具有的特征——'随形而动''润物不争''至柔则刚''虚静清淡''包容就下'与'道'的自然本性最为相似。通过隐喻映射方式，老子把水的根隐喻特征映射到目标域，以解释抽象的'道'"[①]。李水（2018）指出，"人类概念系统的形成来源于人类与物理和人文环境的互动。在老子生活的时期，他观察到水本有的特质，譬如：趋下、流深、容纳、东流、随势等，又观察到'水'在与人文环境的互动中具有洗涤、润泽、可静可动等特征。认为'水'接近于'道'的概念，对'水'的经验认知为后人了解'道'提供了方法和视角，反过来'道'的概念系统也可能因为'水'的特质'得到了丰富或某种意义上的改变'，始源域'水'和目标域'道'是映射互动的关系"[②]。比如：

（29）上善若水。水善利万物而不争，处众人之所恶，故几于道。（《老子》第八章）

（30）江海之所以能为百谷王者，以其善下之，故能为百谷王。是以圣人欲上民，必以言下之；欲先民，必以身后之。（《老子》第六十六章）

水是万物生存之本和生命之源，对世间万物都重要非凡。它不仅滋养孕育着万物，普利万物，还永远处于最低处，深藏不显。对此，例（29）、例（30）中，老子便以水滋育万物、包容就下和深藏不争来隐喻抽象的概念"道"，凸显"道"的特点。

"道"无处不在，无时不在。当它作用和体现在个人身上，作为人类的行为方式和处世准则时，即表现为道德、品德。于是，汉语中又以水来隐喻人的品格与美德。比如：

---

① 方芳，戚涛. "道"之隐喻与隐喻之"道"[J]. 学术界，2016（7）：140.
② 李水.《老子》第八章"水"的隐喻机制研究 [J]. 临沂大学学报，2018（4）：57.

（31）云山苍苍，江水泱泱。<u>先生之风，山高水长</u>。（范仲淹《严先生祠堂记》）

（32）a. <u>孰能浊以静之徐清</u>？<u>孰能安以动之徐生</u>？保此道者，不欲盈。夫唯不盈，故能蔽不新成。（《老子》第十五章）

b. 静胜躁，寒胜热，<u>清静为天下正</u>。（《老子》第四十五章）

c. <u>人心譬如槃水，正错而勿动，则湛浊在下而清明在上</u>，则足以见须眉而察理矣。（《荀子·解蔽》）

（33）<u>海不辞东流，大之至也</u>。圣人并包天地，泽及天下，而不知其谁氏。是故生无爵，死无谥，实不聚，名不立。（《庄子·徐无鬼》）

（34）子曰："<u>知者乐水</u>，仁者乐山。知者动，仁者静。知者乐，仁者寿。"（《论语·雍也篇》）

例（31）中，以水之绵延不绝来隐喻严子陵高风亮节的品格。例（32a）、例（32b）中，道家以水可以由浊逐渐变清和水的清静特点来隐喻良好品德的特征即虚静、清淡、自然、无为。而例（32c）中，儒家以水的澄明、平静来隐喻良好品德应具备专心致志、内心纯粹之特征，这样才能明察事物、明辨宇宙万物之理。例（33）中，以海纳百川隐喻圣人应包容就下而不自矜。例（34）中，隐喻智者应该像水一样阅尽世间万物且悠然、淡泊。可见，汉语中广泛存在着以水来隐喻性论说人的品格与美德的表达。正如孔子所指出的，"夫水，大遍与诸生而无为也，似德；其流也埤下，裾拘必循其理，似义；其洸洸乎不淈尽，似道；若有决行之，其应佚若声响，其赴百仞之谷不惧，似勇；主量必平，似法；盈不求概，似正；淖约微达，似察；以出以入，以就鲜洁，似善化；其万折也必东，似志。是故君子见大水必观焉"（《荀子·宥坐》）。

此外，汉语中还存在着以水隐喻人民和百姓的表达，如君舟民水、军民鱼水情、"水能载舟，亦能覆舟"；以水可以掺杂和稀释别的事物隐喻质量差、不可靠，如"这个星期的班上得太水了""水课""水军""水贴""他的话有水分"；以水隐喻引起祸患的人、势力，如"祸水"等。

（二）西班牙语以水喻希望、风险与勇气

以西班牙为代表的西班牙语地区大都属于典型的海洋型文化。他们的生产和生活都离不开水，离不开大海。海上冒险给他们带来了无尽的财富，也激发了他们的征服欲望和勇气。因此，西班牙语中，水尤其是"大海"既代表着未知与危险，又代表着收获、希望与勇气。中国认为无限风光在险峰，而西班牙则认为无限财富在大海。西班牙语中侧重以水来隐喻希望、风险和勇气。比如：

（35）Poco a poco se le saca el agua al coco.（耐心一些，终将成功。）

（36）Aguadores y lecheros, del agua hacen sus dineros.（靠山吃山，靠海吃海。）

（37）Lo que sea de la mar, todo es azar.（大海充满未知和机遇。）

（38）El que no se arriesga, no pasa la mar.（想要过海必须冒险。）

（39）Barco en varaderono gana dinero.（船不出海，钱不自来。）

（40）En el mar calmadotodos somos capitanes.（海面风平浪静，人人自称船长。）

例（35）中，以经过不懈努力终将得到椰子水来隐喻不懈努力后获得的成功和奖励。例（36）中，将"agua"隐喻成通过工作获得的回报与收获。例（37）中，把大海隐喻为充满机遇和挑战的世界，鼓励勇敢的人们去探索、开发。例（38）中，在肯定大海危险性的同时指出风险和机遇同在，以此来隐喻要想取得成功，必须直面风险、勇于征服。例（39）中，鼓励人们勇敢地向大海、向希望进发，如果甘于安稳，原地踏步，就会像停在海上船坞里的船一样，无法获取财富。例（40）中，以海面风平浪静时人人都可以当船长来间接指明大海极具风险又魅力无穷，只有勇敢的人才能经受住狂风暴雨的考验，到达成功的彼岸。

此外，西班牙语中还存在着以过去的水来隐喻事情已然过去、不重要了的表达，如"como seatodo eso es agua pasada"（不管怎样，这些都过去了）；以大海来隐喻说大话，如"hablarse de la mar"（纸上谈兵）；以水流回原来的地方来隐喻事情恢复原状，如"correr el agua por donde salía"（恢复原状、落叶归根）；以淹死在浅水中隐喻无根据和不必要的忧虑，如"ahogarse en poca agua"（庸人自扰、杞人忧天）等。

四、结语

隐喻作为人类共有的认知与思维方式，其形成与具体表现蕴含着不同民族的文化特征，是人类文化的一面镜子。各民族共同的体验和认知，使其呈现出一定的相似性，而地理环境、风俗、历史背景、思维方式等的差异使其呈现出个性化的差异。水作为与人类生活息息相关的基本要素，作为人类最为熟悉的事物之一，在人类的认知中扮演着举足轻重的作用。汉语和西班牙语认知的共性，带来"水"隐喻的共性特征，即都存在着以水喻时间、情感、思想、力量、财富和困境与灾祸等；而认知与地理环境、风俗、历史背景、思维方式等的差异则带来"水"隐喻的个性特点，即汉语侧重以水喻"道"和美德，西班牙语侧重以水喻希望、风险和勇气。

参考文献

1. 刁生虎. 水：中国古代的根隐喻［J］. 中州学刊，2006（5）.
2. 丁毅伟. 隐喻思维与语言表征的民族性［J］. 学术交流，2018（12）.
3. 方芳，戚涛. "道"之隐喻与隐喻之"道"［J］. 学术界，2016（7）.
4. 李水.《老子》第八章"水"的隐喻机制研究［J］. 临沂大学学报，2018（4）.
5. 刘宝才. "以水喻人"的学说及其思维方式［J］. 中国哲学史，2003（1）.
6. 束定芳. 隐喻学研究［M］. 上海：上海外语教育出版社，2000.

A Comparison of "Water" Metaphors Between Chinese and Spanish

Yu Shan[1]   Yan Yaping[2]

(1. *Social Sciences Department*, *North China University of Water Resources and Electric Power*, *Zhengzhou*, 450046; 2. *School of Foreign Studies*, *North China University of Water Resources and Electric Power*, *Zhengzhou*, 450046)

Abstract: As the foundation of all things and the source of life, water is one of the earliest and most familiar substances for human beings. Water plays an important role in the formation of human cognition and conceptual system. Each civilization has produced numbers of metaphors that take "water" as the source domain and use the concept of water to map other concepts namely "water" metaphor. On the one hand, the commonness of cognition between Chinese and Spanish brings the common characteristics of "water" metaphor that is, water is used to describe time, emotion, thought, power, wealth, difficulties, and disasters. On the other hand, the cognitive and cultural differences bring the personality characteristics of "water" metaphor, that is, water is used to describe "Tao" and virtue in Chinese compared to hoperisk and courage in Spanish.

Key words: Chinese, Spanish, metaphor

小说叙事与修辞研究

语境差：王蒙微型小说的叙事策略

祝敏青①

（福建师范大学协和学院　福州　350116）

摘　要：王蒙微型小说叙事艺术突出体现在谋篇布局上，其策略核心是修辞性语境差。在叙事视角的选择、整体结构的谋篇布局、起承转合的照应等方面以表层的颠覆为形态，蕴含着深层的修辞价值，体现了作者构思的辩证理念。

关键词：王蒙微型小说；语境差；叙事修辞

微型小说篇幅短小，如何在方寸之地谋篇布局，体现出作家的创作功力？王蒙作为小说大家，不仅着力于长篇、中篇、短篇的创作，而且着力于微型小说创作。其微型小说叙事艺术突出体现在谋篇布局的巧妙设置上，这一设置策略的核心是修辞性语境差。

修辞性语境差指在同一交际界域，语境因素间呈现颠覆状态，却具有审美价值的修辞现象，是基于辩证法观念对语境所作的动态考察。② 王蒙微型小说的修辞性语境差叙事策略集中体现在叙事视角的选择、整体结构的谋篇布局、起承转合的照应等方面。

一、时空错位的视角择取

视角是小说结构的叙事基点，而叙事时空的选择则是视角考虑的重要因素。王蒙微型小说中常见时空越位造成的时空语境差。将时空跨度极大的人物情节链接在同一个文本中，把叙事视角投射到跨时空的交际中，形成了语境大幅度的落差。

叙事文体具有两套时间体系：一是故事时间，二是叙事时间。这两套体系在一个叙事文本中相互关联，但往往不相对应。曹文轩曾打了个比方说明这两种时间体系的关系与区别："如果说叙述时间是一只笼子的话，故事时间便是笼中之鸟——这只鸟天性活泼，在这个笼中作不同方向的飞翔。我们有一种'时间'被小说家捉住的感觉——被捉住之后，时间成了

---

① 作者简介：祝敏青，福建师范大学协和学院、文学院教授，博士生导师，兼任中国修辞学会副会长。

② 祝敏青，林钰婷. 当代小说修辞性语境差阐释［M］. 北京：商务印书馆，2017：9.

小说家的游戏对象。小说家发号施令，让它向前或者让它回来。这种游戏越是被玩得自如洒脱，时间的来回扯动就越是频繁。假如时间走过会留下线索的话，我们将会看到，时间消失之后，会有混乱难理的线索。"① 由此可见，故事时间与叙事时间有着相对的独立性。故事时间是客观存在的现实时间，而叙事时间则是叙事者主观意愿的虚拟时间，它随着叙事者的艺术构想而伸缩自如，体现了叙事者对叙事时空的调度把握。叙事时间是作者的叙事框架时间，在这个框架中，故事时间的安排可以是自由洒脱、变化多端的，它因作者的艺术构思而自如设置，这就为时空错位提供了生成机制基础。时空错位是王蒙叙事时间选择常见的模式，它以对故事时间的越位制造了陌生化的奇异效果。

王蒙微型小说叙事视角的时空错位体现在同一文本中不同时代人物的无间隔链接，这一链接的重要标志体现在人物话语的语言特征上。不同时代言语代码的交错穿插标示着交际双方的时代差异。王蒙的《成语新编》12 则以旧瓶装新酒的模式，在古代时空中融入当代社会的风土人情，造成时空错位。在貌似古代故事的叙事中，穿插当代社会用语，体现对当代社会现象的反讽。如《刻舟求剑》中，贵客说明自己落水之剑"出诸干将、莫邪"，"通西域时经过丝绸之路外流到了国外，波斯大帝曾佩戴它出征，奥斯曼帝国宰相曾悬挂它于客厅，英王乔治王子用重金买下，法王路易第八派了五个刺客去抢夺它"，突破时空局限性的辗转历史后，"出口转内销"落入"我"手里，并出示了"文物局证明""税务局收据""工商局的批文"。这些当代用语、机构名称出现在刻舟求剑的故事中，虽然是成语故事新编，但亦显得不伦不类。这种当代用语和机构名称的穿插在文中持续出现，船夫与贵客就宝剑上了保险与否进行了对话，贵客口中又出现了"保险公司""五粮液""国务院"等用语；在和船夫的争执中，贵客进一步甩出关系牌，出现了"航运公司经理""财务处长"等当代职务名，甚至出现了"归侨台属一贯道徒"的混杂称谓。贵客的话语与船夫及众人的打捞行动相结合，渲染了这场无稽的闹剧之荒唐。古代时空中的当代用语甚至以大肆铺排的形式渲染了这种时空差异。如《守株待兔》中写守株待兔者一年两年守株待兔，其事迹"遐迩皆知"，为了对其事迹进行研究而成立了一个研究会，挂靠在社会科学医学联合研究所。小说铺陈了对守株待兔者事迹研究的流派：

---

① 曹文轩. 小说门［M］. 2 版. 北京：作家出版社，2003：146 – 148.

一、传统文化派：认为守株待兔是传统文化的积淀……

二、精神分析派：认为守株待兔是一种性心理的变态……

三、禅宗外加结构主义派……

四、行为学派……

五、社会功利学派……

六、宗教学暨神学学派……

七、经济学派……

八、美学学派……

九、诗艺学派……

十、逻辑学派……

十一、病理学派……

十二、十三、十四……以至于无穷。

守株待兔者的荒唐与对其进行研究形成了事理反差，荒唐的举动居然引起人们的高度重视。这一重视以现代各学术流派用语的大肆堆砌呈现，彻底颠覆了古代时空语境，对这一闹剧作了酣畅淋漓的反讽。

古代故事中穿插现代汉语，呈现时空错位，当代故事中穿插古代汉语语词，也造成时空错位。《欲读斋志异》8则套用《聊斋志异》篇名，就这一意义而言，也是旧瓶装新酒，而故事内容则古今皆有。从内容看，《马小六》讲述的是当代故事，却用了文白相间的话语形式表达。文本嘲讽现代官场费尽心机却终不得志的马小六，通篇叙事话语及人物话语都是文白交织的表述风格，让人在时空错位的话语风格中感悟作者对人物的嘲讽。开篇即是这一风格的定调："有马小六者，志在青云，钻营吹嘘，串门送礼，表忠心，报动态，以致吮痈舔痔，伸手要官，讹诈欺骗，无所不用其极。年逾不惑，未得半点功名，情结入癌，一病不起。"由此开始了家人对马小六的救治。救治方法是荒谬的，却能奏效。救治从其妻邹氏话语开始，亦是文白相间："吾夫可怜杀！一生志在官职，未有所获，一病至此！可怜小妇人将雏携驹，生计无着，欲随夫而去，又虑绝其血脉，是不忠不义不传统之事也。乃求各位，即日起以主任或首长称之，以慰其志。""主任或首长"是现实时空的官场称呼，却出现在文言风格的话语中，于不伦不类中凸显调侃意味。更可笑的是邹氏对称呼的解释："主任者，吾家之主任焉。首长者，吾户之首长也。"文言句式中的现代语词诠释将古今时空混杂，开启了一场近乎搞笑的称谓救命闹剧。在家人"马主任""首长"的狂呼声中，"有出的气没有进的气"、病重的马小六竟然"恢复健康"，闹剧在时空穿越中进行。《三人行，必有吾师》写张、王、李、赵诸先生青年时代的学医设想及三十年后的不同成就。王先生"三十年研究人是否要吃饭，力主人皆吃饭说"。所列其涉及学科诸如"细胞学、经络学、穴位学、气血学、阴阳学、生物化学、生物电学、生物时钟学、生物放射学、特异功能学、儿科学、妇科学、老年学、公共卫生学、保健学、美容学、性学、自然哲学、饮食文化学、中华粥学、比较食品学……"这些学科名或是现代学科名称，或是虚拟学科名，都是现代语词。但人物话语却是文白交织的语言："或曰，三人行，必有吾师。今我辈同学攻读人体医学，功课如山，图表如磐，数字如长龙，药剂如雪片，而定理如大江流日夜。逝者如斯夫，未尝舍你我也。如此下去学未竟而发苍苍，而目茫茫，而牙齿动摇。何年何月方能出人头地，何年何月方能名扬四海，何年何月方能跻身某级某职某待遇之林?"这种不伦不类的言语表达，给人一种古今时空交融的感觉。这是张先生的话语，王、李、赵也都以同样的文白相间话语，以荒谬无羁的医科大杂烩表现了诸人不学无术，沽名钓誉。《焦头烂额》讲述朱大爷为嫡长孙过周岁生日大宴宾客，宾客对长孙各种谬赞，及至发现家里烟囱的火灾隐患，转而"将此次过生日改为义务劳动"，"人们没有被烧得焦头烂额，但也累得焦头烂额"，最后的颁奖结果使"累得焦头烂额的宾客又气得焦头烂额"。这场闹剧穿插着文言与现代语词，混淆了故事人物的时空界限，既有宾客们"天庭饱满，地角方圆，实大富大贵之相也""鼻如泰山，目如明月，口如血盆，耳似水饺，固性感而集大成者也"等充满了文言意味的夸赞之语，又有"第一是火灾第二是火灾第三还是火灾"的大白话表述，以及"黄牌警告""哪怕119不把班上""受到了消防队的通报表扬"等现代语词。这种语言大杂烩演绎了一场时空不明的闹剧，嘲讽了社会的某类现象。

时空错位表现在历时时空的穿越，也表现在虚幻时空与真实时空的错位。虚幻时空是对真实时空的超越，以虚拟的时空为人物活动的场景，构置了虚拟的故事。在虚拟时空中呈现的常常是叙事对象的无羁荒诞。《欲读斋志异》8则系列故事，总篇名仿拟《聊斋志异》，其义取虚拟，演绎的是中外的荒诞故事。如《演讲术》虚拟了一个"崇尚演讲的国度"，每年国王主持演讲比赛，胜者封官赠房送美女。甚至虚拟了"二战"中希特勒亲率铁十字军伐入此国的情景，"见此国无衣无食，无舟无车，无枪无炮，但有滔滔演讲之声不绝于耳，希魔大惊，下令三军后撤四百公里"。现实中的人物希特勒入场，本是意欲与现实关联，实际上更加深了其虚幻性，"无衣无食，无舟无车，无枪无炮"的国度本就为虚幻，而这一虚幻又是为了反衬整个国家"滔滔演讲之声不绝于耳"。这一虚幻世界在这样的铺垫下以为国王治病为线索展开。治疗国王中风的方法是五个讲演家的演讲，封官赠房的奖品好办，唯金发美女仅一名难办，国王因此急出一身汗，从此病好。整个故事以虚拟世界中的虚拟人物为叙事核心，超越了现实世界的荒诞，于无羁中嘲讽了现实世界的某些现象。虚拟时空在王蒙笔下常常以时空名称的荒诞体现其虚拟性。《奇才谱》以"猴年马月""葛地"为虚拟时空，讲述了国君诣奇招募人才的闹剧。整个文本从时间、地点到人物的名称全都体现了虚拟。从甲异先生、乙异先生、丙异先生、丁异先生等"高的高矮的矮，美的美丑的丑，胖的胖瘦的瘦，黑的黑白的白"的十大奇才到葛地应聘，到"真正奇才达三万，达三十万，达三百万……其后，除了被查出作伪而被处死者外，全是奇才"。大量奇才的结果是"奖金发了又发，奖金额降了又降，乃使国库空虚，通货膨胀。且葛地无复有人耕织，无复有人冶炼，无复有人市易，无复有人征战，无复有人引车卖浆……"故事以荒谬开始，以荒谬结束，于虚拟时空中有着现实时空的映射。《良缘》设置时空语境的虚拟，从小说开头的地名可以看出："在大洋渺渺，高山巍巍之邦，有邦名'关心'位于拉拉峰之北，扯扯谷之南，吵吵河之东，嘻嘻湖之西，此郡抱朴守真，不受工业文明之污染，专尚人初性善之爱情。"接着是虚拟的时间"话说斯年斯时"，由此引出人物，"斯郡有美少年名大卫第二，又有美少女纳维斯，沉鲸落隼，闭日羞星，成为全国喜爱趋奉的名星"。这两个人名是现实与虚拟的组合。"大卫"是《旧约》神话故事中的人物，前1010年至前970年的以色列王。意大利雕塑家米开朗琪罗以此为人物原型，创作了美男子的大理石雕塑。"纳维斯"原为"维纳斯"，是传说中的古希腊爱神、美神。这两个人物作为神话中的人物已是虚拟，王蒙则在虚拟中再次虚拟，将其衍化出"大卫第二""纳维斯"，由此展开了以这两个虚拟人物在虚拟时空中的荒诞故事。在人们的鼓噪撮合下，这两个人物结为夫妻。"众文人学士在鼻烟壶学会主持下撰文，以此'良缘'为题材展开了征文比赛。之后，又由花露水纸巾公司主持举行了发奖仪式。"并列出颁发的一二三等奖篇目。虽然故事的虚拟性由于时空、人物名称的荒诞愈显荒诞，但不难看出，虚拟时空中展现的人物关系和情节发展实际上也是对当代社会现象的折射和嘲讽。

二、情节结构的颠覆设置

叙事的整体结构布局以语境差构成上下文，是王蒙微型小说的突出结构特征。上文的渲染铺垫与下文的跌宕形成落差，使情节跌宕起伏，短小的篇幅中蕴含着深刻的意义。

　　由颠覆错位构成上下文语境差是王蒙微型小说的重要构思特点。上下文的链接组合超越了现实的逻辑关系，造成逻辑链的断裂。《三人行，必有吾师》以张、王、李、赵诸先生青年时代的学医设想与三十年后的不同成就形成对照，构成整体结构。三十年前的描述主要是通过四人的学医构想展现的，三十年后的描述则是四人取得的成就。上下文的学医主张和医学成就构成了反差，也构成了文本结构的对立。主张"宜另辟高速路径，于雕虫小技中求大道"的王先生三十年研究"人是否要吃饭，力主人皆吃饭说"，而"成为人体医学基础学科的代表人物，获各色头衔三十三个"。自称"才疏学浅，智商平平"的李某，主张"管他三七二十一，感冒APC、肠炎痢特灵、肺炎盘尼西（林）、脚癣达克宁、荨麻息斯敏、尿道氟哌酸、兰尾割一刀、白（内）障等成熟，牙痛拔牙，眼痛点眼；再加上输氧输血输液"大杂烩学医，三十年后竟然"渐渐走红，被选为牛一样的勤恳医师，十二吋的彩色大照片套红刊登在一家报纸上"，还抢夺了王先生的风头，"原属王教授的头衔的三十三分之二十八都归了李主任医师"。整体结构的反差体现了前因后果的不合逻辑，深刻嘲讽了当代医界的荒唐现象。《我们是同类》开头是一个夜晚，蛇向正在唱歌的夜莺宣读自己的论文，"论证这条蛇乃是夜莺的同类"。蛇从蛇蛋与鸟蛋的共同排列、同受光照等七点之多，历数同乡、同类说。当夜莺厌烦地反驳时，蛇又拿出另一篇论文说明其与其他蛇的不同。这些论述使夜莺听累了，睡着了。小说结尾是夜莺被"同类"吞噬的悲剧："蛇飒地爬了过来，只一口，就把它的同乡、同类吞下去了。"这个文本以寓言的短小篇幅，通过蛇的论证与后续行为的反差，构成结构要点，揭示了骗子伪装下的恶行。蛇的伪装与行为构成了错位，与上文不和谐的结局表现了上下文结构的反差，对骗子的揭示在反差中使人警醒。

　　情节结构的颠覆表现在上下文落差。这一落差往往有个铺垫的过程，铺垫渲染给读者以某一趋势的诱导，使开头与结尾的落差呈现合理性。《她本来长得不丑》题目就蕴含着转变，"本来"与蕴含的"后来"隐含着一种跌宕。小说以"我的一位女邻居的相貌，给我的最初印象，本来是相当不错的"开头，接着以"可惜她太喜欢就审美问题发表理论性的见解"领起转折，"她"就鼻子、头发、鞋子发表了审美议论后，"我""不由得多看了几眼她的鼻子"，"不由得注意了一下她的头发"，注意到她的"极蠢，不合脚"的鞋和"八字脚加平脚病"，对她的审美认知颠倒过来了。小说在"随着她的美学理论的发挥，我终于认清了，她的相貌实在是不宜奉承"处结束。以"本来长得不丑"与"相貌实在是不宜奉承"形成了上下文的颠覆，这种颠覆是由"她"对自己弱点的掩饰而形成的，让人们对"她"欲盖弥彰的审美见解感到可笑。

情节结构的颠覆有的是以下文对上文的隐性否定体现的，这种上下文的颠覆表现得更含蓄，其对立蕴含在话语深层，需要读者对其进行深层义的感悟。《牢骚满腹》短短的几百个字中用了大量篇幅展现信的内容，即挚友 N 君所发的牢骚："亲爱的 W，我活不下去了！我不知道生活为什么这样折磨我！早晨我去买早点，却发现早点铺里根本没有安装篮球筐架。我去买一张报纸，却发现卖报的人不是双眼皮。在汽车站我等汽车，等了两个小时也没有一辆我所希望的 123456789 号巴士开来。进了办公室以后，我大吃一惊，原来桌子上连一碗馄饨也没有摆着。我接到了一个电话，打电话的人竟然没有得过奥林匹克跳高冠军。我用玻璃杯给自己倒了一杯茶，忽然想起那个采茶的农妇说不定对丈夫不贞。……结果，我没吃早点，没买报，没坐汽车，没进办公室，没接电话，没喝茶……什么都不顺心，我准备自杀了……"这些荒唐的无法实现的牢骚以与事理逻辑、现实生活的极大背离体现了荒谬。小说结束于下文的跌宕，信的下端有一备注："注意，如果给你送信的邮递员身高不够一米九，就把此信烧掉好了！"邮递员的身高要求是荒诞的，这也就意味着极大概率地把信烧了。而把信烧了也就意味着上文所发的牢骚不复存在。因此，对上文牢骚的否定不言而喻地体现在下文中，整篇小说的结构处于抵牾状态。《雄辩症》以一个医生与病人的对话为主要篇幅，构成小说上文，其间隐含着因跨时空而存在的交际障碍。病人对医生的"请坐""喝水"，谈天气等话题报以对抗性回答，"难道你要剥夺我的不坐权吗""并不是所有的水都能喝""你这里天气不错，并不等于全世界在今天都是好天气"等抵触意味浓烈的回答，使读者对病人的身份、疾病产生疑问，最可能的猜测思路是精神方面的问题。下文是谜底的揭示："……经过多方调查，才知道病人当年参加过梁效的写作班子，估计可能是一种后遗症。"人物的言行是违背常理常态的，却与下文揭示的人物身份相吻合。梁效是"四人帮"在北大、清华两校组成的写作班子，主要作用就是打棍子、扣帽子，什么事都无限上纲上线。这样的思维定式、语言定式在"文革"结束后，还留存延续在病人的思维与语言中，使病人与医生产生了交际障碍。以占微型小说大量的篇幅来叙述病人与医生的对话，形成了谜底揭晓的上文，而后揭晓的谜底与读者的阅读期待形成了落差。这并非字面意义的落差，却以一种隐性落差体现了语境差所蕴含的嘲讽意味。

下文颠覆了上文，构成以对立为特征的上下文语境差，是王蒙微型小说结构在短小篇幅中体现深意的结构策略。因此，解读结构上下文语境的差异，要从表层颠覆中寻求内在的合理性和审美平衡。《扯皮处的解散》

嘲讽机构盘杂、人浮于事、互相扯皮的现象，在借"扯皮处"蕴含的双关语义中，以上下文的跌宕构成整体结构。小说开头于"牛皮厂扯皮处举行第一百零六次例会。会议由托处长主持，参加会的有十二个副处长和一名秘书。会议宣布开始后，托处长突然发现最爱闹意见的第十三副处长没有前来，忙叫秘书派车去接，因此只得休会二十分钟"。一开始就展现了人浮于事的荒谬单位人事结构。接着是开会内容，各位副处长发表了意见，这些意见一个更比一个荒唐，如"第二副处长建议暂停讨论工艺问题，因为由他负责拟稿的一个关于在上厕所期间不得打篮球和饺子馅里不得掺有马粪和小豆冰棍的书面通知亟待下发，已传阅四个月，各正副处长均签名表示同意，掌管印章的第三副处长却迟迟不肯盖章，因而影响了厕所的环境保护和扯饺子皮的质量"。在展示这些副处长们的荒唐意见后，来了一个叫秘书去取文件的电话，秘书走后，因为没有做具体工作的人，会议立即休会。这似乎是结局的一个铺垫，而后结局亮相，既出乎意料又在意料之中。秘书带回的文件是："着令立即撤销扯皮处建制，该处所有工作人员，立即集训待命。"从扯皮处的建制到扯皮处的会议，再到扯皮处的解散，前面的述说与结局既是对立的又是统一的。前面对扯皮处的会议内容作了具体介绍，各位副处长纷纷发言似乎给人一种热心工作的表象，而后面的解散扯皮处与此相对显得突兀。但人浮于事、互相扯皮的单位建制是荒谬的，各位副处长的发言是荒谬的，这样的机构正常的结局应该是解散。从这一点来说，后面的结局与前面的描述又是顺应的。对立而又统一的上下文关系最后以结尾的跌宕终结，是就辛辣的嘲讽，也是深刻的剖析。整篇小说所描述的现象越荒谬，嘲讽意味就越强烈。结局对上文的跌宕越突兀，揭示的韵味就越深刻。

三、起承转合的悖理链接

语篇有开头与结尾的照应，也有非结构的其他上下文链接。上下文链接的不相照应，出乎意料的起承转合，造成逻辑链断裂。逻辑链断裂突破了逻辑原理，以陌生化的突出效果刺激人们的视觉感官，进而以逻辑链的无端拼接造成深层的语义。王蒙独具一格的反讽意味就在逻辑悖理中巧妙显现。

因果关系的逻辑链断裂以表层的事理背离给人出乎意料的阅读体验，体现深刻的反讽意味。《高山流水》中的起承转合一环扣着一环，这种相扣并非顺向扣合，而是背离扣合。以背离链接制造讽刺，制造出人意料的波澜。演奏钢琴半辈子无声无响的于小牙五十岁生日那天改名为于老牙，并申请到狐臭露公司的赞助，搞了一次个人音乐会。这个音乐会是为狐臭露公司做广告。于老牙的心情是复杂的，"既感谢公司老板又叹息于斯文之扫地，既兴奋于年满五十才举办的第一次个人演奏会又悲哀于同胞审美水平之低下"。他在弹奏《热情》时想到列宁对这首曲子的喜爱，于是有了如下反常举动：

> 于老牙愤怒起来，"而我们这儿弹《热情》是为了狐臭，为了广告，为了阿堵物！见鬼去吧，你骗人的药水，见鬼去吧，你倾人的艺术……"他老泪横纵地痛骂着。故意不按乐谱弹，音阶、节奏、力度、和声……全都弹得一塌糊涂，他干脆握拳向琴键乱擂乱砸，趁着一连串杂音强音噪音，他破口大骂，把半个世纪学会的脏话荤话全倾泻了出来。

在舞台上的这番异常表现既有违于老牙的常态，又有违演员表演的常态，纯属闹剧。闹剧引发的后果应该是观众鼓倒掌、谩骂乃至退场。然而，效果却异乎寻常之好：

> 掌声如雷，全场起立，暴风雨般地欢呼："于老牙！狐臭露！狐臭露！于老牙！牙！露！牙！露！牙！牙！牙！露！露！露！……"
> 于老牙谢幕二十四次。最后一次，他再也受不住了，他举起了琴凳，咚地向钢琴砸去，砸完，他倒在了台上。

上文演奏现状与下文观众的反映形成了反差，造成逻辑因果链的断裂。于老牙的表演近似疯狂，观众的反应也近乎疯狂，两厢疯狂是对立的。双方越疯狂，对立的程度越深，也就越荒唐。逻辑链的断裂在文本中继续延伸，于老牙因疯狂中风而去，又引发了狐臭露公司的一系列活动及销售成效。这分明是一场闹剧，导致于老牙身亡，狐臭露公司却决定"每年举行一次钢琴演奏会"，以纪念于老牙。这分明是狐臭露公司策划的一场闹剧，却称之为"演奏的成功"。因为这场演奏，狐臭露公司"闯出了名声，销量陡增百分之二千五百"。小说结束于"公司还正在考虑，建立一个于老牙钢琴演奏奖基金会呢"。前因后果在整篇小说中层层叠进，因果之间的逻辑链是断裂的，呈现异常的反差。逻辑链的断裂体现了事件的荒诞，由其荒诞体现了当代某些社会现象有违常理与逻辑，充满了反讽意味。

起承转合的悖理链接基于前因后果的背离错位，其荒谬可能是由前因引发的后果的荒谬，如上例，也可能是荒谬的前因引发的后果。《老鼠过街，人人喊打》讲述了老鼠不满于人类有关鼠类的语言，提倡"语言救类论"，试图通过改造语言达到救鼠类目的的故事。小说以拟人手法描述了故事起因，一只"天资聪颖，功能奇特"的老鼠"公费留学三载，自费留学两年，获得了一个博士四个硕士学位"，于是摇身一变，成了语言学家，提倡起"语言救类论"。它将成语词典的有关条目作了修改：

> "老鼠过街，人人喊打"，改为"老鼠过街，人人喝彩"，或"老鼠过街，人人称快"，或"老鼠过街，人人欢呼"等等。
> …………
> "鼠辈"，改为"鼠公""鼠贵""鼠家""鼠长""鼠兄""鼠爷"等等。
> "鼠目寸光"，改为"猫目寸光"，以正鼠名，以报世仇。也有出版商将此成语改为"虎目寸光"以增加成语的现代感者。
> "胆小如鼠"，改为"胆小如虎""胆小如象"或者"胆大如鼠""神勇如鼠"等等。

这是一场老鼠"博士"制造的闹剧，这一荒诞前因引发了后果，老鼠们以为因此改变了其命运，于是"众鼠欢呼，以为从此安全荣耀。它们不再潜伏鼠洞，不再昼藏夜行，不再避猫躲狗，不再自惭形秽，而是大模大样，登堂入室，吃香喝辣，衣锦荣游，耀武扬威，颐指气使……"老鼠"博士"篡改语言是众鼠们无所顾忌、肆意横行的起因，这一起因因老鼠的拟人写法而体现荒诞，更因老鼠对语言反映现实的约定俗成，而非语言改变现实的关系的误解而显示荒诞。这是因果关系的一层错位。众鼠的横行肆虐又是小说结尾"后来这一批老鼠下落不明"的原因，这一原因也是荒诞的。众鼠以为改变了语言就能改变自己的命运，因此肆无忌惮，造成的结果却是自身的灭亡。结果符合现实，原因却是荒诞的。王蒙以冷峻含蓄的表述结束了老鼠的闹剧，使这一结果与前面的原因形成了落差。在短小的篇幅中，老鼠"博士"语言救类——众鼠横行无忌——自取灭亡构成了叠加的因果关系。第一个原因与第二个原因形成因果关系，第二个原因又与最后的结果构成因果关系。基于现实基础的老鼠灭亡是在前面两个原因铺垫的基础上，前面两个原因所描述的老鼠的愿望与最后的结果之间形成了反差。这一反差实际上可以看作老鼠的荒谬构想行动与现实的反差，于反差中体现了作者的嘲讽意味。

王蒙微型小说以浓缩型的结构体现了王蒙谋篇布局的创作智慧，体现了王蒙构思的辩证理念。修辞性语境差的呈现以对立颠覆为表现形态，以陌生化独树一帜，内蕴的审美平衡体现了王蒙叙事话语的审美价值。

参考文献

1. 祝敏青，林钰婷. 当代小说修辞性语境差阐释［M］. 北京：商务印书馆，2017.

2. 曹文轩. 小说门［M］. 2版. 北京：作家出版社，2003.

Contextual Difference: the Narrative Strategy of Wang Meng's Miniature Novel

Zhu Minqing

(*Concord College, Fujian Normal University, Fuzhou,* 350116)

Abstract: The art of narrative in Wang Meng's miniature novel is highlighted in the layout of the pages, and the core of its strategy is the rhetorical contextual difference. The choice of narrative perspective, the layout of the overall structure, and the illumination of the sequence are shaped by the superficial subversion, which contains a deep rhetorical value and reflects the dialectical concept of the author's conception.

Key words: Wang Meng's miniature novel, contextual difference, narrative rhetorical

其他研究

待嵌构式"连……都/也"的信息表达与习得策略[①]

王嘉天[1]　王振来[2][②]

（1. 大连理工大学国际教育学院　大连　116024

2. 辽宁师范大学国际教育学院　大连　116029）

摘　要： 待嵌构式是构式中最为复杂的一种类型。"连……都/也"是典型的待嵌构式，其表义一般不自足，必须与前后句共现，才能领会说话者的真正意图。认知语言学认为形式和意义之间是一种有理据的约定俗成；构式语法认为构式既要有自己独特的形式，也要有独特的意义，构式的意义制约进入构式的成分。"连……都/也"不仅内部结构复杂、表义丰富，而且使用条件制约较多。待嵌构式一直是国际中文教学的难点，在教学中必须厘清待嵌构式的信息表达，这样有利于外国留学生习得"连……都/也"构式，并能正确使用。

关键词： 待嵌构式；"连……都/也"；信息表达；习得

一、引言

　　Langacker（1987）认为语法构式（construction）是象征复合体，即包括两个或两个以上的象征结构作为构成成分。20多年来，构式一直是研究的热点，目前国内把构式分为基本构式、待嵌构式、固定构式三种类型。待嵌构式（pending construction）在不同时期命名也不同，陈望道（1976）称"镶嵌"，吕叔湘（1980）称"格式"，张卫国（1992）称"语型"，周荐（2001）称"待嵌格式"，邵敬敏（2011）称"框式结构"，陆俭明（2011）称"构式语块"，吴长安（2018）称"待嵌构式"；Goldberg（1995）称"可填充的构式"，Taylor（2012）称"部分固定、部分需要填充的构式"。"待嵌构式"是指前后两个不连贯的词语相互照应、相互依存，形成一个框架式，具有特殊的语法意义和特定的语用功能。"连……都/也"是典型的待嵌构式。在现代汉语中，人们习惯称其为"连"字句，

---

　　① 本文为大连理工大学科研培育基金项目"高级阶段留学生口语产出非流利性现象的多维度研究"（项目编号：SIE21RYB14）的阶段性成果。本文在"第十一届现代汉语语法国际研讨会"（黑龙江大学，2021）上报告，与会专家提出宝贵的修改建议，在此表示谢忱！

　　② 作者简介：王嘉天，博士，大连理工大学国际教育学院讲师，主要研究方向为现代汉语语法及汉语国际传播。王振来，博士，辽宁师范大学国际教育学院教授、硕士生导师，主要研究方向为汉语语法及汉语国际传播。

这种叫法有点儿削弱了"都/也"的功能。我们觉得称构式更好，可凸显两个结构项的功能，因为这种凝固的结构本身不显义，只有进入语境中才能表达具体意义。

"连……都/也"构式是汉语使用频率较高的句式之一。《汉语水平等级标准与语法等级大纲》将"连……都/也"句归为甲级语法，甲级语法是外国留学生学习汉语一定要掌握的内容。"连……都/也"构式看似简单，其实有其特殊的结构模式和丰富的语义内涵，能表达出特殊的感情色彩和特定语气。"待嵌构式"是外国留学生习得汉语的难点，常常出现偏误，值得下大力气研究。

二、待嵌构式"连……都/也"的形成与信息表达

语法形式与语法意义是紧密相连的，语法意义通过语法形式表达，特定的语法形式常常表达特定的语法意义。"连……都/也"构式是人们在长期使用过程中逐渐凝练而成的，由一代代人传承下来，并赋予特定的信息内涵。

（一）待嵌构式"连……都/也"的形成历程

下面以各时代的文学作品为文献依据，考察"连……都/也"构式的形成过程。"连"初为名词，本义是人拉的车，《说文解字》认为"连，负车也"。两汉时期，"连"的动词用法逐渐增多，表"连接、相连、连续"等用法。隋唐时期，"连"的动词用法开始虚化，介词用法产生，介词是由动词虚化而来的，为构式的形成打下了前期基础。例如：

（1）连枝同荣，吐绿含英，曜春初分。（李隆基《鹡鸰颂》）
（2）愿为连根同死之秋草，不作飞空之落花。（李白《代寄情楚词体》

到了宋代，介词"连"与副词"亦/都"开始搭配使用，"连……亦/都"待嵌构式正式产生，在句子中主要起强调作用。例如：

（3）他连那地下亦是天。（朱熹《朱子语类》）
（4）非惟是功效不见，连那所做底事都坏了。（朱熹《朱子语类》）

例（3），介词"连"与副词"亦"形成待嵌构式"连……亦"，"亦"在现代汉语中相当于"也"，强调处所。例（4），介词"连"与副词

"都"形成待嵌构式"连……都"，强调"所做的事情"。

元明时期，"连……都/也"待嵌构式基本成熟，除了用副词"都"以外，"亦"换成了"也"。例如：

（5）不但衣服，连鞋袜都要告借。（冯梦龙《喻世明言》）

（6）连自己爹娘也道是个异事，却不知其中缘故。（冯梦龙《喻世明言》）

例（5），"连鞋袜都要告借"用"连……都"格式，强调说明家里之穷。例（6），"连自己爹娘也道是个异事"用"连……也"格式，强调奇怪的事，因为自己的父母都不知道。

清朝时期，"连……都/也"待嵌构式得到人们的普遍认可，使用频率高、完全定型，一直沿用到现在。[①] 不同的构式源于不同的认知方式，反映了不同的认知路径，"连……都/也"待嵌构式的形式是人们认知加工的结果。

（二）待嵌构式"连……都/也"的信息表达

待嵌构式"连……都/也"既有自己独特的构句方式，也有独特的表意方式，所以有必要分析不同情境下的语义内涵，而且这些情景语义的表达与说话者的主观认知相关。

1. 强调 XP 表达反预期信息

"连 + XP + 都/也 + VP"是汉语中的一种句式性待嵌构式。XP 可以是词、短语，也可以是小句，把所强调的部分置于"连"和"都/也"之间。周小兵（1990）认为"连可以引进描述对象、施事、受事、与事、工具、时间、处所等多种语义成分"[②]。XP 为数量名短语时的反预期信息，"连……都/也"构式常常强调极量（或为小量或为大量），表达特定语用量级的反预期信息。强调"小量"还是"大量"与主观认知相关，需要结合具体语境才能断定。

第一，通过强调小量表达反预期信息，通常用"一 + 量 + 名"结构，形成 OV 语序。例如：

（7）去丈母娘家，小李连一分钱都没花。（去丈母娘家，他没花一

---

① 曹小云. 明清时期的"连"字结构 [J]. 阜阳师范学院学报（社会科学版），2000（4）：38－41.

② 周小兵. 汉语"连"字句 [J]. 中国语文，1990（4）：262.

分钱。)

（8）出了门儿，他连一根冰棍儿都买不起。(《编辑部的故事》)

例（7），"一分钱"是货币中数量最小的，通过强调最小数量体现一种反预期信息，一般去丈母娘家都要花钱买些礼物，而他与正常做法相反，不可能发生的事情发生了，说话人传递给听话人与预期相反的信息，或小气，或行为是不应该的。例（8），"一根冰棍儿"是生活中最便宜的商品，人们都应该买得起，通过反预期方式，非常形象地告诉别人当时贫穷的程度。

第二，通过强调大量表达反预期信息。

（9）孙晓文连《新华字典》都能背下来，背这篇散文小菜一碟。

（10）她连十万块的手表都不珍惜，放哪儿都忘了。

例（9），《新华字典》收字数量为 11 000 个左右，"连……都"构式强调大量，能把字典中的上万个汉字背下来，背一篇几百字的散文应该不成问题，说话者通过"量"的多少对比，表明了自己的看法或态度。例（10）通过手表"钱"的"数量"之大，反衬"她"的粗心，说话者主观认为"她"是一个不认真的人。

量的大小取决于参照量和期待量。如果实际量大于预期量，就表现为主观大量；如果实际量小于预期量，就表现为主观小量。通过"量"的多少可以表明说话者对事件的态度。现实"量"偏离了说话者的心理预期，出现了量度偏离，这种偏离的"量"也可以进入"连 XP 都/也 VP"构式。汉语"量"的偏离包括数量偏离、时间量偏离、程度量偏离、范围量偏离、对比量偏离等。

2. 表达隐含对比信息

宋玉柱（1983）认为"连"字句表递进义，又体现一种隐含的比较，表达某种言外之意。[①] "连……都/也"构式表达隐含比较义，这个隐含义是靠转喻产生的，而且这个比较义一定是前后句共同完成的，前句的强调对象与后句之间对象具有关联性。在语气表达上，也体现了说话者的主观看法。例如：

（11）中国人连死都不怕，还怕困难吗？(池莉《让梦穿越你的心》)

---

① 宋玉柱. 现代汉语语法论集［M］. 天津：天津人民出版社，2006：200 – 207.

（12）我也得做个诤友——她差点意思，连勉强及格都够不上。（王朔《顽主》）

例（11）对比的对象为"困难"，"连死都不怕"暗含中国人不怕任何困难，"死"是最可怕的事，"死"都不怕了，当然也就不怕困难了。例（12）通过与"诤友"对比，"连勉强及格都够不上"暗含这个人够不上好朋友。

"连"和"都"本身没有对比性，对比性是在句式表达中体现出来的。例如：

（13）"纸上谈兵"这个成语故事，连外国人都知道，何况中国大学生呢？

（14）连老师都解不开这道题，别说我们学生了。

例（13）隐含一种比较，外国人知道"纸上谈兵"这个成语故事，中国人就更应该知道，通过前后句表达出一种比较信息。例（14）隐含一种对比，老师做不出来的题，学生当然也做不出来，同时也暗含这道题很难。

3．表达推测信息

"连……都/也"整体表达源于特定语用量级相反的反预期信息，还要求词项 XP 应具有顺序义。顺序具有两极性，或大或小，或强或弱，如强调［＋人］［＋职务］，可以强调职位高的，也可以强调职位低的；［＋人］［＋年龄］一般强调孩子或老人；［＋物品］［＋价值］一般强调价值高的或低的。"连……都/也"构式有时可以用来对人或事的一种推测，预测未来的结果，这种推测体现对事件的一种认知态度。例如：

（15）他连校长都不放在眼里，何况我们这些普通老师呢？

（16）连孩子都知道孝敬父母，你大老爷们怎么不知道？

例（15）从职位顺序表达推理性，"校长"在学校里职位最高，常常得到尊重，说话者通过"他看不起校长"，推测出"他也看不起普通老师"，表达具有一定的推理性。例（16）从年龄顺序表达推理性，"孩子"年龄最小，说话者通过"孩子懂这个道理"，进而推出"大老爷们更应该懂"。

4．表达包括和递进信息

"连……都/也"构式位于后句，前句有"不仅"等关联词语，常表达递进义，体现说话者的一种主观看法；后句也具有一定的包括义。例如：

（19）不仅中国人喜欢吃饺子，连美国人也喜欢。

（20）不仅校长知道这件事了，连我这个普通教师都知道了，这不是什么秘密了。

例（19）和例（20）使用了"不仅……连……也/都"构成了递进复句，表达递进义，同时也具有一定的包括义。

三、意大利学生习得"连……都/也"待嵌构式的偏误分析

我们在对意大利学生进行教学时，发现很多学生习得"连……都/也"待嵌构式时常常出现偏误。例如：

（21）＊约翰生日晚宴，玛丽连一杯都没喝葡萄酒。

（22）＊他连书没看，难怪考试不及格。

例（21），"连……都/也"强调 XP 时，如果 XP 是"数量名"结构，要求三者必须同时共现，这个例句强调的部分只有数词和量词，没有名词，所以造成了偏误，正确的表达应该是"约翰生日晚宴，玛丽连一杯葡萄酒都没喝"。例（22），"连……都/也"为待嵌构式，"连"后面常有副词"都/也"与之呼应，缺失结构项"都/也"就不是待嵌构式了，正确的表达为"他连书都没看，难怪考试不及格"。

（一）偏误类型

根据收集到的意大利学生的偏误语料，我们把学生习得"连……都/也"构式出现的偏误归为五种类型，下面分别进行讨论。

1. 错序偏误

语序是汉语语法非常重要的手段之一，句子成分在句子中的位置比较固定。若改变了语序，表达的意思也会发生改变，或这个句子可能就不成立了。如果把"连……都/也"待嵌构式的句法成分放错了位置，就会形成错序。例如：

（23）＊最近工作太忙了，他连休息一天也不。

（24）＊荣晶玲去服装城，连一件也没买衣服。

（25）＊刚来北京时，连我一句汉语也不会说。

例（23）强调的 XP 是时间，"休息"不是强调对象，所以不能放在"连……也"构式中，正确的表达是"最近工作太忙了，他连一天也不休息"。例（24）强调的 XP 是数量名结构"一件衣服"，而不是数量结构"一件"，正确的表达是"荣晶玲去服装城，连一件衣服也没买"。例（25）强调的 XP 是"一句汉语"，不是"我"，正确的表达是"刚来北京时，我连一句汉语也不会说"。在"连……都/也"构式中，要了解各个成分的位置，否则容易出现偏误。

2. 遗漏偏误

意大利学生在习得"连＋XP＋都/也＋VP"时，常常遗漏构式中的某一项，从而形成遗漏偏误。例如：

（26）＊三十几岁的女人，连饭不会做，整天吃外卖。
（27）＊玛丽连看也没，马上就离开了。
（28）＊我来中国旅行，父母也没告诉，就一个人来了。

例（26）遗漏了副词"都"，"都"是待嵌构式最重要的组成部分，没有了"都"就没有了强调的语义内涵，正确的表达是"三十几岁的女人，连饭都不会做，整天吃外卖"。例（27）遗漏了 VP 项"看"，"连＋XP＋都/也＋VP"强调动作行为时，XP 与 VP 可以为同一个动作动词，正确的表达是"玛丽连看也没看，马上就离开了"。例（28）遗漏了结构项"连"，"连……也"构式没有了"连"，也就不是待嵌构式了，句子就不完整了，读起来也不顺畅，"连"起成句的作用，正确的表达是"我来中国旅行，连父母也没告诉，就一个人偷偷来了"。

3. 混淆偏误

"连"除了与"都""也"搭配外，也可以与"还"搭配，从使用频率来看，都＞也＞还。副词"都""也""还"并不是等同关系，它们之间存在细微的差别。意大利学生不清楚"都""也""还"之间的差别，出现了混用现象，造成偏误。例如：

（29）＊你连学费也没交够，还去旅什么游？
（30）＊在新年晚会上，不仅我们唱歌跳舞，连校长都表演节目了。
（31）＊连父母也没吃呢，你怎么能先吃呢？

例（29）最好把"也"换成"都"，XP为"学费"，是强调的范围对象，"都"表示范围，所以不用"也"。例（30）最好将"都"换成"也"，句子表达的意思是"我们唱歌，校长也唱歌"，"也"表示类同，"都"没有类同义，所以用"也"最符合句意。例（31）最好将"也"换成"还"，"还"表示比较或状态延续，"也"没有这种用法，所以根据句意应该选用"还"。由此看来，"都""也""还"与"连"搭配构成的待嵌构式，在使用上是有区别的，不能把这三个副词混为一谈。

4. 误加偏误

意大利学生习得"连……都/也"构式以后，出现了泛化现象，不该用时用了，或者增加了不该加的成分，造成误加。例如：

（32）＊这次旅游，连导游都50个人，正好一车。
（33）＊他连喝酒都没喝，吃了几口菜就匆忙走了。

例（32）没有必要用"连……都"构式，误加了副词"都"，"连"表示包括义，正确的表达为"这次旅游，连导游50个人，正好一车"。例（33）强调的XP为名词"酒"，不包括动词"喝"，正确的表达为"他连酒都没喝，吃了几口菜就匆忙走了"。"连"与"都/也"搭配形成待嵌构式，是有条件要求的，学生在使用这种构式时，一定要了解构式的使用规则，否则容易产生偏误。

5. 逻辑偏误

"连……都/也"待嵌构式往往体现一种逻辑性，即用于强调极端性情况，正常情况下一般不用。意大利学生往往对"连……都/也"这一逻辑特点不够了解，在使用时常常出现偏误。例如：

（34）＊约翰连我的脏衣服都不洗，还能洗自己的吗？
（35）＊张大爷年轻的时候连面条都能吃，还不能吃什么？
（36）＊玛丽连一瓶啤酒都喝了，还差这半斤白酒吗？

例（34）违反了"连……都/也"构式的逻辑表达，不符合人们认知的常情规律，出现了偏误，正确的表达是"约翰连自己的脏衣服都不洗，还能洗我的吗"。例（35），"面条"是日常生活中常吃的食物，不具有极端性，所以从逻辑角度来说不使用"连……都/也"待嵌构式，正确的表达是"张大爷年轻的时候连树皮都能吃，还不能吃什么"。"树皮"一般是不能吃的，通过强调极端、特殊的情况来表达反预期信息。例（36），"一瓶啤酒"与"半斤白酒"相比，根据生活逻辑，人们认为半斤白酒＞一瓶啤酒，强调大量符合表达的逻辑思维，正确的表达是"玛丽连半斤白酒都喝了，还差这瓶啤酒吗"。

（二）偏误成因

意大利学生习得"连……都/也"构式出现偏误有各种原因，其中最主要的是两种：一与母语负迁移有关，二与待嵌构式"连……都/也"的复杂化相关。

1. 母语负迁移

意大利学生在习得"连……都/也"待嵌构式时，常常到母语中找对应的表达形式，容易受到母语干扰而产生偏误。例如：

（37）衣服连试也没试，就交钱了。

Ho pagato i vestiti non li ho neanche provati.

（38）今天上课，他连笔都没带，只好向朋友借一支。

Oggi, a lezione, non ha neanche portato una penna, quindi è obbligato a prenderne una dal suo amico.

例（37）和例（38）体现了汉语与意大利语的差别，意大利语中没有"连……都/也"对应的构式。在习得过程中，学生习惯拿母语与汉语对照，很难找到对应的构式，受母语的影响而产生负迁移。这样的结果除了会产生偏误以外，有的学生还干脆采取回避的态度，应该用"连……都/也"句式表达，却选用别的句式。

目前国内出版的教材都用英语注释语法点，"连……都/也"构式的英语对应形式是 even，而英语 even 又有很多其他用法。意大利学生在学习过程中必然会受到英语的干扰，习惯用英语或母语的思维进行表达，这样容易形成偏误。

2. 待嵌构式复杂化

"连……都/也"构式结构复杂，表义丰富，要根据具体情况选用。从结构来说，"连＋XP＋都/也＋VP"是基本结构框架，如果强调项用 XP 表示，谓语部分用 VP 表示，XP 最为复杂，可以是名词、动词、短语，也可以是小句。组成成分之间相互制约、各司其职，若不知道构句规则，就容易出现偏误。从语义来说，"连……都/也"构式表义丰富，主要有强调义、包括义、暗含比较义、递进义等，学生只知道其中的一种语义用法，不知道其他用法而形成偏误。从语用来说，"连……都/也"构式常用于极端特殊情况，而且前后两个句子语义的连接非常密切，只看一半往往不能体会说话者的意图。

意大利学生习得"连……都/也"构式最大的问题有三个：一是不了解"连VP都/也VP"结构项的职责；二是不了解"连……都/也"构式的语义表达；三是不了解语用方面的限制条件，只考虑单句的使用，而不考虑前后文语境，"连……都/也"构式必须与前后句结合，才能表达说话者的真正意图。

3. 其他原因

诱发偏误的原因除了语言负迁移以外，还有学生自身的因素，学生的水平不同，形成的偏误也不一样。教材也有责任，有的教材对"连……都/也"构式的解释不全面，只是简单介绍。当然教师也有一定的责任，有的教师在讲"连……都/也"构式时分析得不透彻，或有些问题没有讲清楚，也会诱发偏误。

四、意大利学生习得"连……都/也"构式的策略

在具体教学中，不仅要让意大利学生了解"连……都/也"构式的结构特点、语义表达，还要掌握"连"字句的使用规律。待嵌构式"连……都/也"有基本的使用条件，在教学时只从结构方面进行描写是不够的，还需要从情景语义方面进行描写和解释，让学生了解构式是使用条件，培养他们使用构式的语感，达到正确使用的目的。

（一）"连……都/也"待嵌构式的使用条件

意大利学生习得"连……都/也"待嵌构式，经常出现偏误或避而不用，主要原因在于不了解"连……都/也"的使用条件，不了解说话者表达的真正用意。下面分析一下"连……都/也"构式出现的条件。

1. 违背常理或常规的做法

（39）这个金发服务员看着手机，连理都不理顾客。

（40）他出国几年，变化太大了，连妻子都认不出他了。

（41）连枪都丢了，还怎么去打仗？

（42）他连门都没锁，就出门了。

例（39），在社会固有模式中，普遍认为服务员对顾客的态度是亲切友好的，但这个金发服务员不理顾客，就违背了社会固有认知。例（40）

也是同样的道理，妻子是对丈夫最熟悉的人，居然没有认出来，违背常理，可见"连……都/也"构式常表达违背常理和出乎意料之事。例（41），作为一名士兵把枪丢了，这是超出常规的一种行为，表达说话者非常不满的态度。例（42），出门一定要锁门，而门没锁就出门，出现了违背常规的行为，说话者认为他太马虎了，可以加上副词"居然、竟然、竟"等。

2. 现实结果与预期结果相差较大

（43）我怎么连这么简单的题都没答出来。

（44）你怎么连这么简单的题都没答出来。

例（43），预期结果与现实结果相差较大，说话者置身其中，懊恼不已。例（44），没有达到理想结果，说话者置身事件之外，表达埋怨的口气。

3. 用于对人或事的一种推测

（45）你连这件小事都做不了，还能做大事吗？

（46）他连自己房间都不扫，何以扫天下？

例（45）强调"小事"，小事做不好，推测的结果是大事也做不好。例（46），"房间"是自己的居住之所，"连自己房间都不扫"，推测他不可能做大事，要想做大事，先从打扫房间开始。

4. 用于主观性评价

（47）赵强连这么难的数学题都做出来了，真厉害。

（48）在街上或胡同遇见夏青，互相连招呼都不打。（王朔《无人喝彩》）

例（47），说话人主观评价"赵强解题能力非常强"。例（48），说话人主观认为二人的关系非常不好。

说话人选择一种构式，表达自己的观点、态度和情感，需要多方面考虑：一要考虑说话的目的（意图）；二要考虑自己的看法是否表达清楚；三要考虑对方的接受度；四要考虑实行的效果。"连……都/也"构式语法意义的表达是受使用条件制约的。

（二）设置情境，培养学生语感

国内有些教材简单介绍"连 XP 都/也 VP"结构，缺少具体语境用法的解释，处理得比较简单。应该从结构、语义、表达等多维度进行有效的解释，以避免学生在使用中出现偏误。在实际教学中，要让留学生了解"连 XP 都/也 VP"构式的规则，把"连 XP 都/也 VP"构式教学与真实语境结合起来，培养学生使用"连 XP 都/也 VP"构式的语感。设置真实的语言情境，调动学生学习的积极性，激发他们参与的热情，有利于培养他们的交际能力。因为意大利学生很难理解"连 XP 都/也 VP"构式的语法意义，句式背后所隐含的信息也需要在具体语言实践中体会。

在具体教学中，不仅要让学生了解"连 XP 都/也 VP"构式的特点，还要掌握"连 XP 都/也 VP"构式的使用规律，对"连 XP 都/也 VP"构式教学只从结构方面进行描写是不够的，还需要从意义方面进行解释。"连 XP 都/也 VP"构式教学要把形式和意义结合起来，这样有利于培养学生使用"连 XP 都/也 VP"构式的语感。

五、结语

"连……都/也"构式产生于宋代，经历了一千多年的演变，在使用过程中赋予了说话者情感、态度和认知，人们通过这种语法形式表达了丰富的内涵信息，具有鲜明的汉民族文化特征。意大利学生在习得汉语"连……都/也"构式时常常出现一些偏误，我们归纳的五种偏误类型没有囊括所有的偏误，学生学习"连……都/也"构式的偏误类型还可以细分。"连……都/也"构式偏误产生的原因有很多，有的是学生母语负迁移产生的，有的是教材解释不清楚产生的，有的是教师对构式的结构、语义、表达讲解不透彻造成的，当然还有其他原因。"连……都/也"构式教学要以本体研究为基础，结合学生特点，制定切实可行的教学策略，最终目的是让意大利学生掌握"连……都/也"构式的使用规律，在真实语境中得体地运用"连……都/也"构式。从这个层面上说，还有许多问题值得深入研究。

参考文献

1. 曹秀玲. 再议"连……都/也……"句式［J］. 语文研究，2005（1）.

2. 陈满华，贾莹. 西方构式语法理论的起源和发展［J］. 苏州大学学报，2014（1）.

3. 崔希亮. 汉语"连"字句的语用分析［J］. 中国语文，1993（2）.

4. 崔永华. "连……也/都……"句式试析［J］. 语言教学与研究，1984（4）.

5. 董秀芳. 主观性表达在汉语中的凸显性及其表现特征［J］. 语言科学，2016（6）.

6. 洪波. "连"字句续貂［J］. 语言教学与研究，2001（2）.

7. 刘丹青. 作为典型构式句的非典型"连"字句［J］. 语言教学与研究，2005（4）.

8. 邵敬敏. "连 A 也/都 B"框式结构及其框式化特点［J］. 语言科学，2008（4）.

9. 施春宏. 构式三观：构式语法的基本理念［J］. 东北师大学报（哲学社会科学版），2021（4）.

10. 宋玉柱. 现代汉语语法论集［M］. 天津：天津人民出版社，2006.

11. 吴长安. 待嵌构式的挖掘价值和未来话题［J］. 东北师大学报（哲学社会科学版），2016（4）.

12. 袁毓林. 试析"连"字句的信息结构特点［J］. 语言科学，2006（2）.

13. 张旺熹. 连字句的序位框架及其对条件成分的映现［J］. 汉语学习，2005（2）.

14. 周小兵. 汉语"连"字句［J］. 中国语文，1990（4）.

Pending Construction "Lian（连）... Dou/Ye（都/也）" Information Expression and Acquisition Strategies

Wang Jiatian[1]   Wang Zhenlai[2]

(1. *College of International Education*, *Dalian university of Technology*, *Dalian*, 116024;

2. *College of International Education*, *Liaoning Normal University*, *Dalian*, 116029)

Abstract：Pending construction is one of the most complex types in the construction, "lian（连）... dou/ye（都/也）" is a typical form of pending construction, its representation is generally not self-sufficient, must be with the front and back sentences, in order to understand the speaker's true intention. Cognitive linguistics holds that there is a well-founded convention between form and meaning. Construction grammar holds that a construction has its own unique form, which also has its own unique meaning, and the meaning of construction restricts the components that enter the construction. "Lian（连）... dou/ye（都/也）" not only has complex internal structures and rich representations, but also has more constraints on the use of conditions. The form of pending construction has always been the difficulty of international Chinese teaching, in which it is necessary to clarify the expression of information of pending construction, which is conducive to foreign students to learn "lian（连）... dou/ye（都/也）" constructed and used correctly.

Key words：pending construction，"lian（连）... dou/ye（都/也）"，expression of information，learned

技能状态理论：人工智能浪潮下认知写作学试探[①]

戴红贤　黄振威[②]

（武汉大学文学院　武汉　430072）

摘　要：自然语言处理给写作学提出了一系列新问题，对这些问题的回应将扩展写作学的研究视野。本文依托技能获得模型分析了意向弧、写作主体和写作情境三个概念，尝试建构一种个体主义的、交互共建的、颅外延展的、层次错落的写作技能状态理论，以期探索人工智能时代写作学吸纳认知科学成果以创新的路径。

关键词：认知写作学；写作技能；技能获得模型

人工智能引起了人文科学的高度关注，其中，自然语言处理技术给写作学提出了一系列新问题。学术界对机器写作议论纷纷，对可能引发的人类写作危机各抒己见。在开发机器写作智能之前，我们有必要反思人类的写作活动。写作是人类独有的一种文化实践活动，写作技能体现出人类基于身心体验运用思维和语言的某些认知特性。这些认知特性与人的心智乃至生理构造有关，也是当前人工智能技术难以模拟、难以企及的。写作活动的这种认知特性研究应该是 21 世纪写作理论发展一个新的维度。积极吸纳认知哲学与认知科学的相关学说以促进当代写作理论发展，目前国内外写作学界尚处于起步阶段。本文将运用现象学家、人工智能问题哲学家休伯特·德雷福斯（Hubert Dreyfus）的学说及其相关讨论进行阐述，以期开拓写作学的视野，探索认知写作学建构模式。[③]

一、德雷福斯的技能获得模型及其意义

德雷福斯现为伯克利大学哲学系教授，他的人工智能批判对人工智能发展影响深远。他在 1965 年出版的《炼金术与人工智能》中批判了第一

---

①　本文为 2019 年度国家社会科学基金项目（项目编号：19BZW053）的阶段性成果。

②　作者简介：戴红贤，武汉大学文学院教授，研究方向为古代文学、写作学和语文教育学等。黄振威，武汉大学汉语写作研究中心助理研究员，研究方向为写作学理论和自然语言处理等。

③　我们提出的"认知写作学"这个概念源自 20 世纪 60 年代末西方写作学界提出的写作过程认知模型。写作过程认知模型已经广泛运用于写作教学，取得了良好的实践效能。我们认为这个研究路径还有广阔的探索空间。参见：LINDA F, JOHN R H. A cognitive process theory of writing [J]. College composition and communication, 1981（4）：365–387.

代表征主义人工智能纲领，指出了表征主义的局限性，有力地回应了人工智能对哲学提出的挑战。该报告被认为是人工智能第一次寒冬的重要推手。① 1986 年，他与弟弟斯图亚特·德雷福斯基于海德格尔的"上手状态"② 和梅洛 - 庞蒂的意向弧（intentional arc）与最大化把握（maximal grip）等现象学学说，提出五阶段技能获得模型③（Skill-Acquisition Model），2001 年德雷福斯又在讨论远程学习的论文中将其扩展为七阶段技能获得模型④。德雷福斯的技能获得模型从技能习得角度讨论了人工智能的认知界限，揭示了人类智能的某些独特性。

（一）技能获得模型学说的基本内容

德雷福斯的五阶段技能获得模型是关于个体技能的普遍化理论。许多差异性较大的人类活动作为同类活动被纳入该模型分析，例如，科学家的认知活动与运动员的网球运动，传统上我们认为二者是大相径庭的：前者基于理性，属于认知技能；后者基于感性，属于动作技能。但是德雷福斯却将两者纳入同一技能获得模型中，不同的技能因此显示出内在的普遍一致性。该模型主张技能是一种具身认知（embodied cognition）的实践，这种看法有力地回击了表征主义与离身认知的人工智能纲领。同样地，我们认为，该理论对于反思基于离身认知观念的现代写作学亦颇有借鉴的意义。

要素、视角、决策和投入是德雷福斯讨论五阶段技能获得模型总结出来的四个关键性因素。⑤ 要素描述技能学习者与语境的关系，显示学习者对某个实践语境的认知水平；视角揭示学习者怎么理解问题；决策表明学习者以何种思维方式解决问题；投入展示学习者如何思考并怎样完成自我设立的实践任务。在《心灵超越机器》中，德雷福斯用如下表格展示其五阶段技能获得模型：

---

① 陈自富. 炼金术与人工智能：休伯特·德雷福斯对人工智能发展的影响［J］. 科学与管理，2015（4）：55 - 62.

② 张文初的《从现代美学视域看海德格尔的"器物上手论"》提出："上手是器物被使用时的状态，这里的'被使用'是同'被认知'相对立的。"上手状态可以进一步理解为通过熟练地使用器物，人们对器物的使用达到了"如臂指使"的程度。器物的上手状态导致人类功能的延伸，比如通过锤子我们可以放大皮肤的硬度、受力面积以及手的力量。

③ HUBERT D. Mind over machine：the power of hhuman intuition and expertise in the era of the computer［M］. New York：The Free Press，1986：16 - 51.

④ HURBET D. How far is distance learning from education？［J］. Bulletin of science，technology & society，2001（3）：165 - 174.

⑤ HUBERT D. Mind over machine：the power of human intuition and expertise in the era of the computer［M］. New York：The Free Press，1986：50.

表1　五阶段技能获得模型①

技能等级 （Skill level）	要素 （Component）	视角 （Perspective）	决策 （Decision）	投入 （Commitment）
新手（Novice）	语境无关	无	分析的	分离的
高级初学者 （Advanced beginner）	语境无关与语境敏感	无	分析的	分离的
胜任（Competent）	语境无关与语境敏感	选择的	分析的	分离理解与决策，嵌入结果
精通（Proficiency）	语境无关与语境敏感	经验的	分析的	嵌入理解，分离决定
专家（Expert）	语境无关与语境敏感	经验的	直觉的	完全嵌入

德雷福斯 2001 年发表的《远程学习是何种程度上的教育》新增了驾驭（Mastery）和实践智慧（Practical Wisdom）两个阶段，将五阶段技能获得模型发展为七阶段模型。第一到第七阶段技能层级的动态变化体现了技能的递进式上升的特征。第一阶段，新手通过去语境（context-free）的规则试着处理信息，但是他无法在语境中工作；第二阶段，高级初学者能够在语境下工作，但是他没法很好地辨识语境；第三阶段，胜任的学习者辨识语境的能力大幅提升，但是，如何在纷繁复杂的语境理解方式中选取特定的方案与观点来解决问题，这使他开始感到疑惑；第四阶段，精通的学习者能够看到解决问题需要的特定的目标，但是他并没有方法来达到这个目标；第五阶段，专家式学习者清楚达到某个目标需要的方法，但是他没有属于自身的文化风格；第六阶段，驾驭的学习者拥有自身处理实践的文化风格，但是他只是单纯地模仿某位大师的风格；第七阶段，通过多种文化风格的学习，技能主体形成了自身独特的文化风格，并在人类社会中广泛传播，塑造人类对世界的新理解。

德雷福斯在最后两个阶段将技能扩展为某种广泛的文化实践，技能实质上已经超出了个体主义的范畴。我们认为后两个阶段是写作学与文艺学、美学等众多邻近学科的交叉领域，所涉及的内容广博且复杂。本文暂

---

① HUBERT D. Mind over machine: the power of human intuition and expertise in the era of the computer [M]. New York: The Free Press, 1986: 50. 其中部分译文参考：姚艳勤. 德雷福斯的技能获得模型及其哲学意义 [D]. 上海：上海社会科学院，2012.

且重点参照五阶段技能获得模型来分析仅作为个体技能的写作技能变化发展现象。

（二）技能获得模型对写作理论问题意识的启发

借助技能获得模型及其相关讨论重新审视写作学理论，可以对写作技能提出如下问题：

第一，写作技能是颅外延展的还是颅内边界的？写作学是在功能脑意义而非器官脑意义上讨论写作活动。如果写作技能是颅外延展的，那么它可能不仅发生于大脑之中，还可能在大脑、身体、心灵和情境之间形成了耦合系统；如果写作技能是颅内边界的，那么它只反映思维内部之间的关系与规律，它不仅是离身的，而且外部客观世界对写作活动的影响也是一种间接性的影响。

第二，写作技能是交互共建的还是单向建构的？如果写作技能是交互共建的，那么写作主体与写作情境在写作实践中将变为能动成分，主体被抛入情境，情境对主体呈现，双方将呈现一种相互保存与促进的关系，好比人将自然人化的同时也自然化了人；如果写作技能是单向建构的，那么另一部分就会一定程度地被忽视，比如技能获得模型就是一种强主体、弱情境的立场。

第三，写作技能是第一人称还是第三人称的？这里的人称并非叙事文本意义上的概念，而是写作理论如何看待写作者的实践人称。如果是第一人称的，那么写作学理论就有必要将写作时产生的诸多情绪、情感等感性因素考虑在内，这些感性因素也是写作技能的有机成分，写作学就变成了面向生命的写作学；如果是第三人称的，那么写作学理论就可能成为一种缺乏在场体验的理论，写作者特殊的主观体验将被抽象为一个个规则、规律，写作只有技术差异而无体验差异，写作学就变成了面向文本的写作学。

第四，写作技能的个体成分与集体成分关系是怎样的？七阶段技能模型的前五个阶段都是从个体技能角度分析技能，后两个阶段将技能当成一种集体技能来理解。同样地，写作活动离不开语言这一集体技能的部分，也离不开个体技能的部分。现代写作学主要将写作技能当成一种个体活动，对写作的集体成分分析较少。它们的关系究竟是怎样的，这也是一个值得思考的问题。

第五，写作技能的层级如何划分？现有写作学理论对这方面分析较为薄弱。我们尚无完备的理论对不同层次的写作技能拥有者因材施教，写作学教材介绍的都是固化的写作技巧，没有对不同层次的写作学习者予以区分，没有呈现不同写作技能等级是如何使用这些技巧的，因而无法推动写作学习者从他律规定走向自律规范。归根结底是因为写作理论在生产知识时呈现出"作坊匠人""寺院禅师"而非"下地农民"的理论品质，下意识地排斥了本应在场的万千写作者。

对这些问题的思考当能在一定程度上促进写作学摆脱空泛特征，进一步走向写作理论的可操作性，或许还能与全域写作学理论达成共振①，革新写作学的知识学模式②。下面重点阐释具有个体主义、交互共建、颅外延展、层次错落等特征的写作技能理论。

二、写作技能的基本概念

德雷福斯的"技能"概念强调主体对情境的建构，强调技能状态是一个从不自觉触碰到自觉体认、从粗糙了解到精确使用、从生疏到熟练的过程，同时侧重从瞬时决策的角度审视主体的情境交互方式，以此作为不同技能阶段的划分标准。基于这种交互共建的技能观，我们可以把写作技能理解为写作主体与写作情境交互关系的总和。双方的交互由意向弧支配，在一次次写作实践中，写作主体、写作情境和意向弧三者将共同建构写作活动的时空秩序；在一个个技能状态中，三者呈现出技能状态的递进式结构。通过对写作活动的考察，能揭示出写作技能的交互共建与颅外延展特征；通过对技能状态的建构，能细致展现写作技能的个体主义性质和层次错落特征。下面以意向弧、写作主体与写作情境作为核心展开对写作技能的刻画。

（一）意向弧

技能获得模型借鉴了梅洛-庞蒂的"意向弧"与"最大化把握"两个概念。意向弧当由意向性概念发展而来。意向性是当代哲学的核心概念，它最早起源于中世纪经院哲学，后来在19世纪心理学家布伦塔诺中获得了现代改造。布伦塔诺指出，世界上的现象可以划分为物理现象和心理现象，但两者的根本区别不是前人所说的是否有广延、是否能思维等，而是

---

① 宋时磊，陈韬，周良，林延军. 中国写作学会召开2019年学术年会暨会员代表大会［J］. 写作，2019（5）：2，129.

② 董小玉，陈学璞，邢建昌，戴红贤. "新时代写作学科的新发展"研究专题（笔谈）［J］. 写作，2018（6）：29-40.

有无意向性。^① 依照布伦塔诺的观点，物理现象只涉及物理对象本身，而心理现象包括了心理主体和它指向的外部对象的方式。意向性反映了这种内外联系的特性。^② 意向性好似一条绳索，一头绑着主体，一头系着事物。心理活动几乎都表现出我们"关于"某些事物的能力。其后，现象学先驱胡塞尔开创性地将意向性概念应用于现象学之中，为后续的哲学发展提供了重要范畴。

梅洛－庞蒂这样指出意向弧的功能："（意向弧）在我们周围投射我们的过去，我们的将来，我们的人文环境，我们的物质情境，我们的意识情境，我们的精神情境，更确切地说，它使我们置身于所有这些关系中。正是这个意向弧造成了感官的统一性，感官和智力的统一性、感受性和运动机能的统一性。"^③ 被意向弧所支持的意识可能是一种投射活动，它不像经验主义说的那样是"心理事实的总和"，也不像理性主义说的那样是"一种表象功能"，它把作为本身活动的痕迹的物体置于自己周围，并依靠这些物体转到其他的自发性活动。这一切并不需要人自身有意识的过程，它由意向弧自为地完成。

比起静态的意向性，动态的意向弧具有意向回路的特性，它影响主体与生活世界交互共建的关系。进一步地，如果我们以交互共建的视角重新考察意向弧本身，我们就不得不重视它对主体与情境的重要性，它将主体抛入情境之中，也将情境呈现给主体。各方由此与对方相遇，在接触的同时便建构了自身。主体与情境因为抛入和呈现牢牢被捆绑在一起，它们彼此依存。意向弧的"抛入"与"呈现"并非静态的，抛入与呈现都处于一个动态的、变化的过程。这是一种"如同探照灯那样朝着各个方向、我们得以朝着任何方向、朝着我们的内部或我们的外面，对物体作出反应"的"运动向量"。^④ 在空间的展开与时间的流动中，写作技能的意向弧具体地、现实地调整着主体与情境的关系，写作过程就好似自生长般、不断自动化地绵延开来。

意向弧的功能最终导致了写作过程中瞬时决策的"实践推理"，也就是梅洛－庞蒂所言的最大化把握的能力。按照梅洛－庞蒂的说法，高等动

①　高新民，刘占峰. 意向性·意义·内容：当代西方心灵哲学围绕心理内容的争论及其思考［J］. 哲学研究，2003（2）：86－91.

②　毛华滨，高新民. 从意向性看人工智能的发展方向［J］. 科学技术与辩证法，2005（5）：30－33.

③　莫里斯·梅洛－庞蒂. 知觉现象学［M］. 姜志辉，译，北京：商务印书馆，2001：181.

④　莫里斯·梅洛－庞蒂. 知觉现象学［M］. 姜志辉，译，北京：商务印书馆，2001：180－181.

物与人类总是倾向于最大化把握他们的处境。① 当我们看着某物时，身体会让某物及其环境的诸多因素变得模糊或者清晰、放大或者缩小以确保我们能够以最佳方式观察某物。例如当我们凝视一朵花时，无关背景就会自动被过滤、被想象填充，花的细节就被放大、被知觉占据，这样我们的凝视将能获得更多关于花的细节，也就是说我们最大化把握了这朵花。最大化把握彰显了身体本身具有的能动性，一旦它无法收到对世界的满意期待，它就会修正自身以作出正确的反应。同样地，心灵应该也具有一致的能动性，身心两者都是敏感于目标而能动的。在写作活动中，写作主体期待的是写作意图的最终文本化、物化，为了满足这个意图，他自发或自觉地在写作时间秩序中不断调整自身与情境。最大化把握表现在技能主体上即为连续的"行为、目的，行为、目的……行为、目的"的实践推理过程，技能主体不断基于现有信息推理下一步的行动，直到最后的目标变成一个行动。

（二）写作主体

写作主体就是那个在写作活动中控制着写作行为模式的存在，它包括身心体验和身心认知。身心体验代指真实的写作活动中写作者的感性体验，它或者是写作过程的动力，或者是阻力，通过赋予不同表象不同程度的前摄期待以干涉写作活动的走向。身心体验不仅包括各种积极与负面的情绪；也包括那些较为中性的情绪，例如疑惑与平静等情绪；还包括实践时身体与心灵产生的诸如"百思不得其解"的感知，兴奋、疲惫等感受，以及种种高阶的审美体验。身心体验虽是内在的，但对身心之外的领域也保持了开放性。在可能需要的情况下，一些人格、生活、社会与时代的经验将进入写作主体，写作文化与写作时空背景将化作身心体验掺入写作技能，他律地推动着写作主体朝着特定方向前进。但无论是写作文化还是写作时空背景，它们对写作主体的影响都是间接性的，以直接性的身心体验为中介。在与身心体验的关系中，这些混合的经验并不命令写作者该"写什么"，它们只是强调写作主体应该如何"感受"，以间接他律的方式施加影响。

身心认知指的是主体用何种认知方式处理写作信息与知识，并不涉及具体的知识内容，它可分为理性分析与感性直觉两种，两者的特征分别是间接的／直接的、缓慢的／快速的、清晰的／模糊的、明言的／意会的、精致

---

① HUBERT D. Intelligence without representation：Merleau-Ponty's critique of mental representation：the relevance of phenomenology to scientific explanation ［J］. Phenomenology and the cognitive sciences，2002（4）：367 - 383.

的/粗糙的、先导性的/跟随性的、心知的/身知的、构思性的/非构思性的、第三人称的/第一人称的、实验室的/生活的。两者并非完全割裂，在具体写作实践中相互依附、彼此交融，统一于现实的写作活动之中。比如，在文章的构思阶段，写作者可能首先会运用他的文体知识，将文章分解为"起承转合"的结构，接着他又开始思考每个部分的内容。这时候，他的直觉可能被唤醒，以"妙手"去"偶得"一个"天成"的文章开头，也可能在阅读材料、内省反思中缓慢地根据所掌握的更细微的文体规则演绎文章的开头。身心认知概念认为身体也参与了写作活动，写作不仅是构思性的活动，也蕴含了非构思活动的维度，面向任何文体写作的作者都需要"心思"与"身思"两种认知方式的帮助。

被分配到写作活动的注意力越多，主体的经验积累越雄厚，意向弧将主体与情境就拉得越近，主体也因此能够更近地直观感受写作情境。这种状态丰富了作者的身心体验，他不再从远方分析情境，而倾向于直接观察情境，此时的他以直觉与分析统一的身心合一状态直接回应情境。随着技能层次的上升，写作主体对活动的参与也变得更加积极主动，身心越来越觉醒，最终表现为写作水平越来越高，写作能力越来越强。

（三）写作情境

写作情境是指技能获得模型所提及的问题域（problem area）。德雷福斯认为："问题域包含了潜在的、没有受限的可能联系的特征与事实，这些成分互相联系和决定其他事件的方式并不清晰。"[①] 写作情境也可在不同场合称为写作语境、写作环境，至少在含义上它们是家族相似的。写作情境也是主体被意向弧抛入的那个世界，其外延小于"四体化一"说的写作客体、写作文化、写作时空背景三个范畴，[②] 它更贴近被主体构建的现象世界。写作情境包含表象片段、文章胚胎、知识的质料结构与形式结构。表象片段即德雷福斯所言的"潜在的、没有受限的可能联系的特征与事实"。

写作活动的发生源自写作主体在某些时候的写作意图。主体在内外的刺激下萌生的原始的写作意图，将变为文章胚胎嵌入写作情境，在持续不

---

① HUBERT D. Mind over machine：the power of human intuition and expertise in the era of the computer［M］. New York：The Free Press，1986：20.

② 写作的"四体"包括：写作主体（谁来写）、写作客体（写什么）、写作受体（为谁写）、写作载体（怎样写）。写作的"化一"即写作四体移入大脑转为四种意识，在思维中运动，最后化合为写作成品的过程。关于"四体化一"说以及写作文化、写作时空背景等理论更具体的内容，详情参见：马正平. 高等写作学引论［M］. 北京：中国人民大学出版社，2011：116 – 117，126 – 128.

断的交互中文章胚胎不断生长。只有当文章胚胎满足了主体为该文章所设定的包括字数、风格、主题和思想等写作任务时，写作活动才算完成，它才会最终外化为具体文本。

无论写作活动的前语言机制如何运作，最后表达出来的仍旧是被认知功能加工过的言语，而不是原始写作情境蕴含的一个个破碎化的表象，这些被有序化过的言语承载了在交互中被写作主体加工过的明言知识（explicit knowledge）和意会知识（tacit knowledge）。这种知识二分法源自科学哲学家迈克尔·波兰尼的默会认识论：明言知识即可以用言语表达的知识，可用命题的形式描绘，对它的理解只需通过文本；意会知识是难以用言语表达的知识，它深埋在言语意义之下，表现为认知主体对某物的直觉，对它的理解需要以类似的体验意会。德雷福斯也以"knowing how"和"know that"来表达类似于意会知识和明言知识的含义。① 倘若从现代写作学的"物—意—文"理论考察"知识"概念，我们可以清楚地明白知识是"意物化"与"物意化"的结果。"意物化"是产生意会知识的过程，是思维发散的过程；而"物意化"是产生明言知识的过程，是图式择聚的过程。②

写作情境的知识整体具有质料结构和形式结构，知识质料结构指的是明言知识与意会知识的数量，知识形式结构指的是知识的有序程度。原初表象是混沌无序的，被人类的认知能力加工过后就跃迁为反思性的知识，这一步可以理解为"物—意—文"理论中由物到意飞跃的环节。知识如此庞杂，为了高效地完成写作任务，写作主体必须将纷繁复杂的知识标记化、网络化、体系化。这些知识的变化有赖于知识形式结构。在知识不断有序的过程中，知识形式结构像几何图形一样从碎片化走向线性化、块化、团化和体系化。结构的有序化不仅意味着知识可以被方便地调用，也间接地改变了知识的质料结构。在越来越体系化的知识形式结构中，难免会出现许多知识空白，也即写作情境中从未出现过的东西。在高度秩序化的知识形式结构看来，有些知识的出现是必然的，因为它在结构化的同时会自动地将空白以推理的方式补齐。

通过分析意向弧、写作主体和写作情境，一幅新的写作理论的可能图样便诞生于当代写作学话语空间之中。然而以上分析只是集中展示了新的写作技能理论交互共建与颅外延展的两大取向，关于该理论的个体主义属

---

① HUBERT D. Mind over machine：the power of human intuition and expertise in the era of the computer［M］. New York：The Free Press，1986：17.

② 田健铭. 思维图式在"物—意—文"写作过程中的作用［J］. 内江师范学院学报，2009（3）：74－76，82.

性与层次错落特性仍然有待发掘，这就需要将静态的写作空间秩序分析转向动态的写作时空秩序分析。

三、写作技能的递进状态

技能获得模型不寻求宏观普遍的技能实践过程论，也不追求微观具体实践知识的类型学划分，因此，建立在技能获得模型基础上的写作技能状态理论可以视为一种中观的写作学理论。这里的中观是相对于宏观与微观而言，写作学宏观理论主要以"物意文"理论、三重转化论、知行递变原理、写作生长论、多重转化论、非构思写作学等学说为代表的现代写作学的写作过程论，写作学微观理论则是20世纪90年代以来兴起的看重与激发思维技术的写作思维学，其根源在于现代写作学早期的训练学派。中观的写作学理论侧重描述写作技能的状态，其核心是分析统摄写作主体与写作情境的写作技能状态。不同的写作技能状态就是不同的技能层次，它决定了现实的写作实践中写作技能的具体表现，即意向弧、写作主体和写作情境是如何在具体实践中显示自身特征的。虽然写作技能状态在写作空间秩序中具有五大部分，但它在宏观写作过程中仅表现为一个点，正是这个点经过连续运动才形成了完整的写作时间秩序。由此可见，只有将中观和宏观写作理论维度结合起来才能成功地将写作活动刻画为时空连续体。

（一）写作技能的五种递进状态

在介绍了写作技能状态的基本概念与框架之后，下面将基于五阶段的技能获得模型来阐释与描述写作技能及其状态变化。

新手往往生硬地尝试教师所提供的属于明言知识的写作规则，写作主体和写作情境处于明显的分离状态，此时的他主要被紧张的情绪统治着，常常表现得不知所措，还可能出现诸如冒冷汗、心跳加快等生理反应。

熟练者则积累了些许意会知识，有了一定的情境敏感能力，但是他这个时候直觉反应较慢，只能在情境下工作而不能清楚地意识到这个情境到底是什么。他通过些许意会知识开始摆脱新手状态单纯地依赖于教师的情况，开始学会为知识赋予新的意义，学会在归纳中生产新的明言知识。完成任务的他会如释重负，这大大改善了熟练者的身心体验。

胜任者的意会知识剧烈增加，他的联想能力得以飞跃，知识日趋体系化。胜任者对情境有更为深刻的体会，能够知道当下情境到底发生了什么，但是对情境中蕴含的问题依旧云里雾里，察觉不到问题域中的目标是什么，无法生成未来的写作任务。对此他并不像新手与熟练者一样焦虑，他可以较为平静地以更好的直觉应对实践中出现的问题。

精通者的意会知识与明言知识持平，处于直觉与分析交叉运作的过程，这使得他们出现了一些身心合一的状态，获得了沉思与探索等深度的身心体验。随着知识的大量增加与联系的不断紧密，他们可以生产出新的意会与明言知识，这就是写作灵感勃发的状态，一些未曾经验过的东西在写作情境之中被构想出来，自主呈现。由于这种可控的知识爆炸，在实践推理方面，精通者往往可以预知到事情的目标也即情境中蕴含的问题，但是他们无法将目标与方法有机地结合起来，完好的实践推理法只有专家才能实现。

专家能够完全地将自身放入情境之中，他们因此获得了强大的直觉能力，能够以直觉为主导、分析为辅助处理问题。因为积累了大量知识质料，构建了复杂的知识形式，他们形成了某一领域完备的体系化知识。同时，一旦他们意识到一个情境的目标，就意味着他们知道了情境问题的解决方案，他们的实践推理法达到了目标与方法相统一的境界。比如说，倘若某位专家精通某种文体，他也有能力写好其他较为类似的文体。只要他能够清楚地概括出该文体的特征，哪怕从未进行过相关文体的写作，也能够凭借自身能力、利用自身的知识储备进行较好的模仿。

专家的缺陷在于，他没有完整的文化风格，不能很好地将该领域的知识迁移到其他领域中去。① 超越了专家阶段，技能持有者将形成专属于自身的技能家族，不同技能相辅相成、统一于技能持有者的技能意图，而超个人的文化态度、风格正是其决定因素。

我们借鉴德雷福斯的新手、熟练、胜任、精通和专家五阶段技能状态，并将上文所分析的写作技能内容概括为五个方面，即实践推理、身心体验、身心认知、知识质料、知识形式。五个阶段的五种技能的递进状态见表2：

表2　五阶段递进的写作技能状态变化

技能状态	技能内容				
	实践推理	身心体验	身心认知	知识质料	知识形式
新手	基于规则而工作	消极为主	纯分析	单纯接受明言知识	碎片化

---

① 在技能获得模型中，德雷福斯将文化风格理解为一种可以影响到技能效果的对待世界的文化态度，而技能状态理论通过将技能阶段进行个体与社会区分的行为其实将文化风格理解为一种影响到技能状态迁移能力的文化态度。

（续上表）

技能状态	技能内容				
	实践推理	身心体验	身心认知	知识质料	知识形式
熟练	在情境下工作	消极为主，积极为次	分析为主，直觉为辅	意会知识增加	线性化
胜任	清楚地辨识情境	逐渐中性化	分析为主，直觉为辅	意会知识增加	块化
精通	理解情境蕴含的问题	积极为主	分析与直觉并行	两种知识并行	团化
专家	拥有解决问题的方法	积极为主	直觉为主，分析为辅	两种知识交融运作	体系化

（二）技能状态递进的动因

我们认为技能状态最根本的递进转变源自意向弧的转变。决定技能状态层级升降过程的是意向弧的不同状态。意向弧改变了技能主体被抛入情境世界的方式，间接地改变了主体的身心体验与身心认知；意向弧还改变了情境世界向技能主体的呈现方式，情境世界与主体相遇时也在修正着自身的结构；意向弧就好像写作主体的海关，控制着主体与情境的交互。因此，意向弧是写作技能实践递进的动因，写作任务则是写作技能实践推进的动机。动因与动机共同推进某次写作活动的完成。

在真实的写作过程中，作者的意识流并不完全聚焦于写作活动之中，它很容易就发散到其他地方，之后又回到写作活动中。聚焦的意向弧意味着写作主体高度集中的注意力，它一次次地把试图走神的写作主体拉回当下的写作活动。由于意向弧"拉回当下"的行为，写作主体在其他方面的意向弧逐渐失控，一个深度沉浸在写作当中的写作者会意识不到时间的流逝，甚至废寝忘食，这是因为分配给时间感、饥饿感和困倦感的注意力越来越少，注意力全部被意向弧捕捉，并投入写作活动中。这种分配注意力的能力需要经过长期的训练养成，由一次次技能实践逐渐获得。

综之，对写作技能状态理论的上述刻画，当能深化对写作活动的认知，并能实质性地促进写作教学的改革，从而推动写作理论与写作实践具体、有效的结合。

四、结语

从技术实践上看，人工智能写作只能胜任篇幅较少、较有形式规律的写作任务，比如中国古典诗歌、短篇幅的新闻稿等特殊文体①；从理论上看，当前人工智能三大学派——试图再现大脑的符号主义、构造大脑的联结主义与进化出大脑的行为主义②都有各自难以解决的难题；具体到写作技能状态理论，我们也认为当前人工智能写作的各种尝试仍处于初级技能状态。因此，人类的写作危机应该说尚遥遥无期。

但是，如果当前的人工智能写作效果并不理想，我们要做的不是庆幸，而是应该仔细地考察，人工智能写作在前进的道路上遇到了哪些困难？这些困难背后的原因是什么？如果有可能的话，人工智能写作的探索方向应该是什么？思考这些问题，或许有助于我们系统探索新的写作理论。本文提出的写作技能状态理论就是利用这种视差所作的一个小小尝试。

我们处于一个科学与学科剧烈变革的时代，在全球呼吁新文科建设的今天，利用人工智能、现象学和当代科学哲学等学科知识多角度立体地审视写作活动，是回应时代对写作学提出新要求的一次尝试；站在新时代与新文科入口，如何重申写作学的本体意识，如何依据自然科学成果与哲学为写作学打造扎实的元写作学理论，如何建构一个新的、面向未来的全域写作学是值得中国写作学界思考并重视的问题。

参考文献

1. 陈自富. 炼金术与人工智能：休伯特·德雷福斯对人工智能发展的影响 [J]. 科学与管理, 2015 (4).

2. 成素梅. 人工智能研究的范式转换及其发展前景 [J]. 哲学动态, 2017 (12).

3. 董小玉, 陈学璞, 邢建昌, 戴红贤. "新时代写作学科的新发展" 研究专题（笔谈）[J]. 写作, 2018 (6).

4. 高新民, 刘占峰. 意向性·意义·内容：当代西方心灵哲学围绕心理内容的争论及其思考 [J]. 哲学研究, 2003 (2).

5. 马正平. 高等写作学引论 [M]. 北京：中国人民大学出版社, 2011.

6. 毛华滨, 高新民. 从意向性看人工智能的发展方向 [J]. 科学技术与辩证法,

---

① 袁江林, 郭志刚, 陈刚, 等. 基于深度学习的文本自动生成技术研究综述 [J]. 信息工程大学学报, 2018 (5)：616－620.

② 成素梅. 人工智能研究的范式转换及其发展前景 [J]. 哲学动态, 2017 (12)：15－21.

2005（5）.

7. 莫里斯·梅洛－庞蒂. 知觉现象学［M］. 姜志辉，译. 北京：商务印书馆，2001.

8. 宋时磊，陈韬，周良，林延军. 中国写作学会召开2019年学术年会暨会员代表大会［J］. 写作，2019（5）.

9. 田健铭. 思维图式在"物—意—文"写作过程中的作用［J］. 内江师范学院学报，2009（3）.

10. 姚艳勤. 德雷福斯的技能获得模型及其哲学意义［D］. 上海：上海社会科学院，2012.

11. 袁江林，郭志刚，陈刚，等. 基于深度学习的文本自动生成技术研究综述［J］. 信息工程大学学报，2018（5）.

12. 张文初. 从现代美学视域看海德格尔的"器物上手论"［J］. 湖南师范大学社会科学学报，2011（2）.

13. HUBERT D. How far is distance learning from education？［J］. Bulletin of science, technology & society, 2001（3）.

14. HUBERT D. Intelligence without representation：Merleau-Ponty's critique of mental representation：the relevance of phenomenology to scientific explanation［J］. Phenomenology and the cognitive sciences, 2002（4）.

15. HUBERT D. Mind over machine：the power of human intuition and expertise in the era of the computer［M］. New York：The Free Press, 1986.

16. LINDA F, JOHN R H. A cognitive process theory of writing［J］. College composition and communication, 1981（4）.

Skill-state Theory：a Try on Cognitive Theory of Writing in the Trend of AI

Dai Hongxian　Huang Zhenwei

（*College of Chinese Language and Literature*，*Wuhan University*，*Wuhan*，430072）

Abstract：NLP raises a series of new problems for writing theory, and responses to these problems will expand the sight of writing theory. This paper analyzes three concepts of intentional arc, writing subject and writing context, and tries to construct an individualistic, interactive, extended and layered writing skill-state theory, so as to explore a path of writing theory to innovation with absorb cognitive science achievements in the age of AI.

Key words：cognitive writing theory, writing skill, skill-acquisition model

学术评论

评《新化方言修辞研究》

吴礼权①

（复旦大学中国语言文学研究所 上海 200433）

众所周知，修辞学是一门古老而年轻的学科，也是一门多元融合的学科，跟语言学、美学、心理学、文学等都有着密切的关联。因此，有关修辞学的研究自古以来就有很多视角。同一修辞现象，不同学科的学者透过不同视角予以观照，就可能有完全不同的见解。正因为如此，修辞学的研究在诸多学科中是最具魅力的。

但是，在汉语修辞学界，由于长期以来学者们囿于"修辞学是语言学的一个分支"的旧有认知，总是拘泥于"语言本位"观而热衷于修辞格的归纳与描写，而对修辞学研究所应涉及的其他方面则关注甚少，以致汉语修辞学研究的局面长期不能打开，进而造成其他学科的学者对修辞学的认识存在很多误解，以为修辞学就是研究比喻、比拟、夸张、借代等几个修辞格。正因为存在误解，所以语言学其他专业的一些不知珍重的学者以及非专业的社会闲杂人等都敢动口动笔大谈所谓修辞学。大概他们以为自己知道诸如"姑娘像花一样美"是比喻、"羌笛何须怨杨柳"是比拟、"飞流直下三千尺"是夸张、"田园寂寞干戈后"是借代之类的修辞格皮毛，就算是懂得修辞了。殊不知，修辞学是一门博大精深的学问，根本就不是浅薄之徒可以望其门墙的，更不是什么人都可以登堂入室的。

事实上，在人文社会学科中，修辞学研究的准入门槛是最高的。从事修辞学研究的人，除了要有扎实的语言学基本功，还应该具备广博的文学视野，因为"文学是语言的艺术"，而"语言的艺术"正与修辞有关。人们运用语言表情达意，为什么面对不同的对象要采取不同的表达方式？为什么人们的语言表达除了讲究"信"和"达"，还会追求"雅"？当"信""达""雅"三者发生矛盾时，应该如何取舍？如此等等，要将其中的学理阐释清楚，就需要研究者懂得心理学，运用心理学的原理予以解释。研究修辞学，除了要懂得语言学、文学、心理学外，还要懂得美学，懂得历史学，懂得哲学，懂得逻辑学，懂得文字学。比方说，汉语中有一种独特的

---

① 作者简介：吴礼权，复旦大学文学博士，复旦大学中国语言文学研究所教授、博士生导师，日本京都外国语大学客员教授，中国台湾东吴大学客座教授，湖北省政府特聘"楚天学者"讲座教授，中国修辞学会会长，历史小说作家。

修辞手法叫"列锦"，构句完全不用动词以及连词、介词等虚词，而只以一个名词或名词短语单独构句，或是以两个或两个以上的名词或名词短语联合铺排构句，对于这种修辞现象，如果用语言学的原理来解释，无论如何都无法说清楚。但是，掌握了美学的基本理论，从意境创造与审美效果的关系来观照，就能将其中的奥义精蕴予以清楚的阐释。又比方说，在汉语特别是古汉语中有一种非常重要也是特别常见的修辞手法叫"用典"，它往往是阅读理解中国古典文学作品的关键。但是，如果不懂历史，就根本读不懂，不知道用的是什么典故，自然也就不可能了解作者用典所要表达的思想或感情，更谈不上什么修辞分析与作品欣赏了。又比方说，汉语修辞中有"对偶""回环"等修辞手法，对于这些修辞现象的存在，如果不懂中国哲学，对中国古代"阴阳对立""阴阳互补"的二元思维及其二元对立统一的哲学观有所了解，就根本无法解释中国人为何自古以来一直在说写表达中特别钟情于对偶对仗，也无法解释为何中国自古及今都有回文诗与回文联的存在并为中国老百姓所津津乐道。至于对《老子》中诸如"信言不美，美言不信""善者不辩，辩者不善""知者不博，博者不知"之类的哲理名言的奥义精蕴，以及为何如此表达的原因，不懂哲学者就更不可能明白了。又比方说，汉语修辞中有"层递""同语""承转""顶真"等修辞手法，如果不懂逻辑学，恐怕对这些修辞现象的存在及其特有的表达效果都难以解释清楚。再如，汉语中有一种特殊的修辞手法，是世界上其他非表意文字的语言都不存在的，这就是"析字"，是利用汉字形体特点，通过汉字偏旁构件的巧妙拆分与组合来实现表情达意的目的。如果不懂文字学，不仅不能充分利用汉字资源进行析字修辞文本的建构，实现情与意的创造性表达，甚至连他人所建构的析字修辞文本的奥义精蕴也不能理解欣赏。可见，研究修辞学不具备多学科知识背景与广阔的学术视野、深厚的学术修养，是迈不过修辞学研究的准入门槛的，要想在修辞学研究方面取得突破性成就更是不可企及的奢想。

姜珍婷的新著《新化方言修辞研究》，全书共五章，计约40万言，是其精思附会、十年乃成的力作。我作为这一力作的第一个读者，读毕全稿感到非常振奋。之所以感到振奋，是因为从姜珍婷的这部新著中，我看到了中国新生代修辞学人跳脱中国修辞学研究过往旧有研究思路与模式的新思维与新追求，看到了这其中所孕育的中国修辞学发展的新希望。

姜珍婷原是学文学的，不仅会写文学评论，还会文学创作，算得上是个才女。2010年来复旦大学跟我做访问学者，改学修辞学。其实，当时她已经是学有所成的副教授了。访问学者的学习结束后，她又通过复旦大学严苛的考试而成了汉语言文字学专业的博士生，投在了我的门下开始修辞学研究。刚入学时，我对她的语言学基础感到很担心。但是，事实证明我是多虑了。她是个非常聪明的人，学习能力很强，吸收新知的能力更强，而且学习兴趣广泛。复旦大学对于博士生的知识结构有明确的要求，提倡不同学科专业的融合交叉，而且有跨专业、跨学科修读学分的具体要求。加上复旦大学各种前沿学术讲座很多，跟国内外知名学者交流的机会也很多。在这样优越的学术环境下，姜珍婷不仅很快就补足了语言学方面的基础，而且在历史、哲学等方面的学养也大有精进。至于文学与心理学方面，我就不担心了。因为相比于我的其他博士生，姜珍婷在这两个方面都有先天的优势。文学方面，她在硕士阶段就是学文学的，无论是古今中外文学作品的阅读面与阅读量，还是对审美的感知力，都是其他语言学专业的博士生不能望其项背的。心理学方面，她在大学阶段上的是师范，学的是教育，心理学的学习早就有了基础。其实，当年我破格录取姜珍婷为博士生，其中最重要的原因就是看重她的知识结构与学历背景跟其他语言学专业的博士生不同，更符合我对从事修辞学研究者的预期目标。

现在读到姜珍婷这部新著《新化方言修辞研究》，我确信我当年的目标预期没有落空。因为这部新著的研究思路契合了我对修辞学研究多元融合的想法，昭示了修辞学研究所应努力的方向。这部新著虽是一部汉语修辞学专著，但突破了传统修辞学研究的旧有思维模式，没有在现代汉语辞格、篇章结构等方面原地打转，也没有以汉语通语中的其他修辞现象为研究对象，而是选取汉语地域变体之一的湖南新化方言为研究对象，从新化的地名、新化的禁忌语与委婉语、新化的俗语、新化的山歌四个方面研究新化方言中的修辞现象。这一选题思路具有创新性，值得肯定。虽然汉语方言修辞的研究在此之前也曾有过，但多是着眼于不同方言在节律、连续变调、语音构词等语音对修辞的影响方面，研究的格局未曾展开。而姜珍婷的这部新著对汉语方言修辞的研究则并未局限于语音一端，而是包括了词汇、语音两个方面。研究中涉及的学科专业知识体系非常完整，运用的理论与知识，除了修辞学之外，还包括了方言学、词汇学、语音学、声乐学、历史学、地理学、社会学、心理学，跟传统修辞学研究者仅着眼于语言形式的描写的思路大异其趣。如第一章"地理语言学视角下的新化方言修辞研究概述"，其中谈到新化县自然环境与人文环境时，就涉及了历史学与地理学。第二章"新化地名修辞研究"，其中对新化方言地名结构成分、结构类型的分析与归纳，涉及的就是词汇学的内容。第三章"新化禁忌语、委婉语研究"，其中讨论到的新化方言中禁忌语产生的原因与委婉语的生成机制，涉及的就是心理学的内容。第四章"新化俗语修辞研究"，其中讨论到的新化方言俗语的音韵特点，就是方言学的内容。第五章"新化山歌篇章修辞研究"，其中谈到新化山歌的"兴象"问题，涉及的就是文学（诗歌）的内容；谈到新化山歌的音乐性，涉及的是声乐学的内容。事实上，正是因为作者有广阔的学术视野，有丰富的多学科专业知识，所以才能对新化方言中的诸多修辞现象作出深入而精当的理论阐释，从而为方言修辞的研究开辟了一条新路径，确立了一个新范式。

除了融合方言学、词汇学、语音学、声乐学、历史学、地理学、社会学、心理学的知识与理论对新化方言的修辞现象予以透视而独具特色外，姜珍婷的这部新著在修辞理论的创新上也多有斩获，值得肯定。如第一章一开始，作者就明确提出："在修辞研究中，我们应该引进空间思维，从人地关系的角度，展开修辞的地域性研究，以此来对修辞原理、修辞方法、修辞现象作出发生学的解释，让修辞研究呈现出时空合一、内外兼顾的立体多维研究态势。"这一观点是非常有启发性的，在此之前修辞学界尚未有人认识到。也正因为有此清醒的认识，她才会选择从方言的角度切入，拓展汉语修辞研究的新天地，从而为汉语修辞研究开辟出了一个全新的生存空间，续添了一个新的增长点。又如第三章"新化禁忌语、委婉语研究"的第二节"委婉语的修辞学阐释"，其中对禁忌语、委婉语的生成机制进行修辞学阐释时，作者指出："禁忌语的形成是具有理据性的，是恐惧、厌恶心理在某些语词符号上追加色彩语义形成的。在正常的交际场合，如果直接使用禁忌语，会给交际对象带来恐惧、厌恶等消极情感，从而阻碍交际活动的正常进行。因此，人们在言语表达中，为了消除禁忌语带来的负面影响，会用别的'能指'形式去回避、掩盖甚或装饰、美化实际的'所指'，在语言学中，这种能指形式被统称为委婉语。鉴于禁忌语与委婉语是社会文化中的'语词符号对'，禁忌对象是'所指'，禁忌语是'能指1'，委婉语是'能指2'。能指1的形式往往是单一的、确定的，但作为它对应存在的能指2却会因时间、空间的差异而出现多样化，众多的能指2汇集成一个聚合，它们共同与能指1构成对应关系；因此，禁忌语和委婉语这组'语词符号对'的对应关系不是简单的一对一的方式，更多的时候是一对多的关系。在进行言谈交际时，'能指2'处在语言的表层，它以间接、婉曲、折绕甚至是倒反的方式与'能指1'建造'距离'，距离的存在有效地消除了'能指1'给人们带来的消极情感，让交际活动正常进行。作为禁忌语的'能指1'处在语言的底层，虽然它在言语交际时不直接出现，但它才是真实语义所在，在言语交际中，人们通过语境获知它，以保证整个交际活动不出现信息的谬差。"这种具有穿透力的理论阐释，在一般的语言学理论或社会语言学的教科书中都是找不到的，这是作者沉潜思考，从修辞学视角作出的学理阐释，非常可贵。这部新著中还有很多理论创新的亮点，兹不一一列举，留与读者诸君自己细细体会。

学术动态

吴礼权教授《政治修辞学》
获 2022 年度国家出版基金资助

2022 年 3 月 30 日，国家出版基金规划管理办公室正式公布了 2022 年度国家出版基金资助项目评审结果，共有 498 个项目获得立项。其中，语言文字类有 16 项。我社申报的《政治修辞学》（复旦大学吴礼权教授著）入选，这是继《汉语名词铺排史》获得 2019 年度国家出版基金资助之后，吴礼权教授的专著第二次获得立项。

政治修辞的研究，无论是古还是今，无论是在西方还是在中国，都是学术界关注的重要领域。但是，立足"语言本位"，从语言表达的视角研究政治人的政治修辞的政治修辞学，则始终未曾有过。吴礼权教授的《政治修辞学》以语言研究为本位，基于语言文字表达的视角，清晰地界定了政治修辞学的相关概念，详细论述了政治修辞学的研究内容、研究方法、研究意义，并对古今中外政治人物在政治交际活动中的修辞行为及其所建构的政治修辞文本进行了具体而微的解剖分析，提出了政治修辞的三项基本原则，总结概括了政治修辞的相关技巧，为政治人的政治交际活动提供了理论指导。该书虽旨在建构一个完备的政治修辞学理论体系，但也非常重视其实践应用价值。书中对政治修辞的规律与技巧所进行的概括总结，对大量政治修辞案例的解剖分析，可谓真正做到了理论与实践相结合，使理论研究的应用价值得以实现。

该书将修辞与政治相结合，不仅为传统修辞学的研究开辟出了一个全新的疆域，而且也使修辞学研究的应用价值得以充分释放。从学术研究的视角看，该书完成了从学术概念界定到理论创立，再到学科体系架构的整体任务，为政治修辞学的进一步研究奠定了坚实的基础，其研究成果不仅可以为政治人物的政治修辞实践提供有效的理论指导，有助于提升其政治修辞的社会效应，而且有助于政治人物的形象塑造，对提升国家软实力有重要影响。

（暨南大学出版社供稿）

吴礼权教授《汉语名词铺排史》
获第十九届北京大学王力语言学奖

2021 年 12 月 28 日，第十九届北京大学王力语言学奖揭晓，共评选出二等奖 4 项和"王力语言学奖青年成果奖"3 项，我社出版的《汉语名词铺排史》（复旦大学吴礼权教授著）荣获二等奖，这是继《上古音及相关问题综合研究：以复辅音声母为中心》（五邑大学庞光华教授著）荣获第十六届北京大学王力语言学奖二等奖之后，我社图书第二次获此殊荣。

关于王力语言学奖

北京大学王力语言学奖是一代语言学宗师王力先生生前为促进中国语言学科的发展而设立的，授予对汉语或中国境内其他语言的现状或历史的研究有贡献的中国学者。评奖评选工作坚守学术标准，本着高水平、高质量的标准，在历届评奖中坚持宁缺毋滥的原则。因而，王力语言学奖在学界得到广泛的称誉和肯定，已经毫无疑问地成为中国语言学界的最高奖。

北京大学中文系邵永海教授认为："可以不夸张地说，王力奖的获奖论著基本上反映了 20 世纪 80 年代以来中国汉语音韵、词汇、语法、文字、方言和民族语言研究的最高水平。"

吴礼权教授及《汉语名词铺排史》

《汉语名词铺排史》作者吴礼权系中国修辞学第一位博士学位获得者，现任复旦大学中国语言文学研究所教授、博士生导师，兼任中国修辞学会会长。曾任日本京都外国语大学客员教授、专任教授，台湾东吴大学客座教授，湖北省政府特聘"楚天学者"讲座教授等。迄今已在国内外各大学术刊物发表论文 200 余篇，出版学术专著《中国笔记小说史》《中国言情小说史》《中国修辞哲学史》《中国语言哲学史》《古典小说篇章结构修辞史》《修辞心理学》《现代汉语修辞学》等 20 余部。另有《中国修辞学通史》《中国修辞史》等合著 8 种。学术论著曾获国家级奖 4 项，省部级奖 7 项，国家教育部科学研究一等奖 1 项，专业类全国最高奖 1 项。

《汉语名词铺排史》一书为 2019 年度国家出版基金项目成果，吴礼权教授以历时 20 余年孜孜不倦的努力，对先秦两汉、魏晋南北朝、隋唐五代、宋元金、明清、近现代的各类文学作品，如诗歌、赋、词、曲、小说、散文、古今对联等进行了全面系统的调查与分析，考证了汉语名词铺排现象在结构形式上的发展演变历史轨迹，从接受美学的视角考察了不同历史时期的名词铺排在审美追求上的发展变化规律，清晰地揭示了名词铺排文本不同的篇章布局模式与结构模式在审美价值与审美追求上的差异性，写就了这部皇皇 70 余万字的学术专著。

马庆株教授：语言学研究只有痴迷于斯，才能不以为苦

《汉语名词铺排史》荣获第十九届北京大学王力语言学奖，既是对吴礼权教授学术建树的肯定，也是对其治学严谨的认可，更是学人"磨刀十年"的回报。这部学术著作是吴礼权教授 20 余年持续不懈潜心研究的结晶。自 1996 年起，吴教授便开始了对汉语名词铺排现象的语料准备工作。漫长而枯燥的资料搜集与艰难的资料处理工作，还有反复再三的痛苦思辨，其间的甘苦，只有吴教授自己能够体会。中国修辞学会终身名誉会长马庆株教授在本书的序言中评价道："无论是汉语修辞史，还是汉语史的研究，最根本最关键的是材料。因为材料是支撑观点与结论的基础，没有足够、全面、可靠的材料，史就不能成为史。通读《汉语名词铺排史》全稿以及后记，我们就可以清楚地知道，礼权教授写这部专著倾注在材料上的功夫有多大。我可以毫不夸张地说，在当今中国学术界，像礼权教授这样肯以 23 年时间坐冷板凳，在材料上舍得下死功夫的学者几乎是难得一见的。"

吴礼权教授之所以对这个选题进行长期而艰巨的工作，是基于这样一种认识：对汉语名词铺排现象进行系统的研究，既有补于汉语史研究的系统工程，更有助于汉语修辞史大厦的建立。汉语修辞史的研究是汉语史研究的重要一环。因此，跟汉语史研究中的语法史、语音史、词汇史一样，作为汉语修辞史中重要一环的汉语名词铺排史，一切结论都需建立在对浩如烟海的古代典籍的调查与相关语料细致爬梳的基础之上，不是一般没有耐性的学者可以为之的，当然更不是没有中国古典学术功底的学者可以胜任的。吴教授自知自己是一个极有耐性的人，也认为自己有阅读中国古代典籍的功底，因此在明知此项工程浩大而艰巨的情况下，毅然决然地决定要将汉语名词铺排史研究进行下去。

马庆株教授在本书序言的最后写道："这部《汉语名词铺排史》不仅称得上是他学术著作中的扛鼎之作，可以成为他学术生涯中的地标性作

品，而且更可以被视为代表当今汉语语言学特别是汉语修辞学最高水平的标志性成果。其意义不仅在于它有填补汉语修辞史研究空白的价值，有为构筑汉语史完整体系的大厦奠基固础的作用，还在于它能让我们从中得到一种启发：学术研究特别是语言学研究，是非常艰苦的工作，只有痴迷于斯，沉潜于其中，并能乐在其中，才能不以为苦，最终取得突破性的成就。"

（暨南大学出版社供稿）